DEIN COACH ZUM ERFOLG!

So geht's ins ActiveBook:

Du kannst auf alle digitalen Inhalte (Prüfung 2021, interaktive Aufgaben, Flashcards, Glossar) online zugreifen. Registriere dich dazu unter **www.stark-verlag.de/mystark** mit deinem **persönlichen Zugangscode:**

gültig bis 31. Juli 2023

Das ActiveBook bietet dir:

- Viele interaktive Übungsaufgaben zu prüfungsrelevanten Kompetenzen
- Tipps zur Bearbeitung der Aufgaben
- Sofortige Ergebnisauswertung und Feedback
- Flashcards und digitales Glossar zum gezielten Üben und Wiederholen zentraler Inhalte

ActiveBook

DEIN COACH ZUM ERFOLG!

So kannst du interaktiv lernen:

 Interaktive Aufgaben

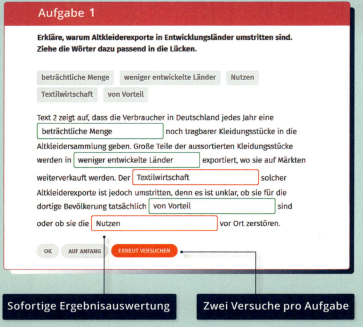

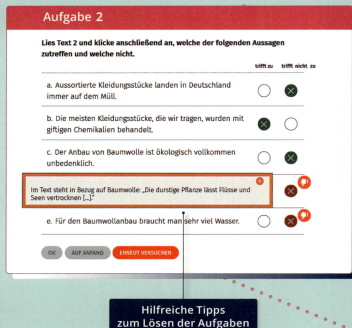

Sofortige Ergebnisauswertung

Zwei Versuche pro Aufgabe

Hilfreiche Tipps zum Lösen der Aufgaben

 Digitales Glossar

 Flashcards

Schnelles Nachschlagen von Fachbegriffen

Wiederholung wichtiger Inhalte

Systemvoraussetzungen:
- Windows 7/8/10 oder Mac OS X ab 10.9
- Mindestens 1024×768 Pixel Bildschirmauflösung
- Chrome, Firefox oder ähnlicher Webbrowser
- Internetzugang
- Adobe Reader oder kompatibler anderer PDF-Reader

2022

Mittlerer Schulabschluss
Original-Prüfungsaufgaben und Training

Nordrhein-Westfalen

Deutsch 10. Klasse

© 2021 Stark Verlag GmbH
18. neu bearbeitete und ergänzte Auflage
www.stark-verlag.de

Das Werk und alle seine Bestandteile sind urheberrechtlich geschützt. Jede vollständige oder teilweise Vervielfältigung, Verbreitung und Veröffentlichung bedarf der ausdrücklichen Genehmigung des Verlages. Dies gilt insbesondere für Vervielfältigungen, Mikroverfilmungen sowie die Speicherung und Verarbeitung in elektronischen Systemen.

Inhalt

Vorwort

Die zentrale Prüfung – 10 wichtige Fragen und Antworten

A   Training Grundwissen

Lesekompetenz		1
1	**Den Leseprozess steuern**	1
2	**Leseaufgaben lösen**	4
2.1	Geschlossene Aufgaben lösen	4
2.2	Halboffene Aufgaben lösen	11
3	**Sachtexte verstehen**	15
3.1	Die Absicht des Verfassers erkennen	15
3.2	Arten von Sachtexten unterscheiden	17
3.3	Nichtlineare Texte lesen: Tabellen und Diagramme	22
4	**Literarische Texte verstehen**	29
4.1	Epische Texte untersuchen	29
4.2	Gedichte untersuchen	39
5	**Die sprachliche Gestaltung beurteilen**	46
5.1	Die Sprachebene bestimmen	46
5.2	Auf die Wortwahl achten	47
5.3	Den Satzbau berücksichtigen	49
5.4	Sprachbilder erkennen	49
5.5	Ironie richtig deuten	51
Schreibkompetenz		53
6	**Den Schreibprozess steuern**	54
7	**Schreibaufgaben lösen**	60
7.1	Offene Fragen zu einem Text beantworten	60
7.2	Den Inhalt eines Textes zusammenfassen	65
7.3	Einen Text analysieren *	71
7.4	Eine literarische Figur charakterisieren	79
7.5	Einen argumentativen Text schreiben: Erörterung und Stellungnahme	80
7.6	Informationen ermitteln, vergleichen und bewerten *	84
7.7	Einen informierenden Text verfassen *	86
7.8	Produktiv-kreative Texte schreiben	91

* Aufgabentypen, die in der zentralen Prüfung 2022 im zweiten Prüfungsteil (Schreibkompetenz) drankommen können

Inhalt

*Über den QR-Code kannst du **Lernvideos** zu wichtigen Rechtschreibregeln abrufen.*

8	**Einen Text überzeugend gestalten**	96
8.1	Geschickt formulieren	96
8.2	Zitate gezielt einsetzen	98
9	**Richtig schreiben**	100
9.1	Rechtschreibung	100
9.2	Zeichensetzung	103

Kompetenz Sprachwissen und Sprachbewusstsein 105

10	**Wortarten unterscheiden**	106
10.1	Nomen	108
10.2	Adjektive	111
10.3	Pronomen	112
10.4	Verben	114
11	**Satzglieder und Satzbau beherrschen**	121
11.1	Sätze untergliedern	121
11.2	Hauptsätze und Nebensätze unterscheiden	122
11.3	Sätze verbinden	124
11.4	Relativsätze geschickt nutzen	126
11.5	„Das" und „dass" auseinanderhalten	127

Merkwissen 129
Stilmittel 129
Arbeitsaufträge (Operatoren) 131

B Übungsaufgaben im Stil der zentralen Prüfung

Übungsaufgabe 1
Teil 1: Leseverstehen
   Into the wild – In der Wildnis 133
Teil 2: Wahlthema 1 – Einen Text analysieren und interpretieren
   Matthew Quick: Happy Birthday, Leonard Peacock (Romanauszug) .. 139
   Wahlthema 2 – Einen informierenden Text verfassen
   Künstliche Intelligenz (Materialien) 142

Übungsaufgabe 2
Teil 1: Leseverstehen
   Luftballons statt Noten 147
Teil 2: Wahlthema 1 – Einen Text analysieren und interpretieren
   Nils Mohl: Es war einmal Indianerland (Romanauszug) 154
   Wahlthema 2 – Informationen ermitteln, vergleichen und bewerten
   „Aufschiebe-Krankheit" (Materialien) 156

Inhalt

C   Original-Prüfungsaufgaben

Zentrale Prüfung 2016 –
Realschule/Gesamtschule EK/Hauptschule Typ B

Teil 1: Leseverstehen
    Till Krause: Total überzeichnet 2016-1

Teil 2: Wahlthema 1 – Einen Text analysieren und interpretieren
    Haruki Murakami: Die unheimliche Bibliothek (Textauszug) . 2016-6

    Wahlthema 2 – Einen informierenden Text verfassen
    Mehrsprachigkeit 2016-9

Zentrale Prüfung 2017 –
Realschule/Gesamtschule EK/Hauptschule Typ B

Teil 1: Leseverstehen
    Varinia Bernau: I6d#&r6achtsi6dall 2017-1

Teil 2: Wahlthema 1 – Einen Text analysieren und interpretieren
    Zoë Jenny: Ein schnelles Leben (Textauszug) 2017-6

    Wahlthema 2 – Einen informierenden Text verfassen
    Comics 2017-9

Zentrale Prüfung 2018 –
Realschule/Gesamtschule EK/Hauptschule Typ B

Teil 1: Leseverstehen
    Johan Schloemann: Lernt langsam lesen! 2018-1

Teil 2: Wahlthema 1 – Einen Text analysieren und interpretieren
    Susan Kreller: Schneeriese (Textauszug) 2018-6

    Wahlthema 2 – Informationen ermitteln, vergleichen und bewerten
    Self-Tracking 2018-9

Zentrale Prüfung 2019 –
Realschule/Gesamtschule EK/Hauptschule Typ B

Teil 1: Leseverstehen
    Julia Gesemann: Die neue Lust aufs Lesen 2019-1

Teil 2: Wahlthema 1 – Einen Text analysieren und interpretieren
    Paolo Cognetti: Acht Berge (Textauszug) 2019-6

    Wahlthema 2 – Informationen ermitteln, vergleichen und bewerten
    Lernen mit Videos 2019-9

Inhalt

Zentrale Prüfung 2020 –
Realschule/Gesamtschule EK/Hauptschule Typ B

Wegen des Corona-Virus wurden 2020 die Zentralen Prüfungen in Klasse 10 durch Prüfungsarbeiten ersetzt, die dezentral von den Lehrkräften erstellt wurden. Für 2020 können daher keine Original-Aufgaben abgedruckt werden.

Zentrale Prüfung 2021 –
Realschule/Gesamtschule EK/Hauptschule Typ B

Prüfungsaufgaben . . . . *www.stark-verlag.de/mystark*

Das Corona-Virus hat auch im vergangenen Schuljahr die Prüfungsabläufe beeinflusst. Um dir die **Prüfung 2021** schnellstmöglich zur Verfügung stellen zu können, bringen wir sie in digitaler Form heraus. Sobald die Original-Prüfungsaufgaben 2021 zur Veröffentlichung freigegeben sind, können sie als PDF auf der Plattform **MyStark** heruntergeladen werden (Zugangscode vgl. Farbseiten vorne im Buch).

Autorin: Marion von der Kammer (Teile A und B)

Lernvideos

Wenn du den **QR-Code** mit deinem Smartphone oder Tablet scannst, kannst du Lernvideos abrufen, die dir wichtige Rechtschreibregeln erläutern.

Im Hinblick auf eine eventuelle Begrenzung deines Datenvolumens empfehlen wir, dass du dich beim Ansehen der Videos im WLAN befindest. Hast du keine Möglichkeit, den QR-Code zu scannen, findest du die Lernvideos auch unter:

http://qrcode.stark-verlag.de/rechtschreibung-deutsch

Themen der Videos:
- ▶ Großschreibung
- ▶ Nominalisierung
- ▶ Kommaregeln bei Haupt- und Nebensätzen
- ▶ Kommasetzung bei Infinitivgruppen
- ▶ Rechtschreibstrategien

Inhalt

Interaktives Prüfungstraining

Dieses Buch umfasst auch ein interaktives Training fürs Lernen am Computer oder Tablet. Zum **ActiveBook** gelangst du über die Online-Plattform *MyStark*. Nutze dafür den vorne im Buch eingedruckten **Link** und deinen persönlichen **Zugangscode**.

Im folgenden Inhaltsverzeichnis zum ActiveBook sind am Rand **Symbole** abgebildet. Diese findest du auch im Buch immer wieder. Sie zeigen an, zu welchen Kompetenzbereichen es im ActiveBook **zusätzliche interaktive Aufgaben** gibt.

Inhalt ActiveBook

Interaktive Aufgaben
Aufgaben mit Tipps, Feedback und sofortiger Auswertung zu allen Bereichen der Prüfung:

Leseverstehen
1 *Sachtext:* Mehr als nur ein Handwerk
2 *Sachtext:* Bargeld für alle

Schreiben
3 *Einen Romanauszug analysieren und interpretieren:*
  Que Du Luu: Im Jahr des Affen
4 *Ein Gedicht analysieren und interpretieren:*
  Ulla Hahn: Wartende
5 *Einen informierenden Text verfassen:*
  Thema: Lebensmittelverschwendung
6 *Informationen ermitteln, vergleichen und bewerten:*
  Thema: Fast Fashion

Aufsatzhilfe
7 Rechtschreibung und Zeichensetzung
8 Ausdruck und Stil

Flashcards
Interaktive Lernkarten zu wichtigen Fragen und Fehlerschwerpunkten

Digitales Glossar
Einfaches und schnelles Nachschlagen von Fachbegriffen, wie z. B. Textsorten, Stilmittel, Grammatikwissen

Vorwort

Liebe Schülerin, lieber Schüler,

dieses Buch hilft dir bei der selbstständigen Vorbereitung auf die **zentrale Prüfung** am Ende der Klasse 10 im Fach **Deutsch**, mit der du den **Mittleren Schulabschluss** in NRW erwerben kannst.

Am besten beginnst du schon frühzeitig mit dem Training. Diesen Band kannst du **ab Klasse 9** zum **regelmäßigen Üben** nutzen und dich so langfristig und effektiv auf die Abschlussprüfung vorbereiten. Dann bist du sicher gut gerüstet.

- Im ersten Kapitel „**Training Grundwissen**" erfährst du genau, welche Strategien und Kernkompetenzen von dir in der Prüfung erwartet werden. Dir wird gezeigt, wie die Aufgaben aussehen können und wie sie Schritt für Schritt zu bearbeiten sind. Wichtige **Tipps**, zahlreiche **Hinweise** sowie Übersichten, in denen die zentralen Inhalte **auf einen Blick** zusammengefasst sind, helfen dir, nichts zu vergessen und ein gutes Ergebnis zu erzielen.
- Anhand von einzelnen **Übungen** kannst du trainieren, wie du mit möglichen Aufgabenstellungen umgehen kannst und wie du sie erfolgreich löst.
- Fachbegriffe aus dem Deutschunterricht, die in der Prüfung vorkommen könnten, solltest du dir mithilfe des **Merkwissens** noch einmal in Erinnerung rufen. Der praktische Überblick hilft dir, deine Kenntnisse gezielt zu überprüfen.
- Die **Übungsaufgaben im Stil der Prüfung** entsprechen genau dem Aufbau der offiziellen Prüfung. Mit ihrer Hilfe trainierst du selbstständig, wie du die Prüfungsaufgaben erfolgreich bearbeiten kannst.
- Am Schluss findest du die **Original-Prüfungsaufgaben** aus den Jahren **2016–2019**. Sie verschaffen dir einen Eindruck davon, was dich in der Prüfung erwartet.
- Auf *MyStark* stehen im Internet außerdem die **digitalen Inhalte** zum Buch bereit. Dort findest du z. B. die **Original-Prüfungsaufgabe 2021** und **interaktive Aufgaben** fürs Lernen am Computer oder Tablet. Den Link zur Plattform und deinen Zugangscode findest du ganz vorne im Buch.

Zu diesem Band gibt es ein separates **Lösungsbuch** (Best.-Nr. 51540L). Es enthält ausführliche Lösungen zu allen Aufgaben sowie hilfreiche Hinweise und Tipps.

Sollten nach Erscheinen dieses Bandes noch **Änderungen zur zentralen Prüfung 2022** vom Kultusministerium NRW bekannt gegeben werden, findest du aktuelle Informationen dazu ebenfalls bei *MyStark*.

Viel Spaß beim Üben und vor allem viel Erfolg in der Prüfung!

Die zentrale Prüfung –
10 wichtige Fragen und Antworten

1 In Nordrhein-Westfalen kannst du **am Ende der 10. Klasse** an der zentralen Prüfung zum Erwerb des **Mittleren Schulabschlusses** (Fachoberschulreife) teilnehmen. Die Prüfung umfasst je eine schriftliche Arbeit in Deutsch und Mathematik sowie in einer Fremdsprache.

Wann und in welchen Fächern findet die zentrale Prüfung statt?

2 Die Prüfung im Fach Deutsch besteht aus zwei Teilen. Zur Bearbeitung der beiden Teile hast du insgesamt **150 Minuten** Zeit. Zusätzlich bekommst du noch **10 Minuten** Zeit zur ersten Orientierung sowie im Fach Deutsch weitere **10 Minuten**, um dich für eine der beiden **Wahlmöglichkeiten** zu entscheiden.

Wie läuft die zentrale Prüfung ab?

▶ Im ersten Prüfungsteil werden deine **Basiskompetenzen** im **Leseverstehen** getestet. Du erhältst einen Text, zu dem du mehrere Teilaufgaben lösen musst. Manchmal bekommst du zusätzlich eine Tabelle, eine Grafik oder ein Diagramm, die thematisch zum Text passen. Zur Bearbeitung des ersten Teils sind **30 Minuten** vorgesehen. Solltest du schon vorher fertig sein, kannst du deine Lösungen auch schon früher abgeben und mit der Bearbeitung des zweiten Teils beginnen.

▶ Im zweiten Prüfungsteil kannst du zwischen **zwei Aufgabenstellungen** auswählen. In der ersten Wahlaufgabe sollst du eine **Textanalyse/-interpretation** durchführen, in der zweiten Wahlaufgabe untersuchst du mehrere Materialien: Dazu musst du entweder einen **informierenden Text** verfassen, oder du sollst **Informationen ermitteln**, **vergleichen** und abschließend **bewerten**.

3 Es gibt verschiedene Arten von Aufgaben: Im ersten Teil der Prüfung musst du geschlossene und halboffene Aufgaben zum Leseverstehen bearbeiten, der anschließende zweite Prüfungsteil besteht aus offenen Schreibaufgaben.

Welche Aufgabentypen kommen vor?

▶ Bei **geschlossenen Aufgaben** gibt es in der Regel keinen Spielraum, es ist nur genau eine Antwort richtig. Meist handelt es sich um Multiple-Choice-Aufgaben, bei denen du aus einer Reihe von Aussagen die richtige auswählen musst.

▶ Bei **halboffenen Aufgaben** sind Fragen kurz und treffend zu beantworten.

▶ Bei **offenen Aufgaben** musst du ausführliche Antworten formulieren. In der Regel bekommst du dazu mehrere Teilaufgaben, die du nach und nach bearbeitest, um so einen zusammenhängenden Aufsatz zu schreiben. Meistens stützt sich die Aufgabenstellung auf eine Text- bzw. Materialgrundlage.

4 Bei **geschlossenen Aufgaben** musst du meist nur die richtigen Antworten ankreuzen oder einzelne Wörter oder Zahlen angeben. **Halboffene Aufgaben** beantwortest du mit wenigen Sätzen (ca. ein bis fünf). Wenn nicht ausdrücklich gesagt wird, dass Stichworte genügen, werden immer vollständige Sätze erwartet. **Offene Fragen** beantwortest du mit einem ausführlichen Lösungstext.

Welchen Umfang müssen deine Antworten haben?

Die zentrale Prüfung – 10 wichtige Fragen und Antworten

Wie gehst du am besten vor?

5 Verschaffe dir zuerst einen **Überblick**. Dazu überfliegst du die Texte und die Aufgaben einmal. **Lies** dann die Texte **genau** durch und stelle Überlegungen zu den einzelnen Aufgaben an. Am besten nimmst du schon **Markierungen** vor und vermerkst **Stichworte**. Danach bearbeitest du die Aufgaben, möglichst in der vorgegebenen **Reihenfolge:** von den geschlossenen hin zu den offenen Aufgaben.

Wird auch die Rechtschreibung gewertet?

6 Ja! Die Sprachrichtigkeit fließt in die Benotung ein. Bemühe dich daher, deine Texte möglichst **fehlerfrei** (Rechtschreibung und Zeichensetzung) und **grammatisch korrekt** zu schreiben. Außerdem spielt auch die **Darstellungsleistung** eine Rolle bei der Bewertung. Du solltest deshalb deinen Aufsatz gut **strukturieren**, **Wiederholungen** vermeiden und dich **präzise und angemessen** ausdrücken.

Welche Hilfsmittel sind erlaubt?

7 Du darfst ein **Wörterbuch** benutzen. Es hilft dir, wenn du nicht genau weißt, wie ein Wort geschrieben wird oder welche Bedeutung ein Wort hat.

Wie kannst du dich auf die zentrale Prüfung vorbereiten?

8 Beginne deine Vorbereitung möglichst **frühzeitig** und übe **kontinuierlich**. Mit dem vorliegenden Buch kannst du deine Fertigkeiten im Fach Deutsch schon **ab Klasse 9** gezielt trainieren und somit selbstständig und effektiv auf **Klassenarbeiten** und die **zentrale Prüfung** am Ende der Klasse 10 hinarbeiten.
Wenn du dieses Buch durchgearbeitet hast, bist du bestimmt sehr gut vorbereitet! Allerdings genügt es nicht, die einzelnen Kapitel nur rasch zu überfliegen. Du solltest **aktiv** mit dem Buch arbeiten.

Wie wird die Prüfung benotet?

9 Deine **Abschlussnote** setzt sich aus der Note der zentralen Prüfung und deiner Vornote zusammen. Die Vornote beruht auf deinen Leistungen seit Beginn des Schuljahres. Auch Hausaufgaben und mündliche Leistungen zählen dazu.

▶ Sind Vornote und Prüfungsnote gleich, gilt die Vornote als **Abschlussnote.**

▶ Weichen Vornote und Prüfungsnote um eine Note voneinander ab, legt **dein Lehrer** die Note in Abstimmung mit dem Zweitkorrektor fest.

▶ Unterscheiden sich Vornote und Prüfungsnote um zwei Noten, kannst du dich einer **freiwilligen mündlichen Prüfung** unterziehen. Falls du das nicht willst, wird der **Mittelwert** aus Vornote und Prüfungsnote gebildet.

▶ Sollte deine Prüfungsnote um mehr als zwei Notenstufen von der Vornote abweichen, ist die **mündliche Prüfung** für dich **verpflichtend.**

Wie läuft die mündliche Prüfung ab?

10 Die Aufgaben der mündlichen Prüfung werden nicht zentral vom Kultusministerium, sondern von deiner Deutschlehrerin oder deinem Deutschlehrer gestellt. Dein*e Lehrer*in nennt dir dafür **drei Themenbereiche aus Klasse 10**, auf die du dich vorbereiten musst. Zwei davon sind Gegenstand der Prüfung. Die Aufgabenstellungen bekommst du schriftlich. Danach hast du **10 Minuten** Zeit, dich mit den Aufgaben vertraut zu machen. Die eigentliche mündliche Prüfung dauert dann ca. **15 Minuten**. In dieser Zeit sollst du deine Überlegungen möglichst selbstständig darlegen. Deine Deutschlehrkraft kann aber Zwischenfragen stellen, wenn sie etwas genauer von dir wissen möchte oder wenn dir zu einem Thema nicht so viel einfällt.

▶ **Training
Grundwissen**

Lesekompetenz

Was muss man können? Was wird geprüft?

Ein Text (lat. *textus*: Gewebe) ist ein komplexes Geflecht, dessen Botschaften gar nicht so leicht zu verstehen sind. Ein guter Leser muss Folgendes können:

- **Wörter erlesen:** Er muss Buchstabenfolgen zu dem entsprechenden Wort zusammenfügen (z. B. *B – a – u – m* zu *Baum*).
- **Bedeutungen kennen:** Er muss sein Erfahrungswissen mit den Wörtern im Text verknüpfen (muss also z. B. wissen, was ein Baum ist).
- **Zusammenhänge herstellen:** Die Wörter in einem Text beziehen sich aufeinander und bilden Sinnzusammenhänge. Diese Zusammenhänge muss der Leser erkennen und verstehen.
- **Leerstellen füllen:** Ein Verfasser kann einen Sachverhalt nie lückenlos darstellen – und oft will er das auch gar nicht. Deshalb muss der Leser das, was „zwischen den Zeilen" steht, ergänzen. Er muss also **Schlussfolgerungen ziehen** und ableiten können, was **nicht** ausdrücklich gesagt wird.

Die ersten beiden Punkte werden normalerweise vorausgesetzt. **Geprüft** wird vor allem, ob du Zusammenhänge herstellen kannst, und zwar …

- **textinterne Zusammenhänge** zwischen Wörtern und Sätzen sowie
- **textübergreifende Zusammenhänge** zwischen Textinformationen und deinem Erfahrungswissen.

1   Den Leseprozess steuern

Gewöhne dir an, einen Text **dreimal zu lesen**, ehe du anfängst, die Aufgaben zu bearbeiten. Keine Angst: Was dir wie Zeitverschwendung erscheinen mag, ist in Wirklichkeit Zeitersparnis! Denn diese Zeit sparst du später beim Lösen der Aufgaben. Hinzu kommt, dass du einen Text auf diese Weise besonders gut verstehen kannst. Im Übrigen sind die Texte (oder Textauszüge), die dir in der Prüfung vorgelegt werden, ohnehin nur von begrenztem Umfang.

2 LESEKOMPETENZ

Schritt für Schritt

Richtig lesen

Arbeitsschritt **1** **Überfliege** den Text. Lies ihn zügig durch. Es macht nichts, wenn du noch nicht alles verstehst. Finde zunächst nur Antworten auf diese Fragen und notiere sie:
- Um was für eine Art von Text handelt es sich? Bestimme die **Textsorte**. (Eine Übersicht über die wichtigsten Textsorten findest du auf S. 17 und S. 31 f.).
- Worum geht es in dem Text? Bestimme das **Thema**.
- Was ist die **Absicht des Verfassers**? Will er sachlich informieren, den Leser unterhalten oder einen Sachverhalt kommentieren? (vgl. S. 15)

Arbeitsschritt **2** **Lies** den Text **ganz genau**. Markiere Stellen, die dir bedeutsam erscheinen, und kennzeichne sie mit **!**. Bei Textstellen, deren Sinn dir noch unklar ist, notierst du **?**.

Arbeitsschritt **3** Danach stellst du folgende Überlegungen an:
- Welche **Schlüsselwörter** gibt es in dem Text? (vgl. Tipp S. 3)
- Was ist die **Kernaussage** (die „Botschaft")?
- In wie viele **Sinnabschnitte** lässt sich der Text untergliedern? Markiere Stellen, an denen ein neuer Gedanke oder Inhalt auftaucht, mit ⌐. Notiere am Rand, mit welchem (Unter-)Thema sich jeder Abschnitt befasst. *Achtung:* Nicht immer entspricht ein Sinnabschnitt einem Absatz im Text.
- Wie lauten wichtige **allgemeine Aussagen**? (vgl. Tipp S. 3)
- Wo wird die Darstellung durch **Beispiele** veranschaulicht? (vgl. Tipp S. 3)

Arbeitsschritt **4** **Lies** den Text **selektiv**. Wirf noch einmal gezielt einen Blick auf die Textstellen, die du mit **?** gekennzeichnet hast. Versuche, ihren Sinn jetzt zu klären.

Übung 1

Lies den Text „Ruhelos im Großraumbüro" einmal überfliegend, einmal genau und einmal selektiv. Löse dann die Aufgaben auf der nächsten Seite.

Ruhelos im Großraumbüro

¹ In modernen Großraumbüros ist Lärmschutz angesagt. Die Störungen am Arbeitsplatz nehmen dadurch allerdings nur zu – weil nun die Gespräche der ⁵ Kollegen besser zu hören sind.
70 Prozent aller befragten Büroangestellten sind „oft bis immer" durch Geräusche und Gespräche abgelenkt. Das ergab eine Studie der Hochschule ¹⁰ Luzern. Dabei wird eine Unterhaltung von Kollegen störender empfunden als mechanischer Lärm. Besonders gravierend ist die Situation in modernen Großraumbüros. Hier hat die verbesserte ¹⁵ Dämpfung des Geräuschpegels durch leisere Geräte und Schallschlucker zu einer paradoxen Situation geführt: Stimmen treten noch deutlicher hervor. Am wenigsten geschätzt werden trendi- ²⁰ ge „Multi-Space-Büros" mit einer Aufteilung in Zonen wie „Arbeiten", „Nachdenken", „Kommunizieren". Das stete Nomadisieren zwischen den Zonen erschwert es den Beschäftigten, wirklich ²⁵ zur Ruhe zu kommen. Beliebt ist hingegen das klassische Kombi-Büro: zwei separate Arbeitsräume mit dazwischen liegender Kommunikationszone.

Quelle: Gruner + Jahr, Geo; www.presseportal.de/pm/7861/1581681

Den Leseprozess steuern | 🖊 **3**

Tipp

> Achte beim Lesen eines **Sachtextes** auf diese fast immer vorhandenen Elemente:
>
> - **Schlüsselwörter:** Sie fallen besonders auf – entweder, weil sie mehrmals wiederholt werden oder weil sie einem anderen Sprachgebrauch angehören als die übrigen Wörter im Text (z. B. Umgangssprache statt Standardsprache, Fachbegriffe statt Alltagswörter).
> - **Allgemeine Aussagen:** Sie vermitteln die wesentlichen Informationen und beziehen sich auf Sachverhalte, die grundsätzlich gelten oder als Verallgemeinerungen zu verstehen sind. Oft stehen sie im Plural oder enthalten verallgemeinernde Wörter (z. B. *man*).
> - **Erläuterungen:** Sie führen allgemeine Aussagen genauer aus, oft mithilfe eines Beispiels.
> - **Beispiele:** Beispiele sind konkrete Einzelfälle. Sie veranschaulichen allgemeine Aussagen, liefern aber keine neuen Informationen.

Aufgaben

1. Nach dem **überfliegenden Lesen:** Bestimme . . .

   Textsorte: _____

   Thema: _____

   Absicht des Verfassers: _____

2. Nach dem **genauen Lesen:** Gib das jeweils Geforderte an.

   Schlüsselwörter: _____

   Kernaussage: _____

   _____

   Anzahl der Sinnabschnitte: _____

   Unterthemen: _____

   _____

   _____

   Allgemeine Aussagen: _____

   _____

   _____

   Beispiele: _____

   _____

3. Nach dem **selektiven Lesen:** Erkläre den Sinn dieser Wörter.

   mechanischer Lärm (Z. 12): _____

   Multi-Space-Büro (Z. 20): _____

   Nomadisieren (Z. 23): _____

   Kombi-Büro (Z. 26): _____

   Kommunikationszone (Z. 28): _____

LESEKOMPETENZ

Interaktive Aufgaben: Leseverstehen üben

2 Leseaufgaben lösen

In der Prüfung werden dir **drei Arten von Aufgaben** zum Leseverstehen vorgelegt, um festzustellen, ob du die Sinnzusammenhänge in einem Text verstanden hast: **geschlossene**, **halboffene** und **offene** Aufgaben. Löse die geschlossenen Aufgaben möglichst zuerst. In der Regel kostet es nämlich mehr Zeit, die halboffenen oder offenen zu lösen.

Hinweis: Das Lösen von offenen Aufgaben gehört genau genommen zu den Schreibaufgaben. Deshalb findest du die Erläuterungen dazu im Kapitel „Schreibkompetenz" ab Seite 60.

2.1 Geschlossene Aufgaben lösen

Geschlossene Aufgaben sind so gestellt, dass es für die richtigen Antworten praktisch keinen Spielraum gibt. Das Prinzip ist immer gleich: Auf eine Frage ist jeweils nur **eine einzige Antwort** möglich und richtig.

Schritt für Schritt

Geschlossene Aufgaben lösen

Arbeitsschritt 1 Zur Vorbereitung:
- **Lies** den Text zweimal durch: einmal überfliegend und einmal genau (vgl. S. 2).
- Wirf einen Blick auf die **Aufgaben**, damit du weißt, worauf du beim Lesen achten musst. Lies den Text dann selektiv (vgl. S. 2).

Arbeitsschritt 2 Bearbeite die **Aufgaben**:
- Halte dich an die gegebene **Reihenfolge**, denn das Bearbeiten der ersten Fragen bereitet dich auf die schwierigeren Aufgaben am Schluss vor.
- **Lies** jede Aufgabe **ganz genau** durch. Erst wenn du hundertprozentig verstanden hast, wonach gefragt wird, kannst du die passende Antwort finden.

Arbeitsschritt 3 Arbeite **mit dem Text**:
- Orientiere dich immer **am Text**, spekuliere nicht! Stelle dir bei jeder Aussage, die du ankreuzt, die Frage: *Wo steht das im Text?*
- Aber nicht jede Antwort steht wortwörtlich im Text. Suche dann nach einer Aussage, die **sinngemäß** zur Frage passt.
- Manchmal musst du auch **mehrere Informationen** im Text miteinander kombinieren, um die richtige Antwort zu finden.

Arbeitsschritt 4 Sollte **am Schluss** noch eine ungelöste Aufgabe übrig bleiben, dann **sei mutig**: Kreuze die Aussage an, die dir am wahrscheinlichsten vorkommt. Vielleicht kommt dir der Zufall zu Hilfe und du landest einen Treffer.

Auf den folgenden Seiten lernst du die **verschiedenen Arten von geschlossenen Aufgaben** kennen, die dir gestellt werden können.

| | Leseaufgaben lösen | 5 |

Multiple-Choice-Aufgaben

Es wird eine Frage gestellt; dazu gibt es mehrere Auswahlantworten (meist vier), von denen die richtige angekreuzt werden muss. Multiple-Choice-Aufgaben (= Mehrfachwahlaufgaben) können sich auf einzelne Inhalte, aber auch auf die Textsorte, sprachliche Besonderheiten oder die Absicht des Verfassers beziehen. Auch nach Falschaussagen (welche Aussage *nicht* zutrifft) kann gefragt werden.

Warum solltest du mutig sein, wenn eine Aufgabe am Schluss noch ungelöst geblieben ist? Kreuze die passende Aussage an.

Beispiel

- [ ] Man darf keine Aufgabe ungelöst lassen.
- [ ] Es ist egal, ob die Lösung stimmt oder nicht.
- [X] Vielleicht kreuzt man zufällig die richtige Aussage an.
- [ ] Ungelöste Aufgaben machen einen schlechten Eindruck.

Tipp

Gehe nach dem **Ausschlussverfahren** vor, wenn du beim Lösen einer Multiple-Choice-Aufgabe unsicher bist: Überlege, welche Antworten auf keinen Fall infrage kommen, und sondere sie aus. Von den verbliebenen Auswahlantworten kreuzt du die an, die dir am plausibelsten erscheint.

Richtig-/Falsch-Aufgaben

Zu einem Text werden mehrere Aussagen präsentiert. Jede Aussage ist auf ihre Richtigkeit hin zu überprüfen: Passt sie zum Text – oder nicht? Entsprechend muss jeweils angekreuzt werden.

Wie sollte man beim Lösen von geschlossenen Aufgaben vorgehen? Kreuze an.

Beispiel

Man sollte …	trifft zu	trifft nicht zu
jede Aufgabe ganz genau lesen.	X	
im Text nach der passenden Information suchen.	X	
sich vor allem an seinem Erfahrungswissen orientieren.		X
nur Aussagen ankreuzen, die wortwörtlich im Text stehen.		X
sich möglichst an die gegebene Reihenfolge halten.	X	

Tipp

Deine Antworten sollten **eindeutig** sein. Falls du einmal etwas falsch angekreuzt hast, streichst du es durch. Die richtige Lösung kannst du dann z. B. so kennzeichnen: *richtige Lösung* → [X].

Geschlossene Fragen

Es werden Fragen gestellt, auf die es nur eine bestimmte Antwort gibt. Die richtige Antwort muss jeweils aufgeschrieben werden. Manchmal ist sie auch in eine Lücke einzutragen. In der Regel genügen dabei Stichworte.

Nenne den deutschen Begriff, den man anstelle des Wortes *Multiple-Choice-Aufgabe* verwenden könnte.

Beispiel

Mehrfachwahlaufgabe

Umordnungsaufgaben

Du erhältst ungeordnete Aussagen zum Text. Deine Aufgabe ist es, sie in die richtige Reihenfolge zu bringen. In der Regel sollst du die Aussagen nummerieren.

Beispiel

Die Erläuterungen zu den Aufgaben, mit denen die Lesekompetenz geprüft wird (S. 4 ff.), geben Antworten auf verschiedene Fragen. In welcher Reihenfolge werden diese Fragen im Text beantwortet? Nummeriere sie entsprechend.

Nummer	Frage
2	Welche Arten von Aufgaben gibt es, um die Lesekompetenz zu testen?
4	Wie können Beispiele für geschlossene Aufgaben aussehen?
1	Was soll anhand von geschlossenen Aufgaben geprüft werden?
3	Wie solltest du beim Lösen von geschlossenen Aufgaben vorgehen?

Zuordnungsaufgaben

Es werden bestimmte Aussagen zu einem Text gemacht. Zugleich werden einige Bezugsgrößen genannt, z. B. Namen von Personen. Bei jeder Aussage ist zu prüfen, auf was oder wen sie sich bezieht.

Beispiel

Worauf beziehen sich die folgenden Aussagen?
Trage den passenden Buchstaben in die Tabelle ein.

A Multiple-Choice-Aufgaben
B Richtig-/Falsch-Aufgaben
C Geschlossene Fragen
D Umordnungsaufgaben
E Zuordnungsaufgaben

Buchstabe	Aussage
B	Man prüft bei jeder Aussage, ob sie zum Text passt oder nicht.
C	Man bekommt eine Frage, die man kurz und knapp beantwortet.
D	Man sortiert ungeordnet vorliegende Aussagen zum Text.
A	Man kreuzt von mehreren Auswahlantworten die passende an.
E	Man bestimmt, worauf sich verschiedene Aussagen zum Text beziehen.

Auf einen Blick

Was du bei geschlossenen Aufgaben beachten solltest	
Multiple-Choice-Aufgaben	Es darf nur eine Aussage angekreuzt werden.
Richtig-/Falsch-Aufgaben	Mache in jeder Zeile ein Kreuz.
Geschlossene Fragen	Die Antworten findest du in der Regel wortwörtlich im Text.
Umordnungsaufgaben	Überlege dir zu jedem Textabschnitt eine mögliche Zwischenüberschrift (*Worum geht es hier?*) und ordne sie passend den vorliegenden Aussagen zu.
Zuordnungsaufgaben	Suche Textstellen, in denen die Bezugsgrößen (z. B. Namen) genannt werden. Im Umfeld dieser Textstellen findest du meist die passende Aussage – allerdings ist der Wortlaut oft etwas anders.

Lies den Text „O Sohle mio!" und bearbeite dann die Aufgaben.

Übung 2

O Sohle mio[1]!

1 [...] Freitags ist Chucks-Tag an der Lakewood Elementary School[2] in Modesto, Kalifornien. Morgens entscheidet der graubärtige Schuldirektor Doug Fraser,
5 welches Modell von seinen 104 Paaren er anziehen wird: Das mit den Zebrastreifen? Oder dem Batman-Print? Fluoreszierendes Grün oder Disco-Glitter? Auch die Schüler tragen freitags Chucks.
10 Wer Glück hat und eine ähnliche Farbe wie der Schuldirektor wählt, gewinnt einen Preis. „Das nimmt den Kids die Hemmungen, sich mit mir zu unterhalten", sagt Fraser. Und während sich
15 der 56-jährige Vorzeigepädagoge lächelnd für ein pflaumenblaues Modell entscheidet, rotiert irgendwo auf einem Friedhof an der Ostküste der USA Joey Ramone in seinem Grab.
20 Der Chuck Taylor All Star, kurz Chuck genannt, steckt in einem Dilemma[3]. Über Jahrzehnte hinweg war dieser Schuh ein Symbol von Rebellion und Ausdruck von Individualität. James
25 Dean trug ihn, Joey Ramone trug ihn, Kurt Cobain trug ihn sogar, als er starb. Und plötzlich sind Chucks Mainstream[4] geworden. Es gibt sie in allen Farben des Regenbogens: Der Schuh soll nicht
30 mehr zur Lebenseinstellung, sondern zur Handtasche passen. [...]
Das aktuelle Comeback haben The Strokes eingeläutet, die 2001 einfach mal die Uniform der Punk-Urgesteine Ra-
35 mones kopierten: Lederjacke, Röhrenjeans und Chucks. Die Schuhe machten danach genauso rasant Karriere wie die Band. Zunächst waren sie die Lieblingstreter von Künstlern und Kreativen,
40 die sie aus Understatement[5]-Gründen überstreiften. Kein Schuhmodell sagt so schön „Ist mir doch egal, was du über mich denkst." Außerdem verleihen sie selbst Mittvierzigern eine gewisse Jun-
45 genhaftigkeit, da kann das Haar noch so schütter sein und das Hemd noch so sehr um den Bauch spannen.

Harry Potter trägt Chucks – wie konnte das passieren?

50 Die Gummisohle marschiert weiter, aus den Clubs und den Werbeagenturen hinein in den Alltag. Wer heute zur Hauptverkehrszeit in einer beliebigen Stadt U-Bahn fährt, zählt mindestens
55 fünf Paar Chucks pro Waggon. Alternde Linke und Teenies mit Emocore-Buttons auf dem Rucksack tragen sie genauso wie Mütter und Kleinkinder im Partnerlook. Sogar Harry Potter – der
60 Gegenentwurf zu cool – war in „Der Orden des Phönix" in Chucks zu sehen. Spätestens seit Carine Roitfeld, Chefredakteurin der französischen Vogue[6], 2007 in einem goldenen Paar bei den
65 Fashion Shows in Mailand erschien, sind Chucks gesellschaftsfähig. Die österreichische Außenministerin Ursula Plassnik kombinierte ihre Converse prompt zum schwarzen Hosenanzug.
70 Wie konnte das geschehen?
Rückblick: 1908 gründete Marquis Converse in Massachusetts die „Converse Rubber Shoe Company", die zunächst Gummistiefel herstellte, später auch
75 Sportschuhe. Der Legende nach kontaktierte im Jahr 1921 der Basketball-

spieler Charles „Chuck" Taylor die Firma, um Verbesserungsvorschläge zu
machen. Er ließ unter anderem den
80 Converse-Sticker mit seinem Logo auf
die Innenseite des Schuhs nähen, um
die Knöchel der Spieler zu schützen.
Die Erfolgsgeschichte begann, nachdem
die amerikanische Basketballmannschaft
85 in Converse Chucks 1936 erstmalig
olympisches Gold einfuhr.
Doch Sport allein hätte diesen Schuhen
nie einen so unglaublichen Siegeszug
ermöglicht. Der Rock'n'Roll, er war es.
90 Schon Elvis hatte schnell kapiert, dass
die „Blue Suede Shoes", die guten Sonn-
tagsschuhe, zu schade und zu unbe-
quem waren, um damit auf der Bühne
herumzuspringen. In den sechziger
95 Jahren trafen sich die Beach Boys in pas-
tellfarbenen Hemden am Strand und
verpassten dem erstmals niedrig ge-
schnittenen All-Star-Modell „Oxford"
kalifornische Lässigkeit.

Der Schuh für alle Außenseiter
100 In den späten Sechzigern tauchten auch
Yoko Ono und John Lennon in Chucks
auf. Genau wie viele andere Hippies,
die sie mit Peace-Zeichen bemalten und
105 Blumen durch die Schnürbandösen
flochten. In den Siebzigern beanspruch-
ten die Punks die Chucks für sich.
Schwarz mussten sie sein, logisch, der
Schuh wurde so lange mit Tape oder Si-
110 cherheitsnadeln geflickt, bis er endgül-
tig auseinanderfiel. In den Achtzigern
paarten Hard-Rocker wie Van Halen
ihre Chucks mit engen Streifenhosen.
In den Neunzigern ergänzten Chucks
115 das Grunge-Outfit: Eddie Vedder und
Kurt Cobain trugen sie zu zerlöcherter
Jeans und Holzfällerhemd.
Auch im Kino steckten die Chucks bevorzugt an den Füßen von Außensei-
120 tern oder unbequemen Helden. Etwa in
den Achtziger-Filmen wie „The Break-

fast Club" und „Fast Times At Ridge-
mont High". In „Trainspotting" (1996)
trug sie Ewan McGregor in seiner Rolle
125 als Junkie Renton.
Es scheint, als ob jede Generation den
Schuh wieder neu für sich entdeckt.
Das aktuelle Comeback sprengt jedoch
alle Ausmaße. Zum ersten Mal besteht
130 die Gefahr, dass ein Massenkult das
Image erstickt. [...]

Rebellenmythos recycelt
Im Hause Converse hat man die Gefahr
erkannt. Obwohl die Verkaufszahlen
135 durch die Decke knallen, lancierte die
Company eine gigantische Imagekampagne in 75 Ländern. Ein Versuch, den
alten Rebellenmythos in die Zukunft
zu retten. Auf Schwarzweißporträts
140 wirbt Converse mit Helden von gestern
wie James Dean, Sid Vicious oder Hun-
ter S. Thompson. [...]
Vielleicht hätten sich die Marketing-
Strategen aber gar nicht so ins Zeug le-
145 gen müssen. Denn die größte Stärke
des Chucks liegt ganz woanders – im
Design. Ein einfacher, schöner, beque-
mer Schuh – genau das, wonach sich
Menschen in hochtechnisierten Zeiten
150 sehnen.
Und selbst wenn alle Chucks-Fans ihre
Treter jetzt entnervt nach hinten ins
Regal schieben, ist eines sicher: Irgendwann holt sie ein gelangweilter Teenie
155 hervor und beginnt in den Schulstun-
den auf dem Stoff herumzukritzeln.
Wie ein Boomerang wird der Schuh
dann wieder da sein und sein nächstes
Comeback feiern.
160 Immerhin ist den Chucks das gelungen,
was vielen Politikern bislang versagt
blieb: flächendeckende Demokratisie-
rung! Ob es der Punk ist, der vor dem
Bahnhof sein Dosenbier trinkt, oder die
165 Chefredakteurin der Vogue. In Chucks
riechen alle Füße gleich.

Quelle: Iris Soltau, SPIEGEL Online vom 14. 07. 2008; www.spiegel.de/einestages/100-jahre-turnschuhkult-a-949397.html

Anmerkungen
1 *O Sohle mio!*: Die Überschrift spielt auf einen italienischen Schlager an, der vor vielen Jahren populär war:
  O sole mio. Die italienischen Worte bedeuten: *Meine Sonne* (*sole*: Sonne; *mio*: mein).
2 *Elementary School*: Grundschule
3 *Dilemma*: die Auswahl zwischen zwei Möglichkeiten, die beide schlecht sind
4 *Mainstream*: etwas, das allgemein üblich ist, das der Meinung oder dem Geschmack der Mehrheit entspricht
5 *Understatement*: Untertreibung; hier: das Gegenteil von seriöser, eleganter Kleidung
6 *Vogue*: Titel einer französischen Modezeitschrift

Aufgaben

1. Multiple-Choice-Aufgaben

   a) Welches Signal sendete man früher damit aus, dass man Chucks trug? Kreuze die passende Aussage an.

   ☐ Ich lege Wert darauf, nach der neuesten Mode gekleidet zu sein.

   ☐ Durch meine Schuhe hebe ich mich von der Masse meiner Mitmenschen ab.

   ☐ Ich möchte für Schuhe möglichst wenig Geld ausgeben.

   ☐ Bei Schuhen achte ich vor allem auf Bequemlichkeit.

   b) Welche Absicht verfolgt der Verfasser hauptsächlich mit seinem Text? Kreuze die passende Aussage an.

   In erster Linie will der Verfasser ...

   ☐ den Leser mit einer Geschichte unterhalten.

   ☐ den Leser über ein Modephänomen informieren.

   ☐ den Leser zum Tragen von Chucks auffordern.

   ☐ den Imagewandel von Chucks kritisieren.

2. Richtig-/Falsch-Aufgabe

   Welche Aussagen über Chucks lassen sich aus dem Text ableiten und welche nicht? Kreuze entsprechend an.

	trifft zu	trifft nicht zu
a) Früher wurden Chucks vor allem von Außenseitern getragen.	☐	☐
b) Heute werden Chucks von vielen Menschen getragen.	☐	☐
c) Chucks werden besonders von Sportlern bevorzugt, die ihre Knöchel schonen wollen.	☐	☐
d) Wer Chucks trägt, kommt leicht mit anderen ins Gespräch.	☐	☐
e) Ältere Leute, die Chucks tragen, wirken dadurch oft jünger.	☐	☐

3. Geschlossene Fragen

   a) Wie heißt der Gründer der Firma, in der Chucks hergestellt werden? Nenne seinen Namen.

   _____

   b) In welchem Jahr wurde die Firma gegründet?

   _____

   c) Womit begann die Erfolgsgeschichte der Chucks? Stichworte genügen.

   _____

LESEKOMPETENZ

4. Umordnungsaufgabe

Bringe die folgenden Aussagen in die richtige zeitliche Reihenfolge. Nummeriere sie entsprechend. Beginne beim frühesten Ereignis mit der 1.

Nummer	Aussage
	a) Eine Musikband machte die Chucks von Neuem populär.
	b) Der Basketballspieler Charles „Chuck" Taylor setzte bei der Herstellerfirma Verbesserungsvorschläge durch.
	c) In Filmen wurden Chucks von Außenseitern und rebellischen Helden getragen.
	d) Die amerikanische Basketballmannschaft gewann in Chucks erstmalig olympisches Gold.
	e) Rock'n'Roll-Sänger trugen Chucks auf der Bühne.
	f) Chucks sind heute Schuhe für jedermann.
	g) Marquis Converse gründete die „Converse Rubber Shoe Company" in Massachusetts.

5. Zuordnungsaufgabe

Ordne die folgenden Aussagen den passenden Personen zu. Trage die Buchstaben in die linke Spalte ein. Ein Buchstabe bleibt übrig.

A Hippies
B Künstler und Kreative
C Männer mittleren Alters
D The Strokes
E der Schulleiter einer amerikanischen Grundschule

F Harry Potter
G Yoko Ono und John Lennon
H Punks
I eine österreichische Außenministerin

Buchstabe	Aussage
	a) Sie trug Chucks einmal zu einem Hosenanzug.
	b) Er trägt Chucks immer freitags.
	c) Sie trugen Chucks in der Farbe Schwarz.
	d) Sie haben das aktuelle Comeback der Chucks eingeleitet.
	e) Er trug Chucks in einem Film.
	f) Sie dekorierten ihre Chucks mit dem Peace-Zeichen.
	g) Sie wirken durch Chucks direkt noch etwas jungenhaft.
	h) Sie tragen Chucks aus Gründen des Understatements.

Tipp

Verharre nicht bei Aufgaben, deren Lösungen dir Kopfzerbrechen bereiten, sondern **überspringe** sie erst einmal. Bearbeite zügig alle Aufgaben, die du sicher lösen kannst, damit du nicht unnötig Zeit verlierst. **Am Schluss** kehrst du noch einmal zu den **ungelösten Aufgaben** zurück und versuchst, sie doch noch zu lösen.

Leseaufgaben lösen | ✐ 11

2.2 Halboffene Aufgaben lösen

Bei halboffenen Aufgaben sollst du die **Antwort** auf eine Frage mit **eigenen Worten** zum Ausdruck bringen. Auswahlantworten werden nicht vorgegeben. Du hast beim Lösen von halboffenen Aufgaben deshalb einen gewissen **Spielraum:** Ganz bestimmte Formulierungen werden nicht von dir erwartet.

Halboffene Aufgaben lösen

Schritt für Schritt

Arbeitsschritt **1**   Lies jede Aufgabe **genau durch**, um zu verstehen, wonach gefragt wird. Auch bei halboffenen Aufgaben müssen die Antworten sowohl zur Aufgabenstellung als auch zum Text passen.

Arbeitsschritt **2**   Arbeite mit dem **Text**. Beziehe dich bei deinen Antworten auf passende Textstellen, um nachzuweisen, dass deine Lösungen richtig sind.

Arbeitsschritt **3**   Zur **Form** der Antworten:
- Antworte immer in **vollständigen Sätzen** – selbst wenn du nicht dazu aufgefordert wirst. Das macht einen besseren Eindruck und du vermeidest Unklarheiten und Missverständnisse. Stichwortartige Antworten schreibst du nur, wenn das ausdrücklich verlangt wird.
- Bezüglich der **Länge** der Antworten orientierst du dich an der Anzahl der vorgegebenen Linien. Gehe davon aus, dass du die Linien möglichst füllen sollst. Wenn nur eine Linie vorgegeben ist, genügen wenige Wörter. Bei fünf Linien schreibst du ca. 40 bis 50 Wörter.

Es gibt verschiedene Arten von halboffenen Aufgaben:

Textstellen deuten

Hier sollst du erklären, was eine bestimmte Textstelle bedeutet. Es kann sich um ein einzelnes Wort, eine Wortgruppe oder eine komplette Aussage handeln.

Beispiel

Es heißt, beim Lösen von halboffenen Aufgaben gebe es einen gewissen **Spielraum**. Erkläre, was das bedeutet.

Es wird nicht erwartet, dass man ganz bestimmte Formulierungen verwendet.
Die Antwort muss nur sinngemäß stimmen.

Offene Fragen zum Text beantworten

In diesem Fall wird dir eine Frage zum Text gestellt, die du eigenständig beantworten sollst. Oft handelt es sich um Wie- oder Warum-Fragen. Beantworte die Fragen mit eigenen Worten und belege deine Aussagen anhand des Textes.

Hinweis: Detaillierte Erklärungen zum Beantworten von offenen Fragen und zum Aufbau deiner Antwort findest du im Kapitel „Schreibkompetenz" ab S. 60.

Beispiel

Warum ist es wichtig, dass du dir die Formulierungen der einzelnen halboffenen Aufgaben sehr genau durchliest?

Man kann eine Aufgabe nur dann richtig lösen, wenn man verstanden hat, wonach gefragt wird. Frage und Antwort müssen nämlich genau zusammenpassen.

LESEKOMPETENZ

Aussagen zum Text bewerten

Meist erhältst du zu einem Text einen Leserkommentar, zu dem du Stellung nehmen sollst. Deine Aufgabe ist es dann, zu sagen, ob du der Meinung dieses Lesers (z. B. eines Schülers) zustimmst oder nicht. Deine Einschätzung musst du ausreichend begründen. Beziehe dich dabei auf den Text.

Beispiel

Nachdem die Schülerin Jessica die Erläuterungen zu den halboffenen Aufgaben gelesen hatte, äußerte sie sich so:

„Was sollen diese ganzen Erklärungen und Hinweise? Man könnte uns doch gleich einen richtigen Text geben und dazu ein paar passende Aufgaben stellen!"

Nimm Stellung zu Jessicas Äußerung. Begründe deine Meinung.

Ich stimme Jessica nicht zu. Es stimmt zwar: Man könnte tatsächlich gleich ein paar Aufgaben zu einem Text bekommen und sie bearbeiten. Allerdings erhält man durch die Erläuterungen gute Hinweise und auch nützliche Tipps. So kann man beim Lesen des Textes und beim Lösen der Aufgaben gezielter vorgehen. Ich glaube deshalb, dass die Erklärungen für uns Schülerinnen und Schüler doch sehr hilfreich sind.

Grafische Darstellungen beurteilen

Manchmal werden Textinhalte auch in Form einer Grafik dargestellt. Es geht dann darum, den Zusammenhang, der in der Grafik dargestellt ist, entweder zu erklären (Welcher Zusammenhang ist gemeint?) oder zu bewerten (Passt die Darstellung zum Text?). Beziehe dich bei deiner Antwort wieder auf den Text.

Beispiel

Diese Grafik fasst die Erläuterungen zum Lösen von halboffenen Aufgaben zusammen. Ist die Darstellung gelungen? Entscheide dich. Begründe deine Meinung.

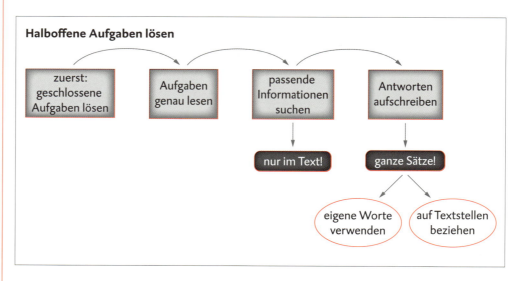

Ja, die Darstellung ist gelungen, denn sie beinhaltet alle entscheidenden Arbeitsschritte, die beim Lösen von halboffenen Aufgaben zu beachten sind. Sie sind sinnvoll angeordnet und in der richtigen Reihenfolge dargestellt. Dank der knappen Stichworte ist die Grafik sehr übersichtlich. So kann man sich leicht an dem Schema orientieren.

Leseaufgaben lösen | ✏ **13**

Auf einen Blick

Was du bei halboffenen Aufgaben beachten solltest	
Textstellen deuten	Verwende unbedingt eigene Worte, schreibe nicht vom Text ab! Ausnahme: Du kennzeichnest ein Wort als Zitat, um anschließend zu erklären, was es bedeutet.
Offene Fragen zum Text beantworten	Wenn in der Frage auf eine Textstelle Bezug genommen wird, solltest du noch einmal den Abschnitt lesen, der diese Textstelle enthält. Meist findest du dort Informationen für deine Antwort.
Aussagen zum Text bewerten	Hier sollst du meistens sagen, was du von einer Äußerung oder einer Behauptung hältst: Stimmst du ihr zu – oder hältst du sie für falsch? Begründe deine Meinung immer.
Grafische Darstellungen beurteilen	Oft sind beide Einschätzungen möglich: Die grafische Darstellung passt zum Text – oder sie passt nicht. Wichtig ist, dass du deine Einschätzung gut begründest.

Lies noch einmal den Text „O Sohle mio!" (S. 7 f.) und bearbeite anschließend die Aufgaben.

Übung 3

1. Textstellen deuten

   a) Erkläre, von welchem „Dilemma" (Z. 21) im Text die Rede ist.

   _____

   _____

   b) Die erste Zwischenüberschrift lautet: „Harry Potter trägt Chucks – wie konnte das passieren?" (Z. 48 f.) Erkläre, was damit gemeint ist.

   _____

   _____

   c) „Der Schuh soll nicht mehr zur Lebenseinstellung, sondern zur Handtasche passen." (Z. 29–31) Erkläre den Sinn dieser Textstelle.

   _____

   _____

2. Offene Fragen beantworten

   a) Wie kam es dazu, dass die Chucks ihren ersten richtigen Erfolg hatten?

   _____

   _____

   _____

   b) Warum hat die Firma Converse eine „Imagekampagne" (Z. 136 f.) gestartet?

   _____

   _____

   _____

Auf einen Blick

3. Eine Aussage zum Text bewerten

Der Schüler Sven meinte nach der Lektüre des Textes „O Sohle mio!":

„Der Schulleiter, der freitags immer Chucks trägt, will sich bei seinen Schülern bloß einschmeicheln."

Nimm Stellung zu dieser Aussage. Begründe deine Meinung anschließend. Beziehe dich auf den Text.

4. Eine grafische Darstellung beurteilen

Die Schülerin Dana hat versucht, die wesentlichen Textaussagen grafisch darzustellen. Ist ihr das gelungen? Begründe deine Meinung.

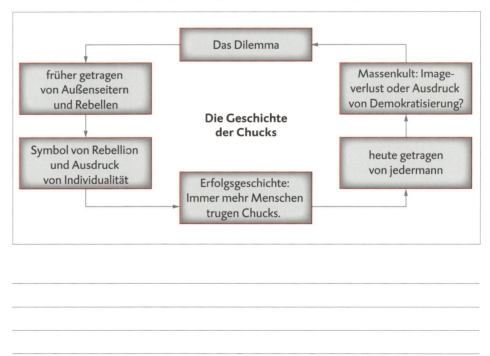

3 Sachtexte verstehen

Sachtexte befassen sich mit Dingen, die es tatsächlich gibt, gab oder geben wird. Sie teilen vor allem **Fakten** mit. Das heißt aber nicht automatisch, dass Sachtexte immer wahr sind. Schließlich kann sich der Verfasser auch einmal irren, z. B. weil seine Kenntnisse oder Beobachtungen nicht ausreichen. Ein Beispiel für einen Sachtext ist der Artikel „O Sohle mio!" (S. 7 f.).

Interaktive Aufgaben: Leseverstehen üben

3.1 Die Absicht des Verfassers erkennen

Flashcards: Wichtiges wiederholen

Es gibt verschiedene Arten von Sachtexten. Man unterscheidet sie u. a. danach, welche **Absicht** (Intention) der Verfasser verfolgt: Beispielsweise kann er versuchen, den Leser zu beeinflussen, weil er möchte, dass dieser sich seiner Meinung anschließt. Es ist deshalb wichtig, dass du erkennst, ob ein Sachtext **neutral** oder **subjektiv** ist. Seine Absicht kann der Verfasser allerdings auch „verstecken", z. B. indem er sie nur **indirekt** zum Ausdruck bringt, etwa durch die Wortwahl. Berücksichtige deshalb auch die **Ausdrucksweise**.

Nach der Absicht des Verfassers unterscheidet man diese Sachtexte:

- **Informierende Texte:** Der Verfasser will über einen Sachverhalt **informieren**. Er teilt dem Leser Tatsachen mit.
  ein Bericht über ein Ereignis, ein wissenschaftlicher Aufsatz

  Beispiel

- **Kommentierende Texte:** Der Verfasser will einen Sachverhalt **kommentieren**. Dann äußert er seine Meinung zu einem Ereignis oder einer Entwicklung.
  ein Kommentar zu einem strittigen Thema, eine Buchrezension, ein Leserbrief

  Beispiel

- **Appellierende Texte:** Der Verfasser will an den Leser **appellieren**. Er will ihn dazu bewegen, etwas Bestimmtes zu denken oder zu tun.
  Werbetexte, Reden über politische Programme

  Beispiel

- **Instruierende Texte:** Der Verfasser will den Leser **instruieren** (= belehren). Das bedeutet, dass er dem Leser Anweisungen erteilt, die ihm helfen sollen, eine bestimmte Handlung auszuführen.
  eine Bedienungsanleitung, Kochrezepte

  Beispiel

Ein häufiges Ziel ist es außerdem, den Leser mit einem Text zu **unterhalten**. Der Verfasser will also erreichen, dass man beim Lesen auch Vergnügen empfindet. Bei einem Sachtext ist die Unterhaltungsfunktion allerdings zweitrangig.

Hinweis: Genaueres zu den Merkmalen von Sachtexten findest du auf S. 17.

Tipp

> Ein Autor kann mit einem Text auch **mehrere Absichten** verfolgen. Wenn du unsicher bist, dann überlege, worum es ihm **hauptsächlich** geht. Frage dich z. B.: *Will der Verfasser in erster Linie, dass ich seine Meinung verstehe und sie übernehme?* Dann wäre es ein kommentierender Text. *Will er mich dazu bewegen, seinen Vorschlägen zu folgen?* Dann wäre sein Text appellierend.

16 LESEKOMPETENZ

Übung 4 Lies die folgenden Textauszüge und bestimme jeweils die Absicht des Verfassers. Trage die passende Bezeichnung (appellierend, instruierend etc.) in die Tabelle ein.

Text A

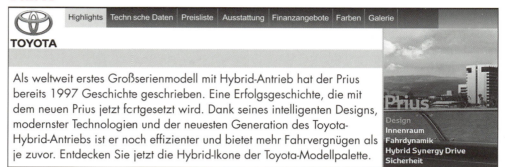

Als weltweit erstes Großserienmodell mit Hybrid-Antrieb hat der Prius bereits 1997 Geschichte geschrieben. Eine Erfolgsgeschichte, die mit dem neuen Prius jetzt fortgesetzt wird. Dank seines intelligenten Designs, modernster Technologien und der neuesten Generation des Toyota-Hybrid-Antriebs ist er noch effizienter und bietet mehr Fahrvergnügen als je zuvor. Entdecken Sie jetzt die Hybrid-Ikone der Toyota-Modellpalette.

Quelle: Toyota Deutschland GmbH; www.toyota.de/automobile/prius/index.json

Text B

Soll der Staat eine Kaufprämie für Elektroautos zahlen? [...] Das Ganze könnte wie ein Geschenk an eine verwöhnte Branche aussehen. Aber die Regierung könnte dem Vorwurf begegnen, wenn sie im Gegenzug die Steuerbegünstigung für den Diesel streicht. Und in Brüssel die strengeren CO_2-Grenzwerte für die Flotten der Konzerne durchsetzt, statt als Lobby für dicke, alte Autos aufzutreten.

Quelle: Petra Pinzler, Die ZEIT Nr. 6 vom 4. 2. 2016 ; www.zeit.de/2016/06/subventionen-elektroauto-staat-pro-contra

Text C

Je länger man einen Gang ausfährt, also je höher die Drehzahl ist, desto mehr Kraftstoff verbraucht ein Wagen. Wer Benzin sparen möchte, sollte den Drehzahlenbereich daher niedrig halten. Man lässt das Fahrzeug nur kurz anrollen, schaltet sofort in den zweiten Gang und gibt etwas Gas, um in den dritten Gang zu schalten.

Quelle: SAT 1; www.sat1.de/ratgeber/auto-technik/auto/benzin-sparen-beim-autofahren-clip

Text D

Handelsblatt

Winterliche Minusgrade bringen Elektroautos an den Rand der Nutzbarkeit. Das ist das Ergebnis eines Vergleichstests von „AutoBild". [...] Besonders beim Reichweiten-Test zeigten sich teils dramatische Einschränkungen. [...] Bei vier von fünf Testkandidaten sackte die Reichweite auf unter 70 Kilometer ab. Nur der Tesla brachte es aufgrund seines gewaltigen 85-kWh-Akkus auf mehr als 200 Kilometer. [...]

Quelle: Frank G. Heide, 3. 1. 2014 ; www.handelsblatt.com/auto/test-technik/reichweite-bricht-ein-elektroautos-versagen-bei-kaelte/9284156.html

	Absicht des Verfassers
Text A	
Text B	
Text C	
Text D	

3.2 Arten von Sachtexten unterscheiden

Bei vielen Sachtexten, die uns im Alltag begegnen, handelt es sich um **Zeitungstexte**. Sie informieren über wichtige Ereignisse, die passiert sind, und veranlassen den Leser, sich zu den Geschehnissen eine eigene Meinung zu bilden.
Es erleichtert dir das Verständnis, wenn du die **Merkmale** der einzelnen Textsorten kennst. Am häufigsten kommen diese Zeitungstexte vor:

Digitales Glossar: Begriffe nachschlagen

Bericht
Er informiert **sachlich und neutral** über wichtige aktuelle Ereignisse. Berichte sind in der Regel so aufgebaut: Zuerst werden die **W-Fragen** beantwortet: Was ist geschehen? Wer ist betroffen? Wo ist es geschehen? Wann ist es geschehen? Evtl. wird auch gleich am Anfang etwas über die Folgen gesagt. Erst danach folgen genauere Ausführungen zum Ablauf: Wie ist es geschehen? Warum ist es passiert? Berichte sind in der Regel im Präteritum verfasst.

Merkmale der verschiedenen Sachtextsorten

Kommentar
Er ist eine Art Stellungnahme: Der Verfasser äußert seine **Meinung** über ein aktuelles Ereignis oder eine aktuelle Entwicklung. Zuerst nimmt der Autor Bezug auf das Thema, zu dem er sich kommentierend äußern will. Danach sagt er, was er davon hält. Die Meinung des Verfassers kann **positiv** (befürwortend) oder **negativ** (kritisch) ausfallen. Kommentare sind überwiegend im Präsens verfasst. Die Darstellung ist meist sachlich, aber nicht neutral (denn der Autor vertritt ja eine bestimmte Meinung!).
Eine besondere Art von Kommentar ist die **Rezension**, also die Besprechung und Beurteilung eines Buches, eines Films oder einer Theaterinszenierung.

Reportage
Sie informiert **ausführlich, anschaulich und unterhaltsam** über ein Thema. Der Einstieg erfolgt oft über eine „Nahaufnahme", also eine konkrete Situation; davon ausgehend wird Grundlegendes zum Thema dargestellt. In einer Reportage gibt es sowohl **anschauliche Beispiele** als auch **allgemeine Informationen** und **Hintergrundwissen** zu einem Sachverhalt. Typisch ist auch die Befragung von Augenzeugen oder Experten. Reportagen sind in der Regel im Präsens verfasst, denn das wirkt lebendig, so, als sei der Verfasser direkt vor Ort.

Interview
Es gibt den **Ablauf eines Gesprächs** in Form eines Dialogs wieder: Ein Vertreter einer Zeitung oder Zeitschrift stellt einer Person Fragen und diese antwortet darauf. Sowohl die Fragen als auch die Antworten werden abgedruckt. Das Interview lebt davon, dass die Äußerungen des Befragten **spontan** und echt wirken, umgangssprachliche Äußerungen werden daher nicht „geglättet".

Glosse
Sie ist eine Art **humorvoller Kommentar**. Der Verfasser übt darin **Kritik** an einem Ereignis oder einer Entwicklung; das aber tut er auf äußerst lässige und witzige Art. Eine Glosse lebt von der **ironischen Darstellung** (vgl. zur Ironie: S. 51 f.). Häufig wird darin auch Umgangssprache verwendet. Glossen sind – wie Kommentare – meist im Präsens und (bei Vorzeitigkeit) im Perfekt verfasst.

18 / **LESEKOMPETENZ**

Übung 5   Lies die Texte A–D (S. 18–20) und bearbeite dann die Aufgaben.

Text A

SPORT NDR — **Susi Kentikian** — **Durchs Leben geboxt**

¹ Als Susi Kentikian das Zwei-Zimmer-Apartment betritt, macht sie einen Schritt in ihre eigene Vergangenheit. „Es ist 1:1 so wie früher. Die Räumlichkeiten sind ⁵ noch ganz genauso, wie ich es in Erinnerung habe", sagt die Box-Weltmeisterin: „Aber hier ist es ganz gemütlich eingerichtet. Das war bei uns damals anders." Sie ist ¹⁰ zu Besuch bei den Demirovs aus Mazedonien. Die Flüchtlingsfamilie lebt seit zwei Jahren im Pavillon-Dorf in Hamburg-Bramfeld. „Immer ¹⁵ schön fleißig sein – und immer Deutsch lernen, das ist wichtig", rät die 27-Jährige den beiden ²⁰ kleinen Kindern. Die 1,55-Meter-Frau weiß, wovon sie spricht. 1992 floh sie mit Mutter, Vater und ihrem zwei Jahre älteren Bruder aus Armenien. […] ²⁵ Kentikian ist fünf Jahre alt, als sie mit ihrer Familie nach Hamburg kommt. In den ersten beiden Jahren wohnen sie auf der „Bibi Altona" im Hamburger Hafen, einem Flüchtlingsschiff für Personen ³⁰ ohne Bleiberechtsperspektive. „Ich kann mich erinnern, dass da immer Gewalt war. Draußen wurde immer gekämpft", berichtet die in Eriwan geborene Boxerin. Es folgen acht Jahre in einem alten Schul- ³⁵ gebäude in Hamburg-Langenhorn, das zur Asylbewerberunterkunft umfunktioniert worden ist. Die Fami- ⁴⁰ lie Kentikian ist vor dem Krieg zwischen Armenien und Aserbaidschan im Kaukasus geflohen. Damals ⁴⁵ sterben 50 000 Menschen, mehr als eine Million werden zu Flüchtlingen. Der Vater, der in Armenien als Tierarzt arbeitete, muss sich allein um ⁵⁰ die Kinder kümmern, weil die Mutter lange im Krankenhaus liegt. In Deutschland darf er nicht mehr als putzen gehen. […]

Quelle: Florian Neuhauss, 6. 5. 2015; www.ndr.de/sport/mehr_sport/Susi-Kentikian-Durchs-Leben-geboxt,boxen632.html

Text B

ZEIT ONLINE   E-PAPER   AUDIO   APPS   ARCHIV   ANMELDEN   Suche 🔍

Über Geld spricht man (nicht)

Susi Kentikian kam als Flüchtling nach Hamburg und war so arm, dass sie klaute. Dann wurde sie Profiboxerin – und plötzlich reich.

¹ DIE ZEIT: Frau Kentikian, was denken Sie, wenn Sie im Fernsehen tobende Rechtsradikale vor Flüchtlingsheimen sehen?

KENTIKIAN: Wenn ich solche Leute sehe, kriege ich gleich einen Abtörner. Sie machen mir Angst und ekeln mich an. Die Flüchtlinge haben nichts, gar ⁵ nichts. So ein Leben ist echt die Härte, ich kenne das.

DIE ZEIT: Sie sind mit Ihrer Familie als Kind aus Armenien geflohen, lebten insgesamt acht Jahre in Flüchtlingsunterkünften in Hamburg und hatten selbst nichts. Wie lebt man mit nichts?

KENTIKIAN: Wir wohnten damals auf dem Asylschiff *Bibi Altona*. Wir hatten wirk- ¹⁰ lich ganz wenig Geld. Einmal, als ich neun war, lief ein betrunkener Mann auf der Straße. Er hatte einen Batzen Geldscheine dabei, 500-Mark-Scheine. Wirklich! Er schwankte, und einer der Scheine fiel aus seiner Tasche. Ich habe ihn aufgehoben, bin zu ihm gelaufen und habe es ihm zurückgegeben. Ich weiß noch, dass mein Vater von hinten schrie: Susi! Neeein! Geh nicht dahin! Aber zu spät. Der Mann hat sich nicht mal bedankt. Das war schlimm für meinen Vater.

DIE ZEIT: Durften Sie sich jemals selbst etwas kaufen?

KENTIKIAN: Nein. Ich konnte mir nicht mal ein Croissant leisten und hatte immer große Augen auf alles, was ich nicht haben konnte. Meine Mutter hat mir manchmal mit ihrem letzten Geld eins gekauft, das war ein Highlight für mich. Oder einen Cheeseburger bei McDonald's. Sie hat immer versucht, mir meine Wünsche zu erfüllen. Als Kind will man so viel. […]

Quelle: Die ZEIT Nr. 40 vom 1. 10. 2015, das Interview führten Sarah Levy und Kilian Trotier; www.zeit.de/2015/40/susi-kentikian-boxerin-fluechtling-hamburg

Text C

AD HOC NEWS
Boxweltmeisterin Susi Kentikian hat einen weiteren WM-Gürtel gewonnen

Boxweltmeisterin Susi Kentikian hat einen weiteren WM-Gürtel gewonnen. Die 28 Jahre alte Hamburgerin bezwang in ihrer Heimatstadt die mexikanische Herausforderin Susana Cruz Perez einstimmig nach Punkten (97:94, 98:92, 97:93).

Damit verteidigte Kentikian ihren WBA-Titel[1] im Fliegengewicht erfolgreich und gewann zusätzlich den WIBF-Gürtel[2]. Die gebürtige Armenierin, die elf Monate nicht mehr geboxt hatte und deshalb ihren Leistungsstand nicht einschätzen konnte, hatte mit der konditionsstarken Mexikanerin Mühe. Vor 2 500 Zuschauern in der Inselparkhalle der Hansestadt ließ sie sich häufig in den Nahkampf zwingen. Von der zweiten Runde an kämpfte Kentikian mit einer Verletzung an der rechten Augenbraue und musste mehrfach behandelt werden. Die Weltmeisterin traf vor allem im Schlussgang häufiger. „Ich habe nicht damit gerechnet, dass sie so stark kämpfen wird", sagte die Hamburgerin.

Die 1,55 Meter große Kentikian, die sich seit einigen Monaten selbst vermarktet, hat nunmehr von 38 Profikämpfen 35 gewonnen. Ihre zwei Zentimeter kleinere Rivalin musste im 24. Kampf die siebte Niederlage hinnehmen. Zu den Zuschauern in der Halle gehörte die frühere Boxweltmeisterin Regina Halmich.

Quelle: DPA, 3. 10. 2015; www.ad-hoc-news.de/hamburg-boxweltmeisterin-susi-kentikian-hat-einen-weiteren--/de/News/46210201

Anmerkungen
1 WBA: World Boxing Association (Welt-Boxverband)
2 WIBF: Women's International Boxing Federation (Internationaler Verband für Frauenboxen)

Text D

Integration durch Sport

„Abgedroschen" ist so ein Wort, das einem nicht nur beim Lesen des Titels der Autobiografie „Mir wird nichts geschenkt. Mein Leben, meine Träume" von „Killer Queen" Susi Kentikian in den Sinn kommt. Auch der Klappentext macht mit klischeebeladenen[1] Trainerzitaten wie „Das Leben hat sie stark gemacht. Aber das Boxen hat ihr eine Möglichkeit gegeben, diese Stärke zu nutzen" zu Recht Angst vor sehr viel Pathos[2]. Dennoch lohnt es sich diesem Werk etwas Aufmerksamkeit zu schenken. Denn wenn es heißt, dass sich in Susi Kentikian „wie in einem Brennglas Themen und Entwicklungen unserer Gesellschaft spiegeln", ist dem nur zuzustimmen. [...]

Es ist anzunehmen, dass ihr wachsender Erfolg und ihre damit zusammenhängende Bekanntheit im Leistungs- und nun auch im Profisport wohl ein nicht unwichtiger Faktor für den guten Ausgang des jahrelangen Kampfes ums Bleiberecht ihrer Familie darstellt. Ebenso wie ihre Serie an erfolgreichen Weltmeisterschaftskämpfen, in denen sie „für Deutschland" an den Start ging, brachten ihr wohl die Auszeichnungen als „Sportlerin des Jahres 2007" der Stadt Hamburg und als Deutschlands „Boxerin des Jahres" 2008 letztendlich die deutsche Staatsbürger(innen)schaft ein. Auch die [...] erfolgreiche Verhinderung der Abschiebung 2001 und weitere zivilbürgerliche[3] Unterstützung für die Familie in Form einer Petition[4] sind klar auf Susis sportliche Erfolge und die Bereitschaft der Familie zur „Integration" zurückzuführen. [...] In Ansätzen leistet Kentikian aber selbst Kritik am politischen Umgang mit dem Leben von ihr und ihrer Familie zur damaligen Zeit. Allerdings bleibt sie dabei innerhalb einer Denkstruktur von schlechten versus[5] guten Menschen, die sie (nicht) unterstützt haben [...]

So bietet die Geschichte der Susianna Kentikian ein gutes Analysematerial für die Rolle von Sport im System aus Asylpolitik, Medien und Kommerzialisierung[6].

Quelle: Cora Schmechel, 2. 4. 2013; www.kritisch-lesen.de/rezension/integration-durch-sport
(aus didaktischen Gründen leicht geändert)

Anmerkungen
1 *klischeebeladen*: voller Klischees (Klischee: Vorurteil, abgegriffene Vorstellung)
2 *Pathos*: übertriebenes Gefühl
3 *zivilbürgerlich*: durch normale Bürger
4 *Petition*: Bittstellung an einen Entscheidungsträger, z. B. an ein Parlamentsmitglied oder eine Behörde
5 *versus*: gegen
6 *Kommerzialisierung*: Streben nach Gewinn, Geschäftemacherei

Aufgaben

a) Bestimme bei den Texten A bis D die Textsorte.
b) Erkläre anschließend, an welchen Merkmalen du die Textsorte erkannt hast.
c) Belege deine Erklärungen jeweils anhand von zwei Textstellen.

Trage deine Lösungen auf der nächsten Seite (S. 21) ein.

© Verlag Herder

Sachtexte verstehen | 21

Text A – „Susi Kentikian. Durchs Leben geboxt"

Textsorte: _____

Merkmale: _____

_____

_____

Textbelege: _____

_____

_____

Text B – „Über Geld spricht man (nicht)"

Textsorte: _____

Merkmale: _____

_____

Textbelege: _____

_____

_____

Text C – „[…] Susi Kentikian hat einen weiteren WM-Gürtel gewonnen"

Textsorte: _____

Merkmale: _____

_____

Textbelege: _____

_____

_____

Text D – „Integration durch Sport"

Textsorte: _____

Merkmale: _____

_____

Textbelege: _____

_____

_____

Flashcards: Wichtiges wiederholen

3.3 Nichtlineare Texte lesen: Tabellen und Diagramme

Eine besondere Art von Sachtexten sind **nichtlineare** Texte. Im Gegensatz zu Fließtexten, bei denen die Sätze lückenlos aufeinanderfolgen, stellen nichtlineare Texte **wichtige Informationen verkürzt** in einer Übersicht dar. Man unterscheidet **zwei Arten** von nichtlinearen Texten: **Tabellen** und **Diagramme**.

Zahlenangaben spielen in nichtlinearen Texten eine große Rolle. Die wenigen Worte, die enthalten sind, sagen dem Leser vor allem, wie die Zahlenangaben zu verstehen sind. In der Regel werden diese Auskünfte erteilt:

- das **Thema** oder die **Fragestellung**, der nachgegangen wurde,
- die **Einheiten**, in denen die Zahlen angegeben sind (z. B. in Prozent),
- die **Herkunft** der Zahlen (z. B. aus einer Umfrage oder aus einer statistischen Erhebung),
- die **Bezugsgrößen** (z. B. der befragte Personenkreis, die Menge der Niederschläge innerhalb eines bestimmten Zeitraums o. Ä.),
- der **Zeitpunkt**, zu dem die Daten erhoben wurden (z. B. wann eine Umfrage oder Messung durchgeführt wurde), oder der **Zeitraum**, auf den sich die Zahlen beziehen,
- der **Herausgeber**; meist handelt es sich bei dem Herausgeber um eine Institution (z. B. eine Behörde oder ein Meinungsforschungsinstitut) oder eine Interessengemeinschaft,
- das **Datum der Veröffentlichung**.

Einige dieser Auskünfte stehen außerhalb des eigentlichen nichtlinearen Textes, z. B. rechts unten. Man nennt diese Informationen die **Legende**.

Tipp

Interessant sind bei nichtlinearen Texten vor allem **Übereinstimmungen** und **Unterschiede**. Daraus lassen sich nämlich bestimmte Aussagen ableiten. Achte also insbesondere darauf, wo sich Zahlenangaben ähneln – und wo sie deutlich voneinander abweichen! Zum Beispiel kann ein Sachverhalt auf die Mitglieder einer bestimmten Gruppe **besonders oft, durchschnittlich oft, vergleichsweise selten** oder **gar nicht** zutreffen.

Deine Aussagen zu Tabellen und Diagrammen kannst du beispielsweise so formulieren:
- *Es gibt mehr/weniger/genauso viele … als/wie …*
- *Es kommt öfter/genauso oft/seltener vor, dass …*
- *Je …, umso häufiger/seltener …*

Tabellen

In einer Tabelle sind die Informationen in Spalten und Zeilen angeordnet. Meist finden sich in der äußeren Spalte links und in der obersten Zeile Erläuterungen zu dem **Zahlenmaterial**, das in den übrigen Spalten und Zeilen abgebildet ist. In nichtlinearen Texten, also auch in Tabellen, werden die Daten **nur genannt**, aber nicht interpretiert. Es werden also **keine Gründe** dafür angegeben, warum einige Zahlen höher ausfallen als andere.

Sieh dir die Tabelle genau an und löse anschließend die Aufgaben. — Übung 6

Shell Jugendstudie 2015

Freizeitbeschäftigungen von Jugendlichen nach Geschlecht und Alter (bis zu fünf Nennungen, Angaben in %)	m	w	12–14	15–17	18–21	22–25
Sich mit Leuten treffen	53	62	51	60	60	57
Musik hören	51	57	64	64	48	47
Im Internet surfen	60	44	51	51	52	54
Fernsehen	52	49	57	41	47	56
Soziale Netzwerke nutzen	35	36	26	39	40	34
Training/Aktiv Sport treiben (Fitnessclub, Sportverein …)	35	26	30	39	31	25
Sport in der Freizeit, wie Rad fahren, Skaten, Kicken usw.	32	24	33	32	23	27
Etwas mit der Familie unternehmen	16	33	27	20	22	27
Playstation, Nintendo spielen, Computerspiele	39	7	43	27	14	17
Bücher lesen	13	31	23	20	22	23
In die Disco, zu Partys oder Feten gehen	20	21	4	21	30	23
Videos/DVDs anschauen	18	13	19	13	16	15
Nichts tun, „Rumhängen"	17	15	17	16	19	13
Shoppen, sich tolle Sachen kaufen	5	25	15	13	19	12
Etwas Kreatives, Künstlerisches machen	8	11	8	8	10	10
In die Kneipe gehen	10	4	0	3	9	12
Sich in einem Projekt/einer Initiative/ einem Verein engagieren	8	6	3	6	8	9
Zeitschriften oder Magazine lesen	5	7	6	6	3	7
Jugendfreizeittreff besuchen	4	5	6	7	3	3

Jugendliche im Alter von 12 bis 25 Jahren; m = männlich, w = weiblich

Quelle: 17. Shell Jugendstudie: Jugend 2015. TNS Infratest. Gudrun Quenzel, Klaus Hurrelmann, Mathias Albert. Shell Hamburg.

Aufgaben

1. Welche Auskünfte gibt die Tabelle? Beantworte die folgenden Fragen. Stichworte genügen.

   a) Welcher Fragestellung wurde nachgegangen?

   _____

   b) In welchen Einheiten sind die Zahlen angegeben?

   _____

   c) Woher stammen die Zahlen?

   _____

   d) Wer wurde befragt? Nenne den Personenkreis.

   _____

   e) Wann wurden die Daten erhoben?

   _____

   f) Wer hat die Daten veröffentlicht?

   _____

2. Welche Aussagen lassen sich aus den Daten ableiten und welche nicht? Kreuze entsprechend an.

Aussagen	trifft zu	trifft nicht zu
a) Heutzutage lesen Jugendliche in ihrer Freizeit keine Bücher mehr.	☐	☐
b) Je älter die Befragten sind, desto häufiger engagieren sie sich in einem Projekt oder Verein.	☐	☐
c) Jungen interessieren sich mehr für Computerspiele als Mädchen.	☐	☐
d) Mit zunehmendem Alter nimmt das Interesse an Sport ab.	☐	☐
e) Jungen und Mädchen verbringen ihre Freizeit gleich gerne mit der Familie.	☐	☐
f) In Kneipen zu gehen kommt für die Jüngsten überhaupt nicht infrage.	☐	☐

3. Kreuze die Freizeitbeschäftigung an, bei der die Unterschiede zwischen Jungen und Mädchen am größten sind.

   ☐ Sich mit Leuten treffen

   ☐ Im Internet surfen

   ☐ Bücher lesen

   ☐ Shoppen, sich tolle Sachen kaufen

4. Ordne die folgenden Aussagen den Altersgruppen passend zu. Trage den entsprechenden Buchstaben ein.

Hinweis: Einmal musst du zwei Buchstaben eintragen.

A 12- bis 14-Jährige
B 15- bis 17-Jährige
C 18- bis 21-Jährige
D 22- bis 25-Jährige

Buchstabe	In dieser Altersgruppe ...
	ist das Surfen im Netz genauso beliebt wie Treffen mit Freunden.
	wird am meisten Sport getrieben.
	ist die häufigste Freizeitbeschäftigung, sich mit Freunden zu treffen.
	ziehen die Jugendlichen Videos und DVDs Computerspielen vor.
	gehen nur wenige Jugendliche in Discos und auf Partys.
	wird am meisten gelesen, z. B. Bücher und Zeitschriften.

Diagramme

In einem Diagramm werden die Daten in Form einer **Grafik** dargestellt. Eine grafische Darstellung bietet sich immer dann an, wenn die Anzahl der Daten überschaubar, also nicht zu umfangreich ist. So kann man die wichtigsten Informationen auf einen Blick erfassen.

Am häufigsten kommen diese Diagramme vor:

▶ **Balkendiagramm:** Hier sind die Daten in Form von waagerechten Balken dargestellt. Je länger ein Balken ist, umso größer ist die Zahl. Wenn die in einem Balkendiagramm abgebildeten Zahlen in Prozent angegeben sind, müssen sie zusammengerechnet nicht unbedingt 100 Prozent ergeben. Die Gesamtzahl aller Daten kann die 100-Prozent-Marke z. B. dann überschreiten, wenn bei einer Umfrage Mehrfachnennungen möglich waren.

▶ **Säulendiagramm:** Diese Diagramme sind ähnlich wie Balkendiagramme. Der einzige Unterschied besteht darin, dass die Säulen vertikal ausgerichtet sind, also von unten nach oben.

▶ **Kreisdiagramm:** Ein Kreisdiagramm sieht aus wie eine Torte, die in unterschiedlich große Tortenstücke unterteilt ist. Darum nennt man es manchmal auch „Tortendiagramm". Die einzelnen Abschnitte eines Kreisdiagramms sind meistens in Prozent angegeben; zusammengerechnet ergeben die Prozentzahlen aller „Tortenstücke" in der Regel 100 Prozent.

▶ **Kurvendiagramm:** Die Daten werden mithilfe einer Linie abgebildet, die steigt und/oder fällt. Je größer die Zahl, umso höher verläuft die Linie. Kurvendiagramme zeigen häufig eine Entwicklung an, die über einen längeren Zeitraum zu beobachten war.

Übung 7   Sieh dir die Diagramme genau an und bearbeite dann die Aufgaben.

A Balkendiagramm

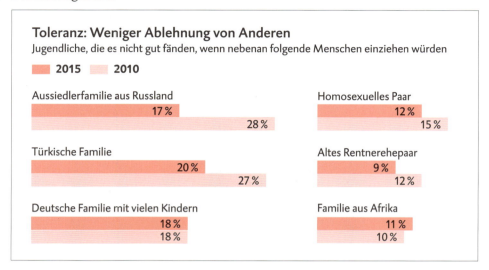

B Säulendiagramm

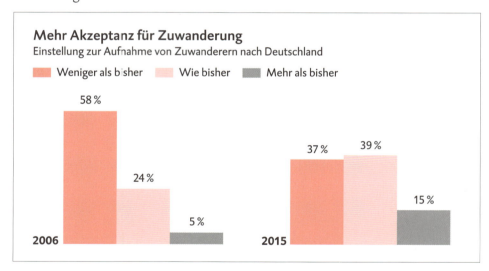

C Kreisdiagramm

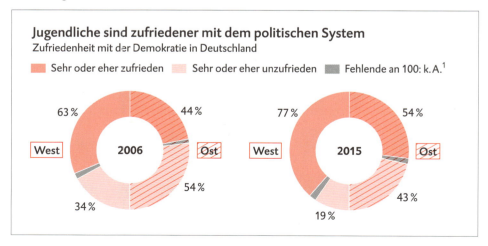

D Kurvendiagramm

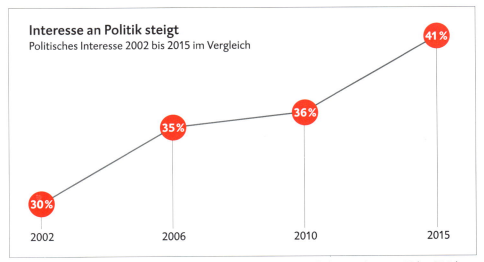

Interesse an Politik steigt
Politisches Interesse 2002 bis 2015 im Vergleich

Basis (alle Diagramme): Jugendliche im Alter von 12 bis 25 Jahren

Quelle (alle Diagramme S. 26/27): 17. Shell Jugendstudie: Jugend 2015. TNS Infratest. Gudrun Quenzel, Klaus Hurrelmann, Mathias Albert. Shell Hamburg.

Anmerkung
1 *Fehlende an 100*: Bei diesem Kreisdiagramm bildet jeweils ein Halbkreis eine Gesamtmenge von 100 % ab.
k. A.: keine Angabe

Aufgaben

1. Gegenüber welchen Personengruppen hat die Toleranz zugenommen (+), gegenüber welcher Personengruppe ist sie gleich geblieben (=) und gegenüber welcher hat sie abgenommen (–)? Trage jeweils das passende Symbol (+/=/–) ein. Orientiere dich am **Balkendiagramm**.

   _____ Aussiedlerfamilien aus Russland

   _____ homosexuelle Paare

   _____ türkische Familien

   _____ alte Rentnerehepaare

   _____ deutsche Familien mit vielen Kindern

   _____ Familien aus Afrika

2. Kreuze die Aussage an, die aus dem **Säulendiagramm** hervorgeht.

   Der Anteil derer, die …

   ☐ Zuwanderer skeptisch sehen oder gar ablehnen, hat sich seit 2006 verdreifacht.

   ☐ Zuwanderung ablehnen, hat sich seit dem Jahr 2006 um mehr als 20 Prozent verringert.

   ☐ ihre Meinung gegenüber Zuwanderern nicht verändert haben, ist gleich geblieben.

   ☐ über ihre Einstellung zur Zuwanderung keine Angaben gemacht haben, ist gestiegen.

LESEKOMPETENZ

3. Welche der folgenden Aussagen lassen sich dem **Kreisdiagramm** entnehmen und welche nicht? Kreuze passend an.

Aussagen	trifft zu	trifft nicht zu
Sowohl im Westen als auch im Osten Deutschlands hat die Zustimmung zur Demokratie zugenommen.	☐	☐
Die Zufriedenheit mit der Demokratie ist im Westen stärker gestiegen als im Osten.	☐	☐
Der Anteil der Jugendlichen, die mit der Demokratie unzufrieden sind, ist im Osten stärker gesunken als im Westen.	☐	☐
Der Anteil derer, die mit der Demokratie zufrieden sind, ist im Westen um 14 Prozent gestiegen.	☐	☐
Im Osten ist die Zustimmung zur Demokratie um mehr als zehn Prozent gestiegen.	☐	☐
Der Anteil derer, die zu diesem Thema keine Angaben gemacht haben, ist im Osten etwas größer als im Westen.	☐	☐

4. Was sagt das **Kurvendiagramm** über das Interesse der Jugendlichen an Politik aus? Beschreibe die Entwicklung.

_____

_____

_____

_____

_____

_____

_____

_____

Auf einen Blick

Sachtexte und Diagramme verstehen und untersuchen	
Thema und Textsorte	Bestimme möglichst zu Anfang, worum es geht und in welcher Form die Informationen präsentiert werden (sachlicher Bericht, wertender Kommentar, bloße Zahlen in einem Diagramm …).
Absicht des Verfassers	Beurteile, welche Absicht der Verfasser verfolgt: Will er über einen Sachverhalt informieren, den Leser von seiner Meinung überzeugen oder an die Leser appellieren?
Kernaussage	Überlege, welche Hauptaussage der Text bzw. das Diagramm vermittelt.
Detail-Informationen	Unterscheide allgemeine Aussagen und Beispiele.

4 Literarische Texte verstehen

Literarische Texte werden in drei Kategorien unterteilt, und zwar in diese **drei Gattungen: Epik** (Erzählungen), **Lyrik** (Gedichte) und **Dramatik** (Theaterstücke).
Anders als Sachtexte beziehen sich literarische Texte nicht auf Tatsachen, sondern sie sind **fiktional**, also (vom Autor) erfunden. Dabei gestaltet der Autor die Inhalte stets auf eine besondere Weise. Literarische Texte sind nämlich **Kunstwerke**.
Eine Besonderheit, die literarische Texte auszeichnet, sind die „versteckten Botschaften". Vieles steht „zwischen den Zeilen", sodass der Leser immer wieder auf **Lücken** stößt, die er **mithilfe seiner eigenen Gedanken schließen** muss.

Wenn es im Text heißt: „Susi hat mit Karim Schluss gemacht", dann bedeutet das zugleich: „Die beiden waren vorher ein Paar."

Beispiel

> Überlege bei literarischen Texten immer, ob sich hinter einer Formulierung noch eine **Zusatzbotschaft** verbirgt. Wenn es im Text heißt: *sonst immer*, bedeutet das zugleich: *diesmal nicht*. Wenn es heißt: *Es hat aufgehört zu regnen*, drückt das aus, dass es vorher geregnet haben muss.

Tipp

4.1 Epische Texte untersuchen

Epische Texte, auch Prosatexte genannt, sind Texte, in denen **eine Geschichte erzählt** wird. Sie können kurz oder lang sein. In der Regel sind epische Texte im Präteritum verfasst, denn der Leser soll sich vorstellen, es handle sich um Geschichten, die wirklich einmal passiert sind.

Interaktive Aufgaben: Einen Romanauszug analysieren

> Macht man eine Aussage über eine Person aus einem Text, verwendet man den Begriff „**Figur**". Damit wird deutlich, dass es sich um eine ausgedachte Person handelt. Man sagt also nicht: *Katniss Everdeen ist die Hauptperson in „Die Tribute von Panem"*, sondern: *Sie ist die Hauptfigur*.

Tipp

In der Regel geht es in Erzählungen um Erlebnisse einer **Hauptfigur** (Fachbegriff: **Protagonist**). Manchmal gibt es auch zwei Figuren, die gleichermaßen wichtig sind. Oft kommt es zu einem **Konflikt** zwischen dem Protagonisten und anderen Figuren. Die Handlung kann gut oder schlecht ausgehen; es ist auch möglich, dass das Ende offen bleibt.

> Versuche nach dem Lesen eines epischen Textes als Erstes, diese fünf **W-Fragen** zu beantworten: *Wer? Was? Wann? Wo? Welche Folgen?* Auf diese Weise hast du die zugrunde liegende Situation und die Handlung im Wesentlichen erfasst.
> Danach stellst du dir die **Wie-Frage:** *Wie ist es dazu gekommen?* Mit der Wie-Frage kannst du wichtige Einzelheiten erfassen und Zusammenhänge (z. B. Handlungsmotive) verstehen.

Tipp

30 LESEKOMPETENZ

Übung 8   Lies den Text „Anekdote" von Heinrich von Kleist. Bearbeite dann die Aufgaben.

Heinrich von Kleist: Anekdote (1803)

1 Zwei berühmte englische Boxer, der eine aus Portsmouth gebürtig, der andere aus Plymouth, die seit vielen Jahren von einander gehört hatten, ohne
5 sich zu sehen, beschlossen, da sie in London zusammentrafen, zur Entscheidung der Frage, wem von ihnen der Siegerruhm gebühre, einen öffentlichen Wettkampf zu halten. Demnach stell-
10 ten sich beide, im Angesicht des Volks, mit geballten Fäusten, im Garten einer Kneipe, gegeneinander; und als der Plymouther den Portsmouther, in wenig Augenblicken, dergestalt auf die Brust
15 traf, dass er Blut spie, rief dieser, indem er sich den Mund abwischte: brav! – Als aber bald darauf, da sie sich wieder gestellt hatten, der Portsmouther den Plymouther, mit der Faust der geballten
20 Rechten, dergestalt auf den Leib traf, dass dieser, indem er die Augen verkehrte, umfiel, rief der letztere: das ist auch nicht übel –! Worauf das Volk, das im Kreise herumstand, laut aufjauchzte,
25 und, während der Plymouther, der an den Gedärmen verletzt worden war, tot weggetragen ward, dem Portsmouther den Siegsruhm zuerkannte. – Der Portsmouther soll aber auch tags darauf am
30 Blutsturz gestorben sein.

Quelle: Heinrich von Kleist: Anekdote. In: Ders.: Sämtliche Werke. R. Löwith GmbH, Wiesbaden o. J., S. 941 f.

Aufgaben

1. Beantworte die folgenden W-Fragen in Stichworten.

   Wer? _____
   Wo? _____
   Was? _____
   Wann? _____
   Welche Folgen? _____

2. Beantworte nun ausführlich die Wie-Frage: *Wie ist es dazu gekommen?*

   Hinweis: Du musst keinen zusammenhängenden Text schreiben. Es genügt, wenn du die Handlungsschritte aufzählst. Schreibe aber vollständige Sätze.

Arten von epischen Texten unterscheiden

Es gibt verschiedene Arten von epischen Texten. Sie unterscheiden sich bezüglich ihres Umfangs, ihres Aufbaus und der Darstellung:

Erzählungen
„Erzählung" ist die allgemeine Bezeichnung für epische Texte von mittlerer Länge.

Anekdoten
Anekdoten sind kleine epische Texte, die von einer ungewöhnlichen Begebenheit aus dem Leben einer Person erzählen und mit einer Pointe enden. Bei der Person, um die es geht, handelt es sich oft um einen Menschen, der tatsächlich lebt oder gelebt hat. Die Darstellung erweckt den Eindruck, als würde der Erzähler seine Geschichte in einer geselligen Runde zum Besten geben.

Fabeln
Fabeln sind kurze Geschichten, in denen – direkt oder indirekt – eine Lehre erteilt wird. Meist sind die Hauptfiguren Tiere. Sie stehen jedoch für Menschen; das zeigt sich schon daran, dass sie sprechen können. Häufig geht es um einen Konflikt zwischen einem Stärkeren und einem Schwächeren.

Kalendergeschichten
Kalendergeschichten sind kurze Erzählungen, die ursprünglich (im 17. und 18. Jahrhundert) auf Kalenderblättern abgedruckt waren und sich an die ungebildeten Schichten richteten. Sie handeln von merkwürdigen oder lustigen Ereignissen aus dem Alltagsleben der einfachen Leute. Oft vermitteln sie auch eine Lehre. Im 20. Jahrhundert wurden sie in moderner Form wiederbelebt.

Kurzgeschichten
Kurzgeschichten sind Erzählungen von geringem Umfang. Auffällig ist vor allem ihr Aufbau. Typisch sind die fehlende Einleitung und das offene Ende: Der Erzähler springt sofort ins Geschehen hinein, der Ausgang der Handlung bleibt offen. Erzählt wird ein Ausschnitt aus dem Alltag ganz normaler Menschen. Auch die Sprache wirkt alltäglich; manchmal wird sogar Umgangssprache verwendet. Die Handlung strebt auf einen Höhe- bzw. Wendepunkt zu, in der Regel auf einen Moment, in dem eine Figur plötzlich eine neue Einsicht gewinnt.

Parabeln
Parabeln sind gleichnishafte Erzählungen. Die Handlung ist stark vereinfacht, es steckt aber mehr dahinter: Anhand eines konkreten Einzelfalls wird eine Lebensweisheit veranschaulicht. Der Leser kann eine Lehre aus der Handlung ziehen.

Novellen
Novellen sind Erzählungen von mittlerer Länge, in deren Zentrum ein besonderes Ereignis steht, eine „unerhörte Begebenheit" (Goethe). Die Handlung wird meist chronologisch erzählt, also entsprechend ihrem zeitlichen Ablauf. Es gibt eine hinführende Einleitung, einen Höhepunkt und einen Schluss. Der Leser erfährt, wie das Geschehen ausgeht.

Digitales Glossar: Begriffe nachschlagen

Merkmale der verschiedenen epischen Texte

Schwänke

Schwänke sind kurze scherzhafte Erzählungen, die von einfachen Leuten handeln. In der Regel gibt es eine Hauptfigur (z. B. Till Eulenspiegel), die auf witzige Art andere hereinlegt. Das Gelingen des Streichs kennzeichnet den Höhepunkt der Geschichte. Der überlisteten Person wird damit eine Lehre erteilt.

Romane

Romane sind längere Erzählungen, die in Buchform veröffentlicht werden. Die Handlung ist oft vielschichtig und weit verzweigt und sie erstreckt sich meist über einen längeren Zeitraum. Deshalb kann der Leser verfolgen, welche Entwicklung die Hauptfigur durchmacht. Es gibt viele unterschiedliche Arten von Romanen, z. B. Liebes-, Kriminal- oder Jugendromane.

Tipp

In der **Prüfung** wird dir meist eine **Kurzgeschichte** oder ein Auszug aus einem (Jugend-) **Roman** zum Bearbeiten vorgelegt.

Übung 9

Ordne die genannten Merkmale den jeweiligen Textsorten zu. Trage die entsprechenden Buchstaben ein.

Hinweis: Einige Merkmale lassen sich mehr als einer Textsorte zuordnen.

- **A** Anekdote
- **B** Fabel
- **C** Kalendergeschichte
- **D** Kurzgeschichte
- **E** Novelle
- **F** Parabel
- **G** Roman
- **H** Schwank

Merkmal	Textsorte(n)
Der Protagonist macht eine Entwicklung durch.	
Die Handlung strebt auf einen Höhepunkt (auch: Wendepunkt) zu.	
Eine Person wird hereingelegt.	
Die Hauptfiguren sind ganz normale Alltagsmenschen.	
Die Handlung erstreckt sich über einen längeren Zeitraum.	
Im Zentrum steht eine ungewöhnliche Begebenheit aus dem Leben einer Person.	
Die Geschichte ist stark vereinfacht.	
Es handelt sich um einen epischen Text von geringem Umfang.	
Die Hauptfiguren sind oft Tiere, die sprechen können.	
Im Mittelpunkt steht ein ganz besonderes Ereignis.	
Die Einleitung fehlt, und das Ende ist offen.	
Es gibt eine Einleitung und ein richtiges Ende; die Handlungsschritte werden chronologisch dargestellt.	
Es wird eine Lehre erteilt.	

Literarische Texte verstehen

Die Erzählperspektive bestimmen

Flashcards: Wichtiges wiederholen

Eine Handlung lässt sich aus unterschiedlichen Perspektiven erzählen. Grundsätzlich unterscheidet man zwei Erzählperspektiven: den **Ich-Erzähler** und den **Er-Erzähler**. Die Perspektive des Er-Erzählers lässt sich noch genauer bestimmen: entweder als **auktorialer** oder als **personaler Erzähler**.

Die Erzählperspektive zeigt an, welche Haltung der Erzähler zur erzählten Handlung einnimmt: ob er dem Geschehen eher sachlich und nüchtern gegenübersteht oder ob er z. B. mit einer Figur mitfühlt.

Die verschiedenen **Erzählperspektiven** haben folgende Merkmale:

▶ Ein **Ich-Erzähler** erzählt die Handlung aus der **Sicht des Protagonisten**. Das bedeutet: Protagonist und Erzähler sind identisch.

Beispiel

Bisher glaubte ich, Mörder müsse man an ihren Händen erkennen, Massenmörder an ihren Augen.

▶ Ein **Er-Erzähler** erzählt die Handlung aus der **Sicht eines Beobachters**. Dieser kann dem Protagonisten sehr **nah** sein – er kann aber auch **distanziert** wirken, wie ein neutraler Berichterstatter.

- Hat man den Eindruck, dass der Erzähler die Welt **mit den Augen des Protagonisten** sieht (oder mit denen einer anderen Figur aus dem Text), handelt es sich um einen **personalen Erzähler**.

Beispiel

Er verdrückt sich in die Schulhofecke neben den Toiletten. Dort finden sie ihn nicht mit ihren blöden Fragen. Hast du den Science-Fiction-Film im Fernsehen gesehn? Warst du die Woche im Kino?

- Erweckt die Darstellung den Eindruck, dass der Erzähler ein **unbeteiligter Beobachter** ist, so handelt es sich um einen **auktorialen Erzähler**.

Beispiel

Das erste Trockendock in Toulon, das gegen Ende des 18. Jahrhunderts von einem Ingenieur namens Grognard erbaut wurde, verdankt seinen Ursprung einer merkwürdigen Begebenheit.

<sub>Quellen (von oben nach unten): Max von der Grün: Kinder sind immer Erben. In: Ders.: Etwas außerhalb der Legalität und andere Erzählungen. Darmstadt: Luchterhand 1980.
Fritz Deppert: Vielleicht auch ein Wunder. In: J. Pestum (Hrsg.): Ich singe gegen die Angst. Würzburg: Arena 1980.
Stefan Andres: Das Trockendock. In: Die Verteidigung der Xantippe. Zwölf Geschichten. München: Piper 1960.</sub>

Tipp

> Du erkennst den auktorialen Erzähler nicht unbedingt daran, dass er allwissend ist. Auch der personale Erzähler kennt z. B. die Gedanken der Hauptfigur!
> Entscheidend ist, dass der auktoriale Erzähler die Handlung völlig **gelassen** und **neutral** darstellt, als würde ihn das Geschehen überhaupt nicht berühren.
> Der personale Erzähler dagegen fühlt sich **betroffen:** Er erweckt mit seiner Darstellung den Eindruck, dass er auf alles eine **persönliche Sicht** hat.

LESEKOMPETENZ

Übung 10

Lies die drei Textauszüge und bestimme jeweils die Erzählperspektive.

Text A

1 Die Frau lehnte am Fenster und sah hinüber. Der Wind trieb in leichten Stößen vom Fluss herauf und brachte nichts Neues. Die Frau hatte den star-
5 ren Blick neugieriger Leute, die unersättlich sind. Es hatte ihr noch niemand den Gefallen getan, vor ihrem Haus niedergefahren zu werden. Außerdem wohnte sie im vorletzten Stock, die
10 Straße lag zu tief unten. Der Lärm rauschte nur mehr leicht herauf. Alles lag zu tief unten. [...]

Quelle: Ilse Aichinger: Das Fenster-Theater. In: Dies.: Der Gefesselte. Erzählungen. Frankfurt am Main: Fischer Verlag 1955.

Text B

1 [...] Jenös Leute standen dicht zusammengedrängt auf einem Lastwagen. Es war nicht herauszubekommen, was man ihnen erzählt hatte, denn sie lach-
5 ten und schwatzten, und als Jenö mich sah, steckte er zwei Finger in den Mund und pfiff und winkte rüber zu mir. Nur seine Großmutter und die übrigen Alten schwiegen; sie hatten die Lippen
10 zusammengepresst und sahen starr vor sich hin. Die anderen wussten es nicht. Ich habe es damals auch nicht gewusst; ich war nur traurig, dass Jenö jetzt weg war. Denn Jenö war mein Freund.

Quelle: Wolfdietrich Schnurre: Jenö war mein Freund. In: Ders.: Als Vaters Bart noch rot war. Ein Roman in Geschichten. Frankfurt/Main, Berlin, Wien: Ullstein Verlag 1985, S. 152.

Text C

1 Leute starrten nach oben. Sie warteten. Ihre Gesichter waren feindlich. Trotzdem fühlte er sich ihnen verpflichtet. Er musste springen, damit sie ihre Sensa-
5 tion bekamen. Er fühlte, dass er es nicht schaffen würde. Er war noch nicht so weit. Aber er musste beweisen, dass er ein Mann war. Lieber tot sein, als sich vor diesen Gesichtern blamieren. Nur
10 noch ein paar Sekunden atmen, dachte er, mehr verlange ich gar nicht.

Quelle: Annette Rauert: Der Schritt zurück. In: Dies.: Geschichten zum Nachdenken. Christian Kaiser Verlag 1977.

Erzählperspektive	Text A	Text B	Text C
Ich-Erzähler	☐	☐	☐
Er-Erzähler			
personaler Erzähler	☐	☐	☐
auktorialer Erzähler	☐	☐	☐

Auf einen Blick

Epische Texte verstehen und untersuchen	
Basisinformationen	Benenne Titel und Autor des Textes. Bestimme die Textsorte und das Thema. Oft ist es auch sinnvoll, das Erscheinungjahr anzugeben.
Figuren	Überlege, wer der Protagonist oder die Protagonistin ist und welche Nebenfiguren eventuell wichtig für die Handlung sind.
Handlung	Rekonstruiere das Geschehen/den Handlungsverlauf.
Erzählperspektive	Beurteile die Darstellung durch den Erzähler: Wird das Geschehen auktorial, personal oder aus der Ich-Perspektive erzählt?
Kernaussage	Frage dich, welche Botschaft der Text den Lesern vermitteln soll.

Lies die Kurzgeschichte „Marathon" und bearbeite dann die Aufgaben.

Übung 11

Reinhold Ziegler: Marathon

1 Ob ich meinen Vater schon hasste, als ich auf die Welt kam, bezweifle ich. Ich vermute, ich fing damit erst an, als ich laufen lernen musste.
5 Ein Sohn, der nur krabbeln konnte, der sich später mühsam von einem Bein aufs andere fallend, durch die Welt hangelte, der schließlich gehen konnte, aber noch nicht lief, noch nicht federnd aus
10 den Fußgelenken, noch nicht abrollend mit der ganzen Sohle, noch nicht locker aus den Hüften heraus, noch nicht exakt im Knie geführt, der eben ging, wie ein Kind geht – all das muss ihn ungedul-
15 dig geschmerzt haben in seinem großen Sportlerherz. Und diese Ungeduld ließ er mich damals schon spüren.
Mit fünf hatte er mich schließlich so weit. Ob wir morgens Brötchen holten,
20 ob er mich zum Einkaufen in die Stadt mitnahm oder ob wir unseren abendlichen „Spaziergang" mit unserem Hund Nurmi machten, immer liefen wir, joggten wir, würde man heute sagen,
25 obwohl unser verbissenes Laufen bei weitem nicht die Leichtigkeit und den Spaß des heutigen Joggens hatte.
[...] Wenn ich an meine Kindheit denke, sehe ich nur ein Bild vor mir: Es ist
30 mein Vater, laufend, schräg rechts vor mir. Er blickt über seine linke Schulter zurück und ruft: „Auf, auf!" Und wenn ich länger hineinhöre in dieses Bild, dann höre ich sein gleichmäßiges At-
35 men, höre seinen Rhythmus: Schritt, Schritt, ein – Schritt, Schritt, aus. Und ich höre mein eigenes Keuchen, spüre mein Herz stechen und spüre den Hass, der mich zurückhalten will und der
40 mich doch immer hinter ihm hertreibt.
Und dann mein Vater, wie er zu anderen redete: „Der Junge hat Talent", höre ich. „Aus dem wird mal was", höre ich. „Das ist mein kleiner Sieger", höre ich.
45 Wenn er zu mir redete, hörte ich nur: „Auf, auf!"
An meinem dreizehnten Geburtstag lief ich zum ersten Mal die fünftausend Meter. Es war ein Sportfest, und ich
50 musste mit den Achtzehnjährigen starten, weil in meiner Altersklasse und den zweien darüber niemand sonst auf diese Distanz antrat. Meine Vereinskameraden standen am Rand der Bahn
55 und feuerten mich an. Fast zehn Runden hielt ich mit den Großen mit, dann fiel ich ab. Vater wartete an Start und Ziel, bei jeder Runde schrie er mir sein „Auf, auf!" ins linke Ohr, die letzte
60 Runde lief er auf dem Rasen neben mir her. „Auf, auf, auf!", schrie er, aber ich hörte nichts mehr, lief wie bewusstlos, Schritt, Schritt, ein – Schritt, Schritt, aus – bis mir irgendwer eine Decke über-
65 warf und ich verstand, dass es vorbei war. Ich ließ mich auf die weiche, kühle Kunststoffbahn fallen, er hielt mich fest, zog mir die Haut neben der Nase hoch, damit ich besser Luft bekam.
70 „Gut gemacht, mein Läuferlein", flüsterte er in mein Keuchen.
Und ich nahm diese Worte und schloss sie ein wie einen Edelstein, den man immer mal wieder ganz alleine hervor-
75 holt, um ihn zu betrachten.
„Gut gemacht, gut gemacht."
Später standen wir beieinander, alle die, denen Laufen Spaß machen musste.
„Viel hat da nicht gefehlt", hörte ich
80 meinen Vater. „Nächstes Jahr packen wir den ganzen Tross."
Ich ging weg, nahm mein „Gut gemacht" heraus und sah es von allen Seiten an. Es hatte viele Facetten, das wuss-
85 te ich nun. Ich wollte nicht an das nächste Jahr denken, aber natürlich tat ich es.
Und natürlich hatte Vater Recht. Es war dasselbe Sportfest, ein Jahr später, als ich tatsächlich zum ersten Mal die fünf-
90 tausend Meter gewann.
Von nun an war ich, wie die Zeitungen schrieben, abonniert auf Sieg, das große deutsche Talent, unsere Olympiahoffnung und vieles andere mehr, was mich
95 vergessen ließ, wie sehr ich meinen Vater hasste, vielleicht auch, dass ich ihn überhaupt hasste.

Ich studierte in einer anderen Stadt. Sport natürlich, was sonst. Ich trainierte
100 täglich zweimal, professionell, wie man mir sagte, obwohl es auch nicht viel mehr war als das „Auf, auf!" meines Vaters, nur besser organisiert, wissenschaftlicher verpackt und anonymer.
105 [...] Dann verpasste ich die Qualifikation, wurde nicht zur deutschen olympischen Hoffnung. Knapp zwar nur, aber der Flieger ging ohne mich den fünf Ringen entgegen. [...]
110 Ich fing an, auf Marathon zu trainieren. Irgendjemand hatte meinen Laufstil analysiert und mir von der Bahn, von fünftausend und zehntausend weg hin zu Marathon geraten.
115 [...] Ich war gut im Marathon, aber meine Zeiten zeigten mir, für die Welt, die ganz große Welt, war ich auch hier nicht gut genug.

In dieser Zeit – es war kurz nachdem
120 ich auch diese Qualifikation verpasst hatte – fuhr ich einmal nach Hause. Wie fremd saß ich dort an dem vertrauten Esstisch, trank Kaffee mit meinen Eltern wie früher und fand doch keine
125 Worte, um das Versagen auszulöschen oder an die kleinen Siege meiner Vergangenheit anzuknüpfen.

Komm, lass uns laufen, sagte mein Vater, noch immer, ohne zu begreifen, wie
130 sehr ich auch diesen Satz hasste.

Als wir die Schuhe aussuchten, fragte er: „Wie weit?"

„Marathon", sagte ich, ohne ihn anzusehen. Er war noch nie Marathon gelau-
135 fen, das wusste ich, und er war älter geworden.

Ich ließ ihn voranlaufen und merkte nach den ersten paar hundert Metern, dass er es zu schnell anging. Ich ließ
140 mich zurückfallen, aber immer wieder kam sein Kopf über die linke Schulter zu mir: „Auf, auf!"

Nach nicht mal einem Viertel der Strecke begannen ihn die Kräfte zu verlas-
145 sen. Wieder drehte er sich um: „Auf, sei nicht so faul!", rief er. „Führ du mal!"

Ich zog an ihm vorbei, hörte sein Atmen, viel zu hastig, viel zu ausgepumpt, viel zu verkrampft. [...]

150 Ich wollte ihn umbringen, wollte ihn winseln hören, wollte seine Ausflüchte hören, sein „Ich habe es doch nur gut gemeint". [...]

Ich zog noch ein bisschen an und er
155 ging das Tempo mit. Sein Kopf wurde allmählich rot und fing an zu pendeln, seine Füße rollten jetzt nicht mehr, sondern platschten auf den Boden wie bei einem Kind, das froh ist, überhaupt
160 von der Stelle zu kommen. Ab und zu drehte ich mich um: „Auf, auf!", rief ich ihm über die Schulter zu.

[...] Keuchend und nach Luft ringend, lief er hinter mir her. Wir waren jetzt
165 viel zu schnell, selbst ich würde dieses Tempo nicht bis zum Ende halten können, aber es würde ohnehin keinen Einlauf durchs große Marathontor geben, nicht heute und nie mehr. Dies war das
170 letzte Rennen meines Lebens, und nichts und niemand konnte mich daran hindern, es für immer zu gewinnen.

Plötzlich taumelte er, wie zwei Kreisel liefen seine Arme neben ihm her. Ich
175 blieb stehen, um ihn aufzufangen, aber er stolperte an mir vorbei, ließ sich ein paar Meter weiter in die Wiese fallen und übergab sich. Ich drehte ihn um, stützte ihm die Stirn, verschaffte ihm
180 mehr Luft. Sag es, dachte ich. Sag dieses verdammte: „Ich wollte doch nur dein Bestes!"

Aber er konnte nicht mehr sprechen, würgte alles heraus, was in ihm war,
185 schnappte nach Luft wie ein Kind im Heulkrampf.

Allmählich kam er zur Ruhe, sah mich an, sah mir von unten her lange in die Augen. „Hasst du mich so sehr?", fragte
190 er.

Da war etwas wie erstauntes Entsetzen in seinen Augen. Aber ich schwieg, sah ihn nur an in all seiner Hilflosigkeit.

„Nein, nicht mehr", antwortete ich
195 schließlich. „Nicht mehr, es ist vorbei, es ist gut."

Wir blieben lange sitzen, wortlos, aber zum ersten Mal in unserem Leben einig. Dann trabten wir zurück. Ganz ruhig,
200 fast gelassen.

Nebeneinander.

Quelle: Reinhold Ziegler: Marathon. In: Ders.: Der Straßengeher. Weinheim/Basel: Beltz & Gelberg 2001. S. 82–87.

Literarische Texte verstehen | 37

Aufgaben

1. Welches Problem hat der Ich-Erzähler gehabt? Kreuze passend an.
   - [ ] Sein Vater hat ihn schon als Kind zum Laufen gezwungen.
   - [ ] Er hat trotz seines harten Trainings als Sportler versagt.
   - [ ] Er hat geglaubt, die Erwartungen seines Vaters erfüllen zu müssen.
   - [ ] Das Laufen ist für ihn immer nur eine Qual gewesen.

2. Welche Eigenschaften schreibt der Ich-Erzähler seinem Vater zu – und welche nicht? Kreuze entsprechend an.

Eigenschaften	trifft zu	trifft nicht zu
a) Ungeduld	☐	☐
b) Egoismus	☐	☐
c) Gleichgültigkeit	☐	☐
d) Ehrgeiz	☐	☐
e) Einfühlsamkeit	☐	☐

3. Bringe die Handlungsschritte in die richtige Reihenfolge. Nummeriere sie.

Nummer	Der Ich-Erzähler …
	wird als Olympia-Hoffnung gefeiert.
	steigt auf Marathon um.
	will mit dem Laufen aufhören.
	nimmt zum ersten Mal an einem Fünftausendmeterlauf teil.
	verpasst die Qualifikation für Olympia.
	läuft mit seinem Vater Marathon.
	schafft es nicht, seinen ersten Fünftausendmeterlauf zu gewinnen.
	fängt an, Sport zu studieren.
	muss bei jeder Gelegenheit mit seinem Vater laufen.
	gewinnt einen Fünftausendmeterlauf.

4. Erzähle die ersten drei Absätze (Z. 1–27) aus der Sicht eines auktorialen Erzählers neu. (→ Heft) Achte auf Formulierungen, die zu einem außenstehenden Beobachter passen. Du darfst stellenweise kürzen.

   Hinweis: Du kannst dem Protagonisten einen Namen geben.

5. „Und ich nahm diese Worte und schloss sie ein wie einen Edelstein, den man immer mal wieder ganz alleine hervorholt, um ihn zu betrachten." (Z. 72–75)
   Welche Aussage lässt sich aus diesem Satz **nicht** ableiten? Kreuze sie an.

   ☐ Die Worte haben ihm gut getan.

   ☐ Der Ich-Erzähler hat sich gern an diese Worte erinnert.

   ☐ Der Ich-Erzähler hat diese Worte schnell vergessen.

   ☐ Diese Worte waren ein Ansporn für ihn.

6. Warum fühlt sich der Ich-Erzähler zu Hause „fremd" (Z. 122)?
   Kreuze die passende Aussage an.

   ☐ Seine Eltern haben sich verändert.

   ☐ Die Möbel sind umgestellt worden.

   ☐ Seine Eltern machen ihm Vorwürfe.

   ☐ Er findet keine Worte für seinen Misserfolg.

7. „Ich wollte doch nur dein Bestes!" (Z. 181 f.) Warum möchte der Ich-Erzähler diese Worte von seinem Vater hören? Kreuze die passende Aussage an.

   Mit diesen Worten soll ihm sein Vater zeigen, dass er . . .

   ☐ seine Fehler eingesehen hat.

   ☐ seine Erwartungen zurückschrauben wird.

   ☐ ihm seinen Misserfolg verzeiht.

   ☐ ihn immer sehr geliebt hat.

8. Nenne vier Gefühle, die der Ich-Erzähler im Laufe seines Lebens empfunden hat und erläutere sie kurz. Du kannst Stichworte verwenden. (→ Heft)

9. „Dies war das letzte Rennen meines Lebens, und nichts und niemand konnte mich daran hindern, es für immer zu gewinnen." (Z. 169–172)
   Welche beiden Vorstellungen stecken in diesen Gedanken des Ich-Erzählers?

   a) _____

   _____

   b) _____

   _____

10. Erkläre, was der Ich-Erzähler mit dem letzten Wort („Nebeneinander", Z. 201) zum Ausdruck bringt. Stelle einen Zusammenhang mit dem ganzen Text her. (→ Heft)

11. Erkläre den Sinn der Überschrift. (→ Heft)

    Hinweis: Denke daran, dass der Titel eines (literarischen) Textes oft mehrdeutig ist.

4.2 Gedichte untersuchen

Gedichte sind besonders kunstvoll gestaltete Texte. Man erkennt sie gleich an ihrer **Form:** Die Zeilen sind verkürzt (**Verse**), und mehrere Verse sind jeweils zu Blöcken (**Strophen**) zusammengefasst. Gedichte sind oft nicht einfach zu verstehen. Darauf weist schon das Wort „Gedicht" hin: Der Dichter hat seine Aussagen so stark verdichtet, dass es einiger Mühe bedarf, den Sinn zu erfassen.

Interaktive Aufgaben: Ein Gedicht analysieren

> Derjenige, der im Gedicht „spricht", also bestimmte Gedanken oder Gefühle äußert, ist *nicht* der Autor, sondern eine von ihm ausgedachte Stimme (wie der Erzähler bei epischen Texten). Bei Gedichten verwendet man dafür den Begriff **„lyrisches Ich"** oder **„lyrischer Sprecher"**.

Tipp

In der Prüfungssituation liegt der Vorteil eines Gedichts oft in seiner **überschaubaren Länge**. Außerdem kann man gerade beim Untersuchen von Gedichten **planmäßig vorgehen**. Wenn du die entscheidenden Merkmale kennst, kannst du dich dem **tieferen Sinn** Stück für Stück nähern.

Ein Gedicht untersuchen

Schritt für Schritt

Arbeitsschritt 1	Überfliege den Gedichttext einmal. **Bestimme** danach das **Thema** zunächst ganz allgemein *(Frühling? Leben in der Stadt? Liebe? Krieg?)*.
Arbeitsschritt 2	Lies das Gedicht noch einmal genau und stelle dir folgende Fragen zum **Sprecher** und zum **Adressaten** (= der Angesprochene): *Gibt es ein lyrisches Ich? Wird jemand direkt angesprochen (ein Du oder ein Ihr)? Welche Gedanken äußert der lyrische Sprecher?*
Arbeitsschritt 3	Überlege, was den lyrischen Sprecher veranlasst, sich diese Gedanken zu machen. Bestimme seine **Situation** und sein **Motiv**.
Arbeitsschritt 4	Gehe **jede Strophe einzeln** durch. Lies Satz für Satz ganz genau. Frage dich jeweils: *Welche Bedeutung hat diese Aussage (in Bezug auf die Gedanken des lyrischen Sprechers)?* Textstellen, die dir unklar sind, kennzeichnest du am Rand mit **?** .
Arbeitsschritt 5	Denke darüber nach, wie die einzelnen **Aussagen zusammenhängen**. Frage dich z. B.: *Ist die Aussage als Grund zu verstehen? Oder als Bedingung? Gibt es wiederkehrende Gedanken? Findet eine Entwicklung statt?*
Arbeitsschritt 6	Gelange zu einem **Ergebnis**. Präzisiere das Thema, das du anfangs nur allgemein bestimmt hast. Frage dich: *Was genau bringt der lyrische Sprecher zum Ausdruck: einen Wunsch? eine Klage? Kritik? einen Appell?*

Hinweis: Es geht hier zunächst um das Erfassen des **Sinns**. Hinweise zu **Form und Sprache** von Gedichten findest du ab Seite 42.

> Eine besondere Art von Gedicht ist die **Ballade**. Meist haben Gedichte einen lyrischen Sprecher, der seine Gedanken und Gefühle äußert. In Balladen dagegen wird eine **Geschichte** erzählt. Fast alle Balladen zeichnen sich außerdem dadurch aus, dass sie **wörtliche Rede** enthalten. So wirkt die Darstellung nicht nur anschaulich, sondern geradezu dramatisch.

Tipp

LESEKOMPETENZ

Übung 12

Lies das Gedicht „Septemberliches Lied vom Storch" von Günter Eich und bearbeite dann die Aufgaben.

Günter Eich: Septemberliches Lied vom Storch

1 Die Sonne brennt noch überm Luch[1],
vom Grummet[2] weht der Grasgeruch,
die Beere kocht im Brombeerschlag[3],
und lang noch steht die Sonn' im Tag.

5 Er aber glaubt nicht mehr ans Jahr,
der auf dem First zu Hause war.
Nach Süden schwang sein Flügelschlag
und lang noch steht die Sonn' im Tag.

Die Frösche quarren[4] doppelt hell,
10 die Maus zeigt unbesorgt ihr Fell.
Der ihnen auf der Lauer lag,
er schwang sich fort vor Tau und Tag.

Obgleich noch wie im Sommerwind
die Spinne ihre Fäden spinnt,
15 die Mücke tanzt im Weidenhag[5],
und lang noch steht die Sonn' im Tag.

Quelle: Günter Eich: Septemberliches Lied vom Storch.
In: W. Höllerer: Ausgewählte Gedichte. Suhrkamp Verlag: Frankfurt am Main 1960

Anmerkungen
1 *Luch:* Wiesenfläche im Moor
2 *Grummet:* Heu
3 *Brombeerschlag:* eine Ecke im Garten, wo nur Brombeerbüsche wachsen
4 *quarren:* quaken
5 *Weidenhag:* Weidengebüsch

Aufgaben

1. Bestimme das Thema des Gedichts.
   Stichworte genügen.

   _____

2. Wessen Sicht vermittelt der lyrische Sprecher?
   Kreuze die passende Aussage an.

   Er vermittelt die Sicht …

   ☐ des Storchs.

   ☐ anderer Tiere.

   ☐ eines nachdenklichen Beobachters.

   ☐ eines gleichgültigen Beobachters.

Literarische Texte verstehen | **41**

3. Was für eine Situation beschreibt der lyrische Sprecher? Beziehe dich auf die Jahreszeit und auf die Stimmung. Formuliere dazu zwei Sätze.

4. Fasse die Beobachtungen des lyrischen Sprechers knapp zusammen. Gehe auf jede Strophe einzeln ein.

Strophe 1:

Strophe 2:

Strophe 3:

Strophe 4:

5. Worauf bezieht sich das Personalpronomen „er" in Vers 5? Stichworte genügen.

6. Die letzte Strophe beginnt mit der Konjunktion „obgleich" (V. 13). Worin besteht der Einwand, der damit zum Ausdruck kommt? Formuliere zwei Sätze, um diese Frage zu beantworten.

Zwar

Aber

7. Formuliere ein Ergebnis. Stelle in ca. fünf Sätzen dar, was der lyrische Sprecher mit dem Gedicht zum Ausdruck bringt.

Digitales Glossar: Begriffe nachschlagen

Formmerkmale von Gedichten untersuchen

Jedes Gedicht besteht aus einer Gruppe von **Versen**, die zu **Strophen** zusammengefasst sind. Das ist das erste Formmerkmal, das dem Leser auffällt.

Reime erkennen

Beim Blick auf die Versenden stellt man oft fest, dass sich zwei (oder mehr) Verse **reimen**. Ein Reim entsteht durch den Gleichklang der Versenden. Es gibt auch sogenannte „unreine Reime": hier klingen die Versenden nur ungefähr gleich.

Beispiel

Wilhelm Busch: Der Esel

Es stand vor eines Hauses T**or** ⎫
Ein Esel mit gespitztem **Ohr**, ⎭ reiner Reim
Der käute sich sein Bündel H**eu** ⎫
Gedankenvoll und still entzw**ei**. ⎭ unreiner Reim

Tipp

> Am besten bestimmst du das **Reimschema**, indem du jeden Reim mit einem Buchstaben kennzeichnest. Bei der Strophe aus Wilhelm Buschs Gedicht „Der Esel" sieht das so aus: *aabb*.

Auf einen Blick

Die häufigsten Reimschemas			
Paarreim	Es reimen sich zwei aufeinander folgende Verse; sie bilden ein „Paar".	**aabb**	*Sonne, Wonne, Mut, Glut*
Kreuzreim	Die Verse reimen sich über Kreuz.	**abab**	*Reise, fragen, weise, sagen*
Umarmender Reim	Zwei sich reimende Verse werden eingerahmt von zwei Versen, die sich ebenfalls reimen.	**abba**	*Boot, lachen, machen, rot*

Übung 13 Bestimme das Reimschema des Gedichts „Septemberliches Lied vom Storch" von Günter Eich (S. 40). Stichworte genügen.

Das Versmaß bestimmen

Den meisten Gedichten liegt ein bestimmter Takt, das **Metrum** (Plural: Metren) oder **Versmaß**, zugrunde. Es ergibt sich durch eine regelmäßige Abfolge von betonten und unbetonten Silben. Betonte Silben nennt man auch **Hebungen**. Um das Metrum eines Gedichts zu bestimmen, solltest du den Text **laut lesen**. Achte beim Lesen darauf, welche Silben du betonst. Anschließend kennzeichnest du in jedem Vers die betonten und unbetonten Silben mit unterschiedlichen Zeichen, z. B. mit ´ für betont und mit ˘ für unbetont.

Tipp

> **Nicht immer** zieht sich das zugrunde liegende Metrum **durchgängig** durch das ganze Gedicht. In einem solchen Fall musst du herausfinden, welches Versmaß – trotz einiger Abweichungen – die Grundlage bildet. Versuche, Regelmäßigkeiten zu finden.

Literarische Texte verstehen

Auf einen Blick

Die häufigsten Metren		
Jambus	Zweiertakt: erste Silbe unbetont, zweite Silbe betont	Fĭgúr, Păpíer, Vĕrstéck
Trochäus	Zweiertakt: erste Silbe betont, zweite Silbe unbetont	Sónnĕ, Blúmĕ, lésĕn
Daktylus	Dreiertakt: erste Silbe betont, zwei folgende Silben unbetont	Málĕrĭn, Héilĭgĕr, Eítĕlkeĭt
Anapäst	Dreiertakt: erste zwei Silben unbetont, letzte Silbe betont	Zaŭbĕreí, Părădíes, Dĭămánt

Bestimme das Versmaß im Gedicht „Septemberliches Lied vom Storch" (S. 40).

Übung 14

Tipp

Am häufigsten kommt der **Jambus** vor. Es empfiehlt sich also, bei einem Gedicht als Erstes zu prüfen, ob das Metrum ein Jambus ist. Der Anapäst hingegen taucht sehr selten auf.

Inhalt und Form zusammenführen

Auch bei einem Gedicht kommt es vor allem auf den **Sinn** an. Du solltest also nicht den Fehler machen, dich nur auf die Form zu konzentrieren. Es genügt auch nicht, Formmerkmale eines Gedichtes nur zu benennen. Du musst immer auch erläutern, welche **Wirkung** von ihnen ausgeht. Dasselbe gilt für die sprachlichen Besonderheiten. (Mehr darüber erfährst du ab S. 46 und auf S. 76.)
Hilfreich ist oft die Frage, ob die Form zum Inhalt passt oder nicht:

▶ **Harmonie + Harmonie:** Der Inhalt ist harmonisch, und die Form ist regelmäßig gestaltet.
▶ **Disharmonie + Disharmonie:** Der Inhalt ist verstörend bzw. wirkt nicht harmonisch, und die Form weist keine oder nur wenige Regelmäßigkeiten auf.

} Inhalt und Form passen zusammen.

▶ **Disharmonie + Harmonie:** Der Inhalt ist verstörend bzw. wirkt nicht harmonisch. Trotzdem ist die Form ganz regelmäßig gestaltet.
▶ **Harmonie + Disharmonie:** Der Inhalt ist harmonisch, die Form ist aber unregelmäßig gestaltet.

} Inhalt und Form passen nicht zusammen.

Tipp

Wenn die Form (und ggf. Sprache) die Stimmung unterstreicht, die in einem Gedicht zum Ausdruck kommt, dann **passen** formale Darstellung und Inhalt **zusammen**. Das Gedicht strahlt dann einen **Gleichklang** aus: Entweder wirkt beides positiv (ruhig, fröhlich, feierlich, hoffnungsvoll …) – oder beides wirkt negativ (kühl, dunkel, traurig, trostlos, hart, grausam …).

Wenn Inhalt und Form **nicht zusammenpassen**, hat das einen **Grund**! Der Leser soll auf die „Störung" aufmerksam werden und darüber nachdenken, warum es diese **Unstimmigkeit** gibt.

Übung 15 Bestimme den Zusammenhang zwischen Inhalt und Form des Gedichts „Septemberliches Lied vom Storch" (S. 40). (→ Heft)

Gehe so vor:

▶ Fasse kurz zusammen, worum es geht und wie der Inhalt wirkt. (1–2 Sätze)

▶ Beschreibe die Form des Gedichts. (4–5 Sätze)
Tipp: Bedenke, dass in der Überschrift von einem „Lied" die Rede ist.

▶ Triff zum Schluss eine Aussage über die Wirkung des Zusammenspiels von Inhalt und Form. Orientiere dich an der Übersicht auf S. 43. (2–3 Sätze)

Moderne Gedichte verstehen

Moderne Gedichte haben oft kein Metrum, sondern sind in **freien Rhythmen** verfasst. In der Regel gibt es auch **keine Reime**. Trotzdem handelt es sich um Gedichte! Das ist zum Beispiel an den verkürzten Zeilen (Versen) erkennbar. Moderne Gedichte sind oft besonders schwer zu entschlüsseln. Das liegt daran, dass die Verfasser häufig **mit der Sprache** und verschiedenen Bedeutungen **spielen**.

Tipp

> Man findet am besten einen Zugang zu einem modernen Gedicht, wenn man nach „**Signalwörtern**" sucht. Du wirst im Text an einigen Stellen Wörter finden, die üblicherweise in einem ganz **bestimmten Zusammenhang** vorkommen. Sie verweisen auf das zentrale Thema.

Übung 16 **Mathias Jeschke: Spiel zwischen Erde und Himmel**

1 Im Augenwinkel der Sturz.
  Schrill, scharf gellt der Pfiff.

  Ich wende mich hin,
  doch niemand gefoult am Boden.

5 Es war eine Schwalbe.
  Ich stehe auf der Lichtung und öffne mich.

  Die Vögel jubeln,
  die Bäume schwenken ihr Fahnengrün.

  Erneut ein schriller Pfiff.
10 Erwartung wächst.

  Da trifft es mich:
  Ich stehe am Punkt für den Freistoß.

Quelle: http://matthiaskehle.blogspot.com/search/label/Fu%C3%9Fball

Anmerkung
1 *gellen:* hell und durchdringend klingen, z. B. ein gellender Schrei

Hinweis: Du findest weitere Aufgaben zu diesem Gedicht auf S. 48 und 50.

Literarische Texte verstehen | 45

Aufgaben

1. Schreibe alle Wörter heraus, die darauf hindeuten, dass das Gedicht von Mathias Jeschke auf den Bildbereich Fußball zugreift.

   _____

   _____

   _____

2. Nenne den zweiten thematischen Bereich, der im Gedicht angesprochen wird. Belege deine Antwort mit zwei Beispielen aus dem Text.

   Der zweite Themenbereich ist

   _____ .

   Beispiele:

   _____

   _____

3. Das Wort „Schwalbe" (V. 5) hat eine doppelte Bedeutung – entsprechend den zwei Themenbereichen aus dem Gedicht. Erkläre beide Bedeutungen. Stichworte genügen.

   Erste Bedeutung: _____

   Zweite Bedeutung: _____

4. Weise nach, dass das Gedicht „Spiel zwischen Erde und Himmel" in freien Rhythmen verfasst ist, indem du die Silben mit ´ (betont) oder ˇ (unbetont) kennzeichnest.

Auf einen Blick

Gedichte verstehen und untersuchen	
Thema	Bestimme allgemein, womit sich der lyrische Sprecher befasst.
Stimmung	Überlege, welche Atmosphäre im Gedicht zum Ausdruck kommt.
Lyrischer Sprecher	Frage dich, in welcher Situation sich der lyrische Sprecher befindet und was ihn bewegt *(was ist sein Motiv?)*.
Adressat	Beziehe auch mit ein, an wen der lyrische Sprecher seine Worte richtet: an sich selbst, an eine (vertraute) Person, an den Leser?
Form	Beschreibe die Anzahl der Strophen und Verse, das Reimschema und das Metrum. Überlege, welche Wirkung durch diese Formmerkmale erreicht wird.
Aussage	Gehe Strophe für Strophe durch und denke über die jeweilige Bedeutung nach. Stelle abschließend einen Zusammenhang zwischen Form und Inhalt her und triff eine Aussage über die Gesamtwirkung des Gedichts.

46 LESEKOMPETENZ

Flashcards: Wichtiges wiederholen

5 Die sprachliche Gestaltung beurteilen

Um einen Text gut zu verstehen, genügt es nicht, nur auf die (oberflächlichen) Inhalte zu achten, denn der Inhalt und die sprachliche Gestaltung sind eng miteinander verwoben. Deshalb solltest du dir zu einem Text immer auch die Frage stellen: *Wie ist ein Sachverhalt oder ein Geschehen dargestellt?*
So kann die **Sprachebene**, für die sich ein Verfasser entscheidet, von Bedeutung sein, ebenso wie seine **Wortwahl**. Auch vom **Satzbau** geht häufig eine bestimmte Wirkung aus. Weitere wichtige Aspekte sind **Sprachbilder** und **Ironie**.

Interaktive Aufgaben: Ausdruck und Stil verbessern

5.1 Die Sprachebene bestimmen

Die Sprachebene, die ein Verfasser für seinen Text wählt, ist **vielsagend**. Damit gibt er z. B. zu erkennen, wie er sich selbst und sein Gegenüber einschätzt. Um die Sprachebene zu bestimmen, kannst du folgende Überlegungen anstellen:

▶ Verwendet der Verfasser eine **gehobene Sprache**? Greift er des Öfteren zu **Fremdwörtern** oder **Fachbegriffen**? Sind seine Sätze eher lang und kompliziert? Dann zeigt er durch seine Sprache, dass er **anspruchsvoll** ist – auch seinen Lesern gegenüber. Seine Darstellung wirkt **ernsthaft** und **seriös**.

▶ Entspricht die Ausdrucksweise eher der **Alltagssprache**? Ist sie vielleicht der **Umgangssprache** angenähert? Kommen überwiegend Ausdrücke vor, die dem alltäglichen (mündlichen) Sprachgebrauch entsprechen (so wie die Menschen z. B. im Supermarkt reden)? Ist der Satzbau evtl. **nicht immer korrekt** oder gibt es unvollständige Sätze? Oft wird dadurch eine **Nähe zum Leser** hergestellt. Die Aussagen wirken in diesem Fall eher **lässig** und **salopp**.

▶ Bewegt sich der Verfasser auf einer mittleren Sprachebene (**Standardsprache**)? Sie zeichnet sich durch **allgemein verständliche Wörter** und korrekte, aber vorwiegend **übersichtlich konstruierte Sätze** aus. Es gibt kaum Abweichungen vom öffentlichen Sprachgebrauch (z. B. dem der Massenmedien) – weder „nach oben" noch „nach unten". Die Sprache ist in dem Fall eher **unauffällig**.

Tipp

Auch bestimmte **Gruppensprachen** können in einem Text auffällig sein, z. B. eine Sprache, wie sie Mediziner verwenden. Der Verfasser will damit vielleicht seine Fachkenntnisse zeigen.

Eine Gruppensprache ist auch die **Jugendsprache**. Typisch dafür sind z. B. Neologismen (Wortneuschöpfungen) und Anglizismen (Begriffe aus dem Englischen). Ein Autor setzt Jugendsprache möglicherweise ein, um eine Szene besonders realistisch wirken zu lassen.

Die sprachliche Gestaltung beurteilen | ✦ **47**

a) Bestimme bei den Sätzen in der Tabelle die Sprachebene. Kennzeichne sie so:

   ↑ eher von gehobenem Niveau

   → von mittlerem Niveau

   ↓ eher von niedrigem Niveau (z. B. Umgangs-, Jugend- oder Kiezsprache)

b) Unterstreiche in den Sätzen, die du mit ↑ oder ↓ gekennzeichnet hast, alle Stellen, an denen du die Sprachebene erkannt hast.

Übung 17

Sprach-ebene	Beispielsätze
	Könnten Sie mir freundlicherweise Ihre E-Mail-Adresse zukommen lassen?
	Ich hab schon ewig keine WhatsApp mehr von meiner Freundin gekriegt. Das ist halt echt komisch.
	Wie is'n deine Handynummer? Kannste die mir mal geben?
	Wer früher den Ausdruck „elektronische Medien" benutzte, meinte damit nur Rundfunk und Fernsehen.
	Heute denkt man vor allem an Computer und Internet, wenn jemand von elektronischen Medien spricht.
	PC und Internet gestalten unsere Kommunikation sehr komfortabel, denn sie ermöglichen gleichzeitig die Produktion, die Übertragung und die Rezeption von Nachrichten.
	Wir bieten Ihnen eine kompetente Betreuung aller in technologischer und logistischer Hinsicht anfallenden Aufgaben.
	Mein W-Lan-Empfang ist echt unter aller Sau. Ich hoffe, das ändert sich bald mal.
	Es soll Leute geben, die immer noch keinen Internetanschluss haben. Das kann ich nicht nachvollziehen.
	Was kümmern dich die anderen? Du nervst voll!
	Mitteilungen nach außen werden inzwischen immer öfter digital kodiert, vor allem bei Behörden und im Dienstleistungssektor.
	Man sollte sein Passwort öfter ändern. Das ist eine Frage der Sicherheit.

5.2 Auf die Wortwahl achten

Für den Sinn eines Textes spielt die Wortwahl eine entscheidende Rolle. Mit manchen Wörtern verbindet der Leser von vornherein eine bestimmte Vorstellung. Ein Begriff kann **neutrale**, **positive** oder **negative** Gefühle wecken.

neutral	positiv	negativ
Hund	vierbeiniger Freund	Köter
Haus	Villa	Bruchbude

Beispiel

48 LESEKOMPETENZ

Von besonderer Bedeutung sind diese Wortarten:

- **Nomen:** Achte auf die genauen Bezeichnungen von Personen oder Dingen. Einem *Schelm* kann man z.B. nicht böse sein, vor einem *Gauner* wird man sich dagegen in Acht nehmen.

- **Verben:** Sie geben zu verstehen, ob ein Geschehen aktiv und lebendig wirkt – oder eher statisch und leblos. Von Verben wie *springen, klatschen* oder *stürmen* geht z.B. eine andere Wirkung aus als von Verben wie *stehen, schweigen* oder *sitzen*.

- **Adjektive:** Sie beeinflussen erheblich die Stimmung, die in einem Text zum Ausdruck kommt. Adjektive wie *fröhlich, warm* oder *bunt* erzeugen z.B. eine angenehme, schöne Atmosphäre, dagegen lassen Adjektive wie *trüb, hart* oder *kühl* eine Situation eher unangenehm erscheinen. Wenn ein Text nur wenige oder keine Adjektive enthält, wirkt die Darstellung farblos – so, als hätten die Personen oder Gegenstände gar keine besonderen Eigenschaften.

Tipp

Achte besonders auf **Wiederholungen**. Kommt ein Wort in einem Text mehrmals vor, wird es besonders hervorgehoben – vermutlich weil es eine wichtige Funktion für die Textaussage hat.

Übung 18 Untersuche die Wortwahl im Gedicht „Spiel zwischen Erde und Himmel" (S. 44).

Aufgaben

1. Schreibe Wörter aus dem Gedicht heraus, mit denen man etwas Positives oder Negatives verbindet. Trage sie passend nach Wortarten in die Tabelle ein.

2. Äußere dich zur Wirkung, die von den gefundenen Wörtern ausgeht. Notiere zu jeder Wortart einige Stichworte.

3. Formuliere ein Fazit zu der Atmosphäre, die durch diese Wortwahl erzeugt wird.
   Hinweis: Berücksichtige dazu das gesamte Gedicht.

	Nomen	Verben	Adjektive
1.			
2.			
3.			

Die sprachliche Gestaltung beurteilen | **49**

5.3 Den Satzbau berücksichtigen

Auch der Satzbau beeinflusst die Wirkung eines Textes auf den Leser:

▸ **Satzreihen** sind meist leicht verständlich und sprechen damit ein breites Publikum an. Zugleich klingen sie in der Regel sachlich und nüchtern. Satzreihen werden vor allem im mündlichen Sprachgebrauch verwendet.

▸ **Satzgefüge** zeigen dem Leser an, welche Zusammenhänge zwischen einzelnen Teilsätzen bestehen. Sie klingen oft flüssiger als Satzreihen, sind aber teilweise auch lang und verschachtelt. So können komplizierte Gedanken ausgedrückt werden, was eine anspruchsvolle Leserschaft anspricht. Satzgefüge werden überwiegend im schriftlichen Sprachgebrauch verwendet.

▸ Besonders kühl und distanziert wirkt der Satzbau dann, wenn **kurze Sätze** ohne verbindende Worte aneinandergereiht werden.

▸ **Ellipsen** (unvollständige Sätze) bringen häufig Gefühle zum Ausdruck, wie z. B. Freude oder Schrecken, oder sie spiegeln eine spontane Reaktion des Sprechers wider. Sehr häufig kommen Ellipsen im mündlichen Sprachgebrauch (Umgangssprache) vor; sie können aber auch in schriftlichen Texten gezielt eingesetzt werden.

▸ **Ausrufe-** und **Fragesätze** bringen Lebendigkeit in einen Text. Ausrufesätze drücken z. B. Gefühle wie Erstaunen oder Begeisterung aus. Fragesätze können Zweifel oder Unsicherheit anzeigen. Dadurch wird der Leser stärker einbezogen.

Hinweis: Genaueres zum Satzbau, zum Beispiel zum Unterschied von Satzgefüge und Satzreihe, kannst du ab Seite 121 nachlesen.

Untersuche den Satzbau in Heinrich von Kleists „Anekdote" (S. 30): Erkläre zuerst, welche Art von Satzbau vorherrscht. Äußere dich dann zu seiner Wirkung. Schreibe ca. 80–100 Wörter. (→ Heft)

Übung 19

5.4 Sprachbilder erkennen

Häufig werden Wörter in einem Text anders verwendet als im normalen Sprachgebrauch. Das ist z. B. bei sprachlichen Bildern der Fall. Sprachbilder kennst du aus dem Alltag, z. B. aus Redewendungen. Anstelle von *„Du hast wohl schlechte Laune."* könnte man beispielsweise sagen: *„Dir ist wohl eine Laus über die Leber gelaufen."*

Vier häufig gebrauchte Sprachbilder sind diese:

▸ **Bildhafter Vergleich:** Eine Person oder eine Sache wird mit etwas verglichen, das aus einem ganz anderen Lebensbereich stammt. Bildhafte Vergleiche erkennst du oft an ihrer „Gelenkstelle", z. B. „wie" oder „als ob".

Die beiden glichen einander wie ein Ei dem anderen.
Es regnete so sehr, als ob die Welt unterginge.

Beispiel

50 | **LESEKOMPETENZ**

▶ **Metapher:** Eine Metapher ist eine Art verkürzter Vergleich. Es gibt keine „Gelenkstelle" zwischen dem Sprachbild und der Person/Sache, auf die es sich bezieht, sondern beides wird gleichgesetzt oder miteinander verschmolzen.

Beispiel

Das Leben ist eine Wüste. (Gleichsetzung: Leben = Wüste)
Der Dschungel der Großstadt erschreckte das Mädchen.
(Verschmelzung: Dschungel als Teil der Großstadt)

▶ **Personifikation:** Einer unbelebten Sache werden Eigenschaften zugesprochen, die normalerweise nur Menschen haben. Dadurch wirkt sie lebendig.

Beispiel

Der Orkan hat viel Spaß an seinem Tun.

▶ **Symbol:** Es bringt einen tieferen Sinn zum Ausdruck. Einige Symbole sind allgemein bekannt, z. B. das Herz als Symbol der Liebe. Es gibt auch Texte, die in ihrer Gesamtheit einen symbolischen Sinn haben.

Beispiel

Bei Gedichten, in denen vom *Herbst* die Rede ist, steht die *Jahreszeit Herbst* oft symbolisch für die *späte Lebensphase eines Menschen.*

Tipp

Auch hier genügt es nicht, zu sagen, dass ein bestimmtes Sprachbild in einem Text vorkommt; du musst erklären, welche **Wirkung** davon ausgeht: Ist es ein schönes Bild? Oder ein düsteres?

Übung 20

Lies noch einmal das Gedicht „Spiel zwischen Erde und Himmel" von Mathias Jeschke (S. 44) und bearbeite dann die Aufgaben.

Aufgaben

1. Welche sprachlichen Bilder werden in dem Gedicht verwendet? Kreuze an.

   In dem Gedicht gibt es . . .

   ☐ bildhafte Vergleiche. ☐ Personifikationen.

   ☐ Metaphern. ☐ Symbole.

2. Zitiere zu deiner Antwort aus Aufgabe 1 ein passendes Beispiel.

   _____

3. Äußere dich zur Wirkung der Sprachbilder. Ist die dadurch vermittelte Stimmung eher gut oder eher schlecht? Begründe deine Meinung.

   Die Sprachbilder erzeugen eine eher . . .

   ☐ gute Stimmung.

   ☐ schlechte Stimmung.

   Begründung: _____

   _____

   _____

   _____

5.5 Ironie richtig deuten

Ironie ist die „Kunst der Verstellung". Sie dient dazu, **auf humorvolle Weise Kritik an etwas zu üben**. Der Autor stellt dann z. B. eine Handlung oder Verhaltensweise als positiv dar, obwohl er sie in Wirklichkeit schlecht findet. Er drückt seine Kritik – zum Schein – als Lob oder Anerkennung aus.

Beispiel

Du kennst ironische Aussagen aus dem Alltag. Wer zu einem Freund, der vollkommen übernächtigt aussieht, sagt: *„Du siehst ja heute gut aus!"*, meint in Wirklichkeit: *„Oje, was ist denn mit dir los? Du siehst sehr müde aus!"*

Tipp

> Wenn jemand im (mündlichen) Gespräch eine ironische Aussage macht, merkst du das sofort: Seine Mimik und sein Tonfall passen dann nicht zu dem, was er sagt.
> Im **Schriftlichen** dagegen ist es nicht leicht, zu erkennen, ob etwas ironisch gemeint ist, denn man sieht und hört den Erzähler nicht. Du erkennst eine ironisch zu verstehende Aussage in einem schriftlichen Text am besten daran, dass sie **unpassend oder widersprüchlich** wirkt: Sie passt entweder nicht zu anderen Textaussagen oder nicht zu deinen Erfahrungen.

Übung 21

Lies die Kurzgeschichte „Die Kampagne" von Peter Maiwald und bearbeite anschließend die Aufgaben.

Peter Maiwald: Die Kampagne

1 Das ganze Unglück – die Verwirrtheit in den Köpfen! – erklärte unser Stadtschreiber, der es wissen mußte, kommt von den Worten. Ohne Worte kämen 5 die Leute nicht auf dumme Gedanken, und die Irrtümer hätten keine Chance, sich auszudrücken. Die Geschwätzigkeit nähme ebenso ab wie die zahllosen Mißverständnisse, denen wir mit Worten 10 ausgesetzt sind. Der Ärger mit den Schwerhörigen verringerte sich, und die Hörigkeit in der Liebe verlöre an Unglück. Auf Eide, Treueschwüre, Reden und Zeitungen könnte verzichtet 15 werden, in einem Wort: Die Vorteile der Wortlosigkeit sind offensichtlich. So begann die Kampagne: Raus mit der Sprache!

Wir entfernten alle Schilder, Plakate 20 und Inschriften aus unseren Städten und verbrannten alle Bibliotheken. Die Radios spielten wortlos Musik, und im Fernsehen regierte der Stummfilm. Wir waren sprachlos, aber unendlich erleich- 25 tert. Niemand konnte uns mehr etwas vormachen. Keiner konnte uns mehr belügen. Niemand konnte uns mehr überreden, und keiner konnte uns mehr etwas in den Mund legen. Allen 30 Wortverdrehern und Redewendungen war endlich das Handwerk gelegt.
Nun, da wir uns nichts mehr zu sagen haben, leben wir friedlich und zufrieden. Wir nehmen alles so hin, wie es 35 ist. In Zweifelsfällen werden wir handgreiflich. Die Liebenden berühren sich und kommen ohne die bekannten mißverständlichen drei Worte aus. Und vor allem: Seit wir sprachlos sind, kann uns 40 nichts mehr erschrecken. Was sollte uns, die wir keine mehr haben, noch die Sprache verschlagen?

Quelle: Peter Maiwald: Die Kampagne. In: Ders.: Das Gutenbergsche Völkchen. Frankfurt am Main: Fischer Verlag 1990. S. 29 (Die Schreibweise entspricht den Regeln der alten Rechtschreibung.)

LESEKOMPETENZ

Aufgaben

1. Nenne drei Probleme, die laut Text durch die Verwendung von Sprache entstehen können. Stichworte genügen.

   _____

   _____

2. Gib zwei Textstellen an, in denen etwas Negatives zum Schein positiv dargestellt wird. Erkläre, warum diese Aussagen nur ironisch gemeint sein können.

   Erste Textstelle: _____

   _____

   Erklärung der Ironie: _____

   _____

   _____

   _____

   Zweite Textstelle: _____

   _____

   Erklärung der Ironie: _____

   _____

   _____

   _____

   _____

Auf einen Blick

Wie du Besonderheiten der sprachlichen Gestaltung erkennst	
Sprachebene	Ist sie eher **gehoben** und wirkt damit ernsthaft und seriös – oder eher der **Umgangssprache** angenähert, sodass die Darstellung lässig und alltagsnah wirkt?
Wortwahl	Gibt es **Wörter**, die bestimmte Vorstellungen oder Assoziationen hervorrufen: positiv, sachlich-neutral oder eher negativ?
Satzbau	Achte auf den Fluss der Sprache. Klingen die **Sätze** ruhig und harmonisch oder wirken sie unterkühlt oder gar verstörend?
Sprachbilder	Welche **sprachlichen Bilder** sind vorhanden und welche Wirkung geht von ihnen aus: eine eher angenehme oder unangenehme?
Ironie	Sind alle Aussagen in sich **stimmig** oder gibt es (oberflächlich gesehen) Unstimmigkeiten, die auf **Ironie** hinweisen?
Gesamtwirkung	Stelle einen **Zusammenhang** zwischen der sprachlichen Gestaltung und dem Inhalt her: Passt die Sprache zum **Inhalt** oder wirkt sie eher unpassend?

Schreibkompetenz

Was muss man können? Was wird geprüft?

Beim Schreiben eines Textes musst du zeigen, dass du in der Lage bist, einen Sachverhalt **angemessen, klar** und **verständlich** auszudrücken. Ein gelungener Text überzeugt sowohl **inhaltlich** als auch **sprachlich**.

In der Prüfung musst du Folgendes leisten:

▶ Du hast etwas zu sagen, d. h., du verfügst über ausreichende **Kenntnisse** zum **Thema** (z. B. aus deiner Erfahrung oder aus vorliegenden Materialien).

▶ Du wählst die **wesentlichen Gedanken** zum Thema aus und ordnest sie in einer **sinnvolle Reihenfolge** an.

▶ Du kennst die Merkmale der geforderten **Textsorte** und beachtest sie.

▶ Du versetzt dich in den (möglichen) **Leser** hinein und berücksichtigst seine Erwartungen und Vorstellungen. Sowohl die Inhalte als auch die Sprache sollen zum Adressaten passen.

▶ Du kannst dich in den **Schreiber** hineinversetzen und weißt, was ihn dazu bewegt, seinen Text zu schreiben. Sein Anliegen bringst du geschickt und glaubwürdig zum Ausdruck.

▶ Du drückst dich **korrekt aus**, schreibst (möglichst) alle Wörter richtig und strukturierst deine Aussagen durch eine passende Zeichensetzung.

▶ Du gestaltest deinen Text **optisch übersichtlich** und ansprechend (z. B. durch Untergliederung in Absätze, ausreichend Rand und ordentliche Schrift).

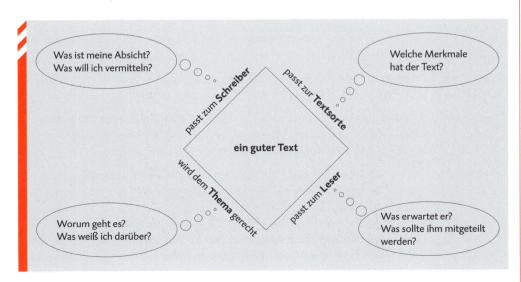

Tipp

SCHREIBKOMPETENZ

Beispiel

Anfang eines Briefes an die Schulleiterin (hier ohne Briefkopf):

Falsch

> Hallo Frau Müller,
> wir Schüler finden es total bescheuert, dass Sie was gegen die Einrichtung einer Cafeteria haben. ...

Richtig

> Sehr geehrte Frau Müller,
> die Schüler sind über Ihre ablehnende Haltung bezüglich der Cafeteria sehr enttäuscht. ...

- Anrede passt nicht zu förmlichem Brief an die Schulleitung
- Darstellung unhöflich
- Umgangssprache unpassend („total bescheuert", „was" ...)

- höfliche Anrede, passt zu einem Brief an die Schulleiterin
- Darstellung sachlich und höflich
- Standardsprache (Schriftsprache) passt zu Anliegen und Adressat

Flashcards: Wichtiges wiederholen

6 Den Schreibprozess steuern

Der Schreibprozess besteht aus **drei Phasen:**

▶ **Vorbereiten:** Gewöhne dir an, den Schreibprozess sorgfältig zu planen. Das spart dir Zeit beim nächsten Schritt und erleichtert dir das Schreiben.

▶ **Schreiben:** Hier liegt der Schwerpunkt deiner Arbeit.

▶ **Überarbeiten:** Plane genug Zeit ein, um deinen Text noch einmal zu lesen und dabei fehlerhafte Stellen und ungeschickte Formulierungen zu verbessern.

Vorbereiten

In der Vorbereitung **durchdenkst** du zunächst die **Aufgabenstellung**, danach **sammelst und ordnest** du deine **Ideen**.

Schritt für Schritt

Das Schreiben vorbereiten

Arbeitsschritt **1** Lies die Aufgabe genau durch und überlege, was von dir verlangt wird. Bestimme das **Thema**, die geforderte **Textsorte**, den **Schreiber** und das **Ziel**, das er verfolgt, sowie den **Leser** und dessen mögliche **Erwartungen** an den Text.

Arbeitsschritt **2** **Sammle Ideen** zum Thema. Halte stichwortartig fest, was dir spontan in den Sinn kommt. Notiere es z. B. in einer Tabelle, einem Cluster oder einer Mindmap.

Arbeitsschritt **3** **Ordne** deine Ideen: Kennzeichne Stichpunkte, die **inhaltlich zusammengehören** (z. B. mit gleichen Farben oder Buchstaben) und bringe die Gedanken in eine **sinnvolle Reihenfolge** (z. B. indem du sie nummerierst).

Arbeitsschritt **4** Nimm ein neues Blatt und erstelle deinen **Schreibplan**. Untergliedere ihn in **drei Abschnitte:** Einleitung – Hauptteil – Schluss.
Übertrage deine zuvor gesammelten Ideen in den Abschnitt zum **Hauptteil**.
Überlege dann, wie du den Leser in der **Einleitung** geschickt zum Thema hinführen kannst und wie du deine Ausführungen am **Schluss** überzeugend abrundest. Trage jeweils Stichworte in die entsprechenden Abschnitte des Schreibplans ein.

Den Schreibprozess steuern | 55

Eine **Ideensammlung** (Schritt 2) kann wie eines dieser drei Beispiele aussehen: — Beispiel

Vorteile einer Schulcafeteria	Mögliche Einwände dagegen
• Bessere Konzentration nach Frühstück	• Mensa vorhanden!
• Schüler lernen Verantwortung tragen	• Zeitproblem
• Geldeinnahme für die Schule	• Organisation schwierig
• …	• …

Tabelle

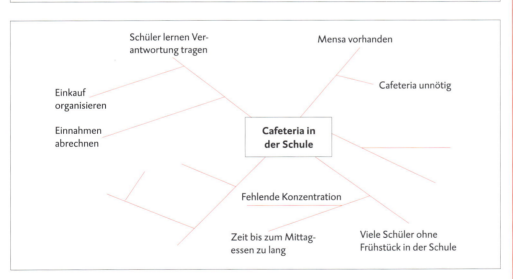

Cluster

Mindmap

Als Schulsprecher oder Schulsprecherin möchtest du erreichen, dass in eurer Schule eine Cafeteria eingerichtet wird; Schüler und Eltern sollen sie gemeinsam betreiben. Aus diesem Grund schreibst du einen Brief an die Schulleiterin. Dein Ziel ist es, durch gute Argumente ihre Unterstützung zu gewinnen und mögliche Einwände, die sie haben könnte, zu zerstreuen. Bereite das Schreiben dieses Textes vor, indem du die Aufgaben auf der nächsten Seite bearbeitest.

Übung 22

SCHREIBKOMPETENZ

Aufgaben

1. Beantworte die folgenden Fragen. Stichworte genügen.

   a) Um welches Thema geht es?

   _____

   b) Welche Art von Text sollst du schreiben?

   _____

   c) Wer ist der Verfasser des Textes? Was ist sein Anliegen?

   _____

   d) An wen richtet sich der Text? Welche Vorstellungen könnte er/sie haben?

   _____

2. Sammle Einfälle zum Thema (Argumente, Entkräften möglicher Einwände). Die Form, z. B. Tabelle, Mindmap . . ., ist dir freigestellt. (→ Heft)
   Hinweis: Du kannst auch eines der angefangenen Beispiele (S. 55) nutzen.

3. Ordne deine gesammelten Ideen aus der vorherigen Aufgabe.

Übung 23 Vervollständige diesen Schreibplan zur Schreibaufgabe von S. 55 (Übung 22).
Hinweis: Nutze deine Ergebnisse aus der vorherigen Übung.

Einleitung Hinführung, Anliegen	Höfliche Anrede Aktuelle Situation: viele Schüler ohne Frühstück im Unterricht, Bitte um Unterstützung für Einrichtung einer Cafeteria

Hauptteil
Entkräften von
Gegenargumenten,
 	
eigene Argumente
	• Fragen der Ausstattung und Organisation mit Unterstützung der Eltern lösbar
	• _____
	  _____
	• bessere Leistungsfähigkeit durch Frühstücksmöglichkeit für alle Schüler
	• _____
	  _____
	• _____
	  _____

Schluss Bekräftigung mit Hauptargument/ Zusammenfassung, weiteres Vorgehen	Wiederholung der Bitte um Unterstützung, Hauptbegründung: _____ _____ Vorschlag: Gespräch führen Grußformel und Unterschrift

Schreiben

Orientiere dich beim Schreiben deines Textes an dem Schreibplan, den du als Vorbereitung erstellt hast.

Eine Schreibaufgabe bearbeiten — Schritt für Schritt

Arbeitsschritt 1 Am schwierigsten ist oft der Einstieg, also die **Einleitung**. Sie soll den Leser zum Thema hinführen, z. B. durch eine allgemeine Aussage oder ein aktuelles Beispiel. Notiere die Einleitung zuerst probeweise auf einem extra Blatt, ehe du sie ins Reine schreibst. Evtl. brauchst du mehrere Entwürfe. Etwa drei bis vier Sätze genügen.

Arbeitsschritt 2 Schreibe den **Hauptteil**. Nimm dir alle notierten Stichpunkte vor und formuliere deine Gedanken nacheinander sorgfältig aus. Beginne jeweils einen neuen Absatz, wenn du dich dem nächsten Punkt aus deinem Schreibplan zuwendest. Zähle deine Gedanken nicht nur der Reihe nach auf, sondern leite geschickt zwischen den einzelnen Sätzen und Absätzen über (vgl. S. 124 f.).

Arbeitsschritt 3 Nach dem letzten Stichpunkt schreibst du den **Schluss**. Im Idealfall rundet er deinen Text stimmig ab, z. B. durch ein Resümee/Fazit, einen Ausblick auf eine zukünftige Entwicklung oder deine persönliche Meinung. Probiere am besten wieder mehrere Ideen auf einem extra Blatt aus. Dann überträgst du den Schluss unter deinen Text. Es genügen wieder drei bis vier Sätze.

In dem folgenden Auszug aus einem Brief an die Schulleiterin sind die Sätze geschickt durch Konjunktionen oder Adverbien miteinander verbunden: — Beispiel

> Immer mehr Schüler kommen ohne Frühstück zur Schule. <u>Das</u> führt dazu, <u>dass</u> sich viele von ihnen spätestens ab der dritten Stunde nicht mehr richtig auf den Unterricht konzentrieren können, <u>weil</u> ihnen der Magen knurrt. <u>Zudem</u> ist zu erwähnen, …

Schreibe die Einleitung und den Schluss für den Brief an die Schulleiterin (vgl. Schreibaufgabe S. 55). Achte darauf, dass es Verbindungen zwischen den Sätzen gibt. Orientiere dich an den Eintragungen in deinem Schreibplan (Übung 23). — Übung 24

SCHREIBKOMPETENZ

Überarbeiten

Lies deinen Text noch einmal sorgfältig durch. Korrigiere dabei ungeschickte Formulierungen und Fehler.

Schritt für Schritt

Den ausformulierten Text überarbeiten

Arbeitsschritt 1 Versuche, deinen Text **innerlich laut zu lesen**; dann bemerkst du mögliche Schwachstellen am ehesten.

Arbeitsschritt 2 Suche nach Fehlern und ungeschickten Formulierungen:
- **Vermeide** unschöne **Wiederholungen**. Ersetze ein wiederholtes Wort besser durch ein Synonym oder Pronomen. Auch bei Satzanfängen und Satzkonstruktionen solltest du abwechseln, damit der Text nicht eintönig klingt.
- Achte auf **Eindeutigkeit**. Überlege, ob dem Leser immer klar ist, **worauf sich deine Aussagen beziehen**. Das gilt vor allem für „Platzhalter" wie **Pronomen**, z. B. Demonstrativpronomen (*dieses, das*) oder Personalpronomen (*er, es, ihnen*).
- Verzichte auf unübersichtliche **Satzkonstruktionen**. Oft kannst du besonders lange und komplizierte Satzgefüge auf zwei Sätze aufteilen.
- Verwende statt des steif klingenden Nominalstils lieber **ausdrucksstarke Verben**. Schreibe z. B. nicht: *Die Bestellung zur Möblierung der Cafeteria erfolgt über das Ausfüllen eines Formulars.*, sondern besser: *Um Möbel für die Cafeteria zu bestellen, muss man ein Formular ausfüllen.*

Arbeitsschritt 3 **Korrigiere** die Fehler und Schwachstellen, die dir aufgefallen sind:
- Kleinere Korrekturen nimmst du direkt im Text vor: Streiche z. B. ein falsch geschriebenes Wort sauber durch und füge die richtige Schreibweise darüber ein.
- Bei größeren Korrekturen streichst du die ganze Textstelle durch. Versieh sie mit einem Zeichen (z. B. mit * oder *a*) oder 1) und schreibe die korrigierte Version unter Wiederholung dieses Zeichens auf ein Korrekturblatt, das du deiner Arbeit beifügst.
- Solltest du einmal vergessen haben, bei einem neuen Gedanken einen neuen Absatz zu beginnen, kennzeichnest du diese Stelle mit ⌐.

Beispiel

Wenn die Schüler selbst eine Cafeteria betreiben,

      Verantwortung

lernen sie ~~Verandwortung~~ zu tragen.

Sie müssen ~~dann einkaufen und verkaufen.~~*)

*) sich dann um die Einkäufe kümmern und auch den Verkauf übernehmen.

Tipp

Achte darauf, dass deine **Korrekturen eindeutig** sind. Wenn du mehr als einmal eine größere Textstelle korrigieren musst, nimm jedes Mal ein anderes Zeichen (z. B. *, **, *** oder a), b), c) oder 1, 2, 3). Schreibe die Korrekturen nicht durcheinander auf dein Korrekturblatt, sondern richte dich bei der Reihenfolge nach ihrem Vorkommen im Aufsatztext.

Der folgende Abschnitt stammt aus einem Schülertext. Es ist ein Ausschnitt aus einem Brief an die Schulleiterin. Überarbeite den Text und notiere die verbesserte Version darunter.

Hinweis: Es geht vor allem um das Vermeiden von Wiederholungen und das Herstellen sinnvoller Verknüpfungen zwischen den Sätzen.

Übung 25

> ¹ ... Wir haben zwar eine Mensa. Wir bekommen in der Mensa um 13 Uhr ein Mittagessen. Das ist aber für viele Schüler zu spät. Viele Schüler kommen ohne Frühstück zur Schule. Sie haben schon früh am Morgen Hunger. Sie möchten sich
> ⁵ vorher etwas zu essen und zu trinken kaufen können. Sie können sich sonst im Unterricht nicht konzentrieren. Für sie wäre eine Cafeteria wichtig. ...

Auf einen Blick

So organisierst du deinen Schreibprozess richtig	
Lies die Aufgabenstellung genau durch.	Überlege, um welches Thema und um welche Textsorte es geht, wer der Schreiber ist, welches Ziel er verfolgt und an wen der Text gerichtet sein soll.
Sammle Ideen für deinen Text und ordne sie.	Berücksichtige dabei das, was du über das Thema weißt, und das, was du ggf. aus vorliegenden Materialien erfährst. Schreibe deine Ideen zunächst ungeordnet auf; anschließend gruppierst du sie und legst die Reihenfolge fest.
Erstelle einen Schreibplan.	Verwende dafür ein extra Blatt und trage deine Stichpunkte, die du zusammengestellt hast, dort ein. Stelle deine Ideen für die Einleitung voran und ergänze Überlegungen für den Schluss.
Schreibe deinen Text.	Orientiere dich bei Aufbau und Inhalt an deinem Schreibplan. Wähle eine Sprache, die sowohl zur geforderten Textsorte als auch zum Leser und zum Schreiber passt.
Überarbeite den Text.	Lies alles noch einmal gründlich durch und korrigiere, wenn nötig, Fehler und Ausdrucksschwächen.

7 Schreibaufgaben lösen

Es gibt unterschiedliche Arten von Schreibaufgaben. Sie beziehen sich entweder auf einen **Text** bzw. eine **Materialgrundlage** oder auf dein **Erfahrungswissen**. Grundsätzlich lassen sich Schreibaufgaben in zwei Bereiche unterteilen:

▶ Aufgaben, in denen du dich **sachlich** zu einem Thema äußern sollst

Beispiel

Stellungnahme, Erörterung, Bericht, informierender Text, Textanalyse, Inhaltsangabe, Charakteristik, Leserbrief …

▶ Aufgaben, in denen du **kreativ-produktiv** tätig werden sollst

Beispiel

persönlicher Brief, Tagebucheintrag, innerer Monolog, Erzählung, Textfortsetzung …

Tipp

> Oft wird eine Schreibaufgabe **in eine fiktive** (= erfundene) **Situation eingebettet**. Das kann dann zu **gemischten Aufgabenformen** führen.
> Beim Brief an die Schulleiterin zum Beispiel (vgl. S. 55, Übung 22) musst du insofern **kreativ** sein, als du dich in die Rolle des Schülersprechers hineinversetzen und an eine ausgedachte Person schreiben sollst. Deine Argumentation im Brief muss dennoch **sachlich** sein.

Flashcards: Wichtiges wiederholen

7.1 Offene Fragen zu einem Text beantworten

Eine offene Frage zu einem Text verlangt nach einer **ausführlichen Antwort**. Genau genommen sollst du bei dieser Art von Aufgabe einen kompletten **zusammenhängenden Text** schreiben. Im Unterschied z. B. zu einer Inhaltsangabe (vgl. S. 65 ff.) bezieht sich eine solche Frage aber in der Regel nicht auf den ganzen Text, sondern nur auf **einen bestimmten Aspekt**, zu dem du dich äußern sollst. In jedem Fall musst du dich in deiner Antwort **auf den Text beziehen**, um nachzuweisen, dass deine Aussage richtig ist.

Hinweis: Über den richtigen Umgang mit Textbelegen kannst du dich ausführlich auf S. 98 informieren.

Offene Fragen können auch **indirekt gestellt** sein. In dieser Form sind sie **Bestandteil vieler Schreibaufgaben**. Häufig wird das Beantworten der Frage dann als eine Teilaufgabe innerhalb der übergreifenden Aufgabenstellung verlangt. Das ist z. B. der Fall, wenn du im Rahmen einer Textanalyse eine Aussage zum Text bekommst, zu der du Stellung beziehen sollst, oder wenn du eine Erklärung für das Verhalten einer Figur abgeben sollst.

Tipp

> Typische Formulierungen für Aufgaben, bei denen es sich um **indirekt gestellte offene Fragen** handelt, sind z. B.: Erläutere …, Erkläre …, Begründe …, Beurteile …, Nimm Stellung …

Schreibaufgaben lösen 61

Es können dir zwei Arten von offenen Fragen zu einem Text gestellt werden:

- **Inhaltsfragen** fragen gezielt nach bestimmten Textinhalten. Du erkennst sie daran, dass sie mit einem Fragepronomen beginnen (z. B.: *Wie …? Warum …?*).
- **Entscheidungsfragen** verlangen von dir eine Entscheidung: Zustimmung oder Ablehnung. Solche Fragen beginnen in der Regel nicht mit einem Fragepronomen. Ein „Ja" oder „Nein" als Antwort genügt hier nicht, du musst deine Entscheidung immer auch begründen.

Mögliche offene Fragen zum Text „Anekdote" von Heinrich von Kleist (S. 30):

Beispiel

- *Warum kommt es zum Kampf zwischen den beiden Boxern?* (Inhaltsfrage)
- *Ist das Verhalten der Zuschauer, die bei dem Boxkampf anwesend sind, zu verurteilen? Begründe deine Meinung.* (Entscheidungsfrage)
- *„Die Boxer gehen beide sehr ehrenhaft miteinander um." Hältst du diese Einschätzung für richtig? Begründe deine Meinung.* (Entscheidungsfrage)
- *Erkläre, weshalb dem Boxer aus Portsmouth der Sieg zugesprochen wird. Beziehe dich auf den Text.* (Offene Frage, indirekt ausgedrückt)

Eine **Antwort** auf eine offene Frage **besteht aus drei Teilen:** dem eigentlichen Antwortsatz, einem Textbeleg und einer Erläuterung der Textstelle. Die Reihenfolge dieser drei Teile ist nicht festgelegt. Du kannst z. B. auch mit einem Zitat beginnen, dieses anschließend erläutern und dann erst die eigentliche Antwort geben. Diese ist dann wie eine Schlussfolgerung, die du aus der Textstelle und deren Erläuterung ziehst.

Offene Fragen beantworten

Schritt für Schritt

Arbeitsschritt **1** Durchdenke die Frage. Überlege, worauf sie abzielt.

Arbeitsschritt **2** Suche im Text nach Stellen, aus denen sich die richtige Antwort ableiten lässt. Markiere sie und kommentiere sie am Rand.

Arbeitsschritt **3** Beantworte die Frage. Formuliere deine Antwort klar und prägnant.

Arbeitsschritt **4** Weise nach, dass deine Antwort stimmt. Beziehe dich auf geeignete Textstellen. Es gibt zwei Möglichkeiten, um eine Aussage anhand von Textstellen zu belegen:
- das **wörtliche Zitat:** Dabei gibst du eine Textstelle in deiner Antwort wortwörtlich wieder. Das Zitat setzt du in Anführungszeichen.
- die **Paraphrase** (Umschreibung): Mit ihr beziehst du dich nur sinngemäß auf eine Textstelle: Du „übersetzt" sie in deine Sprache und verwendest eigene Worte. Es kann auch vorkommen, dass eine Textstelle allein als Nachweis für deine Antwort nicht reicht. Ziehe dann mehrere Textstellen als Beleg heran.

Arbeitsschritt **5** Stelle einen Zusammenhang zwischen der Textstelle und deiner Antwort her. Es genügt nicht, dass du nur auf eine Textstelle verweist. Du musst auch sagen, warum diese Textstelle geeignet ist, um deine Antwort zu belegen. Erläutere deshalb die Textstelle, die du als Beleg ausgewählt hast.

SCHREIBKOMPETENZ

Tipp

Formuliere deine Antwort so, dass der Leser sie auch dann versteht, wenn ihm die Frage nicht vorliegt. Vermeide Antworten, die mit den Konjunktionen *weil* oder *dass* beginnen, denn das verführt dazu, unvollständige Sätze zu schreiben.

Beispiel

Vollständige Antworten auf offene Fragen zum Text „Anekdote" von Heinrich von Kleist (S. 30) könnten so lauten:

Frage	*Warum kommt es zum Kampf zwischen den beiden Boxern?* (Inhaltsfrage)
Antwort	Sie wollen herausfinden, wem die Ehre zukommt, der bessere Boxer zu sein.
Textbeleg (Zitate)	Zur „Entscheidung der Frage, wem von ihnen der Siegerruhm gebühre" (Z. 6–8), vereinbaren sie einen „öffentlichen Wettkampf" (Z. 8 f.).
Erläuterung der Textstelle	Bisher ist die Frage, wer von beiden besser boxt, noch nicht entschieden, weil die beiden einander noch nie begegnet sind. Sie kennen sich nur vom Hören-Sagen. Ihr Aufeinandertreffen in London gibt ihnen erstmals die Gelegenheit des gegenseitigen Kräftemessens. Der Kampf, den sie vereinbaren, soll öffentlich ausgetragen werden. Das zeigt, dass es den beiden nicht nur darum geht, herauszufinden, wer der bessere Boxer ist. Wichtig ist für sie auch der Ruhm, den sie dabei ernten können.

Frage	*Ist das Verhalten der Zuschauer, die bei dem Boxkampf anwesend sind, zu verurteilen?* (Entscheidungsfrage)
Verweis auf Textstelle (Paraphrase)	Es heißt im Text, dass das Volk begeistert aufschreit (vgl. Z. 24), nachdem einer der Kämpfer zu Boden gegangen ist, und es dem anderen anschließend den Siegesruhm zuspricht (vgl. Z. 27 f.).
Erläuterung der Textstelle	Offenbar geht es den Zuschauern nur darum, einer Sensation beizuwohnen. Sie fragen sich nicht, wie gefährlich die Verletzungen sind, die die beiden Boxer in diesem Kampf erleiden. Es kümmert sie nicht einmal, dass der am Boden liegende Boxer kurz darauf tot weggetragen wird. Dagegen versäumen sie es nicht, den anderen Boxer zu feiern und ihm den Siegesruhm zuzuerkennen. Das ist sehr oberflächlich und verantwortungslos.
Schlussfolgerung = Antwort	Deshalb finde ich, dass das Verhalten der Zuschauer in der Tat zu verurteilen ist.

Hinweis: Normalerweise trägt man die einzelnen Schritte solcher ausführlicher Antworten nicht in eine Tabelle ein. Das ist in den Beispielen nur der Fall, damit du die Struktur besser nachvollziehen kannst. Wenn du selbst deine Antworten in dieser Weise vorstrukturierst, kannst du sicher sein, dass du keinen Bestandteil vergisst. Außerdem bekommst du so nach und nach ein Gefühl dafür, wie eine zufriedenstellende Antwort aussieht. In der Prüfung schreibst du deine Lösung aber natürlich als zusammenhängenden Text!

Schreibaufgaben lösen | 63

Tipp

Eine **Warum**-Frage zielt häufig auf das **Handlungsmotiv** einer literarischen Figur. Das bedeutet: Es wird danach gefragt, was diese Figur dazu bringt, ein **bestimmtes Verhalten** zu zeigen. Im Text steht aber in der Regel nur, was die Figur tut. (Dazu gehört auch das, was sie denkt oder sagt.) Um herauszufinden, was das Motiv ist, das sie zu diesem Verhalten bewegt, stellst du dir am besten drei Fragen. Du kannst dich an dieser Schema-Zeichnung orientieren:

Die Antwort auf die Frage nach dem **Ziel** ist das Handlungsmotiv.

Lies den Textauszug aus der Erzählung „Der Verbrecher aus verlorener Ehre" von Friedrich Schiller (S. 64) und bearbeite danach die folgenden Aufgaben.

Übung 26

Aufgaben

1. Vervollständige die Schema-Zeichnung: Trage Anlass und Ziel in die leeren Felder ein.

2. Warum sieht Christian nur „den Ausweg, **honett zu stehlen**" (Z. 46 f.)? Beantworte diese Frage ausführlich.

   Hinweis: Achte darauf, dass deine Lösung alle erforderlichen Bestandteile enthält: Antwort, Textbeleg und Erläuterung.

Friedrich Schiller: Der Verbrecher aus verlorener Ehre (Textauszug)

[...] Christian Wolf war der Sohn eines Gastwirts [...] und half seiner Mutter, denn der Vater war tot, bis in sein zwanzigstes Jahr die Wirtschaft besorgen. Die Wirtschaft war schlecht, und Wolf hatte müßige[1] Stunden. Schon von der Schule her war er für einen losen Buben[2] bekannt. Erwachsene Mädchen führten Klagen über seine Frechheit, und die Jungen des Städtchens huldigten[3] seinem erfinderischen Kopfe. Die Natur hatte seinen Körper verabsäumt[4]. Eine kleine unscheinbare Figur, krauses Haar von einer unangenehmen Schwärze, eine plattgedrückte Nase und eine geschwollene Oberlippe, welche noch überdies durch den Schlag eines Pferdes aus ihrer Richtung gewichen war, gab seinem Anblick eine Widrigkeit[5], welche alle Weiber von ihm zurückscheuchte und dem Witz seiner Kameraden eine reichliche Nahrung darbot. Er wollte ertrotzen, was ihm verweigert war; weil er missfiel, setzte er sich vor zu gefallen. Er war sinnlich[6] und beredete sich, dass er liebe. Das Mädchen, das er wählte, misshandelte ihn; er hatte Ursache, zu fürchten, dass seine Nebenbuhler glücklicher wären; doch das Mädchen war arm. Ein Herz, das seinen Beteuerungen verschlossen blieb, öffnete sich vielleicht seinen Geschenken, aber ihn selbst drückte Mangel, und der eitle[7] Versuch, seine Außenseite geltend zu machen, verschlang noch das Wenige, was er durch eine schlechte Wirtschaft erwarb. Zu bequem und zu unwissend, einem zerrütteten Hauswesen durch Spekulation[8] aufzuhelfen, zu stolz, auch zu weichlich, den Herrn, der er bisher gewesen war, mit dem Bauern zu vertauschen und seiner angebeteten Freiheit zu entsagen, sah er nur einen Ausweg vor sich – den Tausende vor ihm und nach ihm mit besserem Glücke ergriffen haben – den Ausweg, *honett[9] zu stehlen*. Seine Vaterstadt grenzte an eine landesherrliche Waldung, er wurde Wilddieb, und der Ertrag seines Raubes wanderte treulich in die Hände seiner Geliebten.

Unter den Liebhabern Hannchens war Robert, ein Jägerbursche des Försters. Frühzeitig merkte dieser den Vorteil, den die Freigebigkeit seines Nebenbuhlers über ihn gewonnen hatte, und mit Scheelsucht[10] forschte er nach den Quellen dieser Veränderung. Er zeigte sich fleißiger in der „Sonne" – dies war das Schild zu dem Wirtshaus –, sein laurendes Auge, von Eifersucht und Neide geschärft, entdeckte ihm bald, woher dieses Geld floss. Nicht lange vorher war ein strenges Edikt[11] gegen die Wildschützen erneuert worden, welches den Übertreter zum Zuchthaus verdammte. Robert war unermüdet, die geheimen Gänge seines Feindes zu beschleichen; endlich gelang es ihm auch, den Unbesonnenen über der Tat zu ergreifen. Wolf wurde eingezogen, und nur mit Aufopferung seines ganzen kleinen Vermögens brachte er es mühsam dahin, die zuerkannte Strafe durch eine Geldbuße abzuwenden.

Robert triumphierte. Sein Nebenbuhler war aus dem Felde geschlagen und Hannchens Gunst für den Bettler verloren. Wolf kannte seinen Feind, und dieser Feind war der glückliche Besitzer seiner Johanne. Drückendes Gefühl des Mangels gesellte sich zu beleidigtem Stolze, Not und Eifersucht stürmen vereinigt auf seine Empfindlichkeit ein, der Hunger treibt ihn hinaus in die weite Welt, Rache und Leidenschaft halten ihn fest. Er wird zum zweiten Mal Wilddieb; [...]

Quelle: Friedrich Schiller: Sämtliche Werke in vier Bänden. 4. Band. Augsburg: Weltbild-Verlag 1998. S. 50 f.

Anmerkungen
1 *müßig*: ohne Beschäftigung
2 *für einen losen Buben*: als dreister, frecher Junge
3 *huldigen*: bewundern, verehren
4 *verabsäumen*: nicht richtig machen, nachlässig sein
5 *Widrigkeit*: gemeint: Hässlichkeit
6 *sinnlich*: sensibel, gefühlvoll
7 *eitel*: vergeblich
8 *Spekulation*: Geschäftstüchtigkeit
9 *honett*: eigentlich „ehrenwert"; hier in der Bedeutung von „allgemein üblich und anerkannt"
10 *Scheelsucht*: Neid
11 *Edikt*: Verordnung, Vorschrift (eine Art Gesetz)

7.2 Den Inhalt eines Textes zusammenfassen

Eine Textzusammenfassung informiert **knapp und sachlich** über den Inhalt eines Textes. Sie besteht wie die meisten Texte aus drei Teilen: einer **Einleitung**, einem **Hauptteil** und einem **Schluss**.
Die **Inhaltsangabe zu einem literarischen Text** und die **Zusammenfassung eines Sachtextes** unterscheiden sich in einigen Punkten. Die Einzelheiten erfährst du auf den folgenden Seiten. Es gibt aber auch Gemeinsamkeiten:

▸ Nur die **wichtigsten Inhalte** werden wiedergegeben, keine ausschmückenden Details und nichts Nebensächliches.

▸ Die Zeitform ist das **Präsens** (bei Vorzeitigkeit Perfekt).

▸ Die sprachliche Darstellung ist **neutral** und **sachlich**, ohne Wertungen.

▸ Es kommt **nie wörtliche Rede** vor. Äußerungen, die jemand im Text macht, werden in **indirekter Rede** wiedergegeben (also nicht Wort für Wort, sondern **sinngemäß** und im **Konjunktiv**, vgl. S. 118 f.).

Interaktive Aufgaben: Einen Romanauszug analysieren

Die Inhaltsangabe bei epischen Texten

In einem epischen Text stellt der Verfasser auf kunstvolle Weise ein **fiktionales Geschehen** dar, also eine Handlung, die er sich ausgedacht hat. Der Inhalt, den du wiedergeben sollst, ist die Geschichte, die er erzählt.

Eine Inhaltsangabe zu einem Erzähltext schreiben

Arbeitsschritt **1** Informiere in der **Einleitung** über die **Textsorte**, den **Titel** des Textes, den **Verfasser**, evtl. das **Jahr der Veröffentlichung** und das **Thema**.
Bei einem epischen Text ist das Thema meist der Kern der Handlung bzw. das, was die vordergründige Handlung zeigt oder aussagt. Dabei gehst du aber noch nicht auf Einzelheiten ein, sondern bleibst allgemein, z. B.: *Es geht um einen Konflikt zwischen zwei Brüdern.* Ein bis zwei Sätze genügen.

Arbeitsschritt **2** Im **Hauptteil** rekonstruierst du die Handlung. Nenne die entscheidenden **Handlungsschritte** und wesentliche **Einzelheiten**. Bringe sie dabei auch in einen Zusammenhang. Frage dich also jeweils: *Wie kommt es dazu?*

Arbeitsschritt **3** Am **Schluss** stellst du knapp und präzise den **Ausgang des Geschehens** dar.

Schritt für Schritt

Tipp

Bereite das Verfassen einer Inhaltsangabe mithilfe der **W-Fragen** vor:
- In der **Einleitung** beantwortest du diese W-Fragen: *Wer? Wo? Wann? Was?*
- Im **Hauptteil** beantwortest du die *Wie-* und die *Warum*-Frage.
- Und zum **Schluss** gibst du Auskunft über die Frage: *Welche Folgen …?*

66 / **SCHREIBKOMPETENZ**

Beispiel

Eine Inhaltsangabe zu Heinrich von Kleists „Anekdote" (S. 30) kann so aussehen:

Einleitung Informationen über Textsorte, Titel, Verfasser und Thema	Die „Anekdote" von Heinrich von Kleist, erschienen im Jahr 1803, handelt von zwei berühmten englischen Boxern, die im Kampf gegeneinander antreten, um herauszufinden, wer von ihnen der Bessere ist. Dieser Wettstreit endet für beide tödlich.
Hauptteil Rekonstruktion des Ablaufs: die einzelnen Schritte der Handlung	Die Männer sind sich zuvor nie begegnet, weil sie an unterschiedlichen Orten wohnen. Als sie erstmals in London zusammentreffen, nutzen sie die Gelegenheit, um in der Öffentlichkeit einen Zweikampf auszutragen. Vor den Augen der begeisterten Zuschauer verpassen sie einander so starke Schläge, dass beide dadurch ihr Leben verlieren. Trotzdem geht einer von ihnen als Sieger aus dem Kampf hervor, nämlich derjenige, der nicht sofort tödlich getroffen zu Boden gegangen ist, sondern erst einen Tag später an den Folgen eines Blutsturzes stirbt.
Schluss Ergebnis/Ausgang des Geschehens	Die Boxer haben zwar ihr Ziel erreicht: Einer von ihnen hat den anderen k. o. geschlagen. Mit ihrem Tod haben aber beide einen hohen Preis für ihre Ruhmsucht bezahlt.

Übung 27

Lies noch einmal die Kurzgeschichte „Marathon" (S. 35 f.) und schreibe eine Inhaltsangabe dazu. (→ Heft) Als Vorbereitung füllst du den Schreibplan aus.

Einleitung Textsorte, Titel, Verfasser, Thema	_____
Hauptteil Die einzelnen Handlungsschritte	1. _____ 2. _____ 3. _____
Schluss Ergebnis/Ausgang des Geschehens	_____

Schreibaufgaben lösen | 67

Die Inhaltsangabe bei Gedichten

In einem Gedicht stellt ein lyrischer Sprecher kunstvoll verdichtet seine Gedanken und Gefühle dar. Es wird also in der Regel keine Geschichte erzählt, deren Handlungsverlauf man wiedergeben könnte (Ausnahme: Ballade, vgl. S. 39). Deshalb erscheint es auf den ersten Blick ziemlich schwierig, den Inhalt eines Gedichts zusammenzufassen. Bei genauer Betrachtung ist das aber ganz einfach.

Den Inhalt eines Gedichts zusammenfassen

Schritt für Schritt

Arbeitsschritt **1** — In der **Einleitung** nennst du auch hier die **Textsorte** (Gedicht), den **Titel**, den **Dichter** und evtl. das **Erscheinungsjahr**. Das **Thema** benennst du, indem du sagst, worüber sich der lyrische Sprecher **Gedanken** macht.
Du kannst dich auch schon zu **wesentlichen Formmerkmalen** äußern (Anzahl der Strophen und der Verse je Strophe).

Arbeitsschritt **2** — Im **Hauptteil** rekonstruierst du den Gedankengang des lyrischen Sprechers. Wenn das Gedicht aus mehreren Strophen besteht, nimmst du dir am besten **jede Strophe einzeln** vor. Gehe jeweils kurz auf die Gedanken oder die Zustände ein, die der lyrische Sprecher dort zum Ausdruck bringt.

Arbeitsschritt **3** — Zum **Schluss** kannst du dich dazu äußern, wie das Gedicht auf den Leser wirkt, z. B., indem du sagst, welche **Stimmung** darin zum Ausdruck kommt.

Eine Inhaltsangabe zu dem Gedicht „Septemberliches Lied vom Storch" (S. 40) könnte so anfangen:

Beispiel

In dem Gedicht „Septemberliches Lied vom Storch" von Günter Eich beschreibt der lyrische Sprecher eine idyllische Situation in der Natur, die sich am Anfang des Herbstes zeigt: Zwar naht bereits die kalte Jahreszeit, aber da die Sonne noch fast so hell und warm scheint wie im Sommer, entsteht ein trügerischer Eindruck. Das ist auch am Verhalten der Tiere zu erkennen.

Der Storch hat bereits gespürt, dass der Sommer vorbei ist, und den Flug nach Süden angetreten. Die anderen Tiere aber genießen die letzten Sonnenstrahlen. Dank der Abwesenheit des Storches ist dies gefahrlos möglich. ....

Tipp

Bei mehrstrophigen Gedichten solltest du darauf achten, dass deine Aussagen zu den einzelnen Strophen **nicht alle gleich anfangen:** *In der ersten Strophe … In der zweiten Strophe …* usw. Bringe **Abwechslung** in deine Formulierungen, z. B. so: *In der ersten Strophe äußert der lyrische Sprecher seine Gedanken zu … Anschließend wendet er sich … zu …*

Schreibe eine Inhaltsangabe zu dem Gedicht „Septemberliches Lied vom Storch" (S. 40). (→ Heft) Du kannst die Einleitung aus dem Beispiel oben verwenden.

Übung 28

68 / SCHREIBKOMPETENZ

Die Zusammenfassung von Sachtexten

Auch bei einem Sachtext gibt es keinen Handlungsverlauf, den du in der Inhaltsangabe wiedergeben kannst. Bei der **Inhaltszusammenfassung** von Sachtexten gibt es deshalb einige Besonderheiten.

Schritt für Schritt

Den Inhalt eines Sachtexts zusammenfassen

Arbeitsschritt **1**   In der **Einleitung** informierst du über die **Textsorte** (z. B. Bericht, Reportage …), den **Titel** des Textes, den **Verfasser** und die **Quelle** (z. B. den Namen der Zeitung und das Datum der Veröffentlichung) sowie über das **Thema** des Textes.

Arbeitsschritt **2**   Im **Hauptteil** stellst du im Einzelnen dar, welche Informationen der Verfasser über das Thema vermittelt. Stelle auch **Zusammenhänge** her *(Handelt es sich um eine allgemeine Aussage, ein Beispiel, eine Begründung, eine Bedingung, eine Folge …?)* und bringe diese durch Konjunktionen oder Adverbien zum Ausdruck.

Arbeitsschritt **3**   Am **Schluss** rundest du die Textzusammenfassung ab, indem du noch einmal auf die entscheidenden oder besonders interessanten Informationen verweist.

Tipp

> In der Einleitung deiner Inhaltsangabe kannst du natürlich nur **Informationen** wiedergeben, die dir **bekannt sind**. Wenn du z. B. nicht weißt, wer einen Text geschrieben hat und wo er erschienen ist, belässt du es bei der Nennung des Titels.

Beispiel

So könnte der Anfang einer Inhaltsangabe zu einem Sachtext aussehen:

In der Reportage „Terminator mit menschlichem Antlitz" von Florian Falzeder, erschienen am 21.10.2013 in der Tageszeitung taz, *stellt der Verfasser Menschen vor, die sich als sogenannte Cyborgs ansehen. Einige von ihnen treffen sich regelmäßig in Räumen des Berliner Hackervereins „c-base", um sich auszutauschen. Der Verfasser nimmt ein solches Treffen zum Anlass, um sich mit den Teilnehmern über ihre Erfahrungen und Ziele zu unterhalten.*
Falzeder erklärt, dass der Begriff „Cyborg" aus der Raumfahrt stammt. Ursprünglich bezog er sich auf Menschen, die nach den Vorstellungen von Wissenschaftlern mithilfe von Technik so umgestaltet werden, dass sie im Weltraum überleben könnten. …

Tipp

> Bedenke, dass es die **Eindrücke und Einschätzungen des Verfassers** sind, die du bei einer Inhaltsangabe zu einem Sachtext zusammenfassend darstellst. Es sind (meist) keine Tatsachen! Deshalb musst du seine Aussagen in **indirekter Rede** wiedergeben (vgl. S. 119), z. B. so:
> *Falzeder erinnert daran, dass das Thema „Mensch und Maschine" bereits in vielen Science-Fiction-Werken behandelt worden sei.*
>
> Wenn du vermeiden willst, dass du durchgängig den Konjunktiv verwenden musst, kannst du zu einem **Trick** greifen: Weise ausdrücklich darauf hin, dass deine folgenden Sätze Aussagen des Verfassers sind. Dann kannst du die nachfolgenden Inhalte „ganz normal" im Indikativ wiedergeben, z. B.: *Drei solcher Cyborgs stellt der Verfasser vor: den Amerikaner Tim Cannon, der anstrebt, dem Ziel der Unsterblichkeit näher zu kommen.*

Verfasse eine Inhaltsangabe zum folgenden Text „Terminator mit menschlichem Antlitz". (→ Heft) Du kannst die Einleitung und den Anfang des Hauptteils aus dem Beispiel (S. 68) übernehmen.

Übung 29

Terminator mit menschlichem Antlitz

Schritt für Schritt bauen sie ihren Körper mit Technik aus. Sogenannte Cyborgs[1] erfreuen sich in Berlin einer kleinen, aber regen Community.

„Wer will nicht unsterblich sein?" Tim Cannon raucht abwechselnd Elektro- und Filterzigaretten und denkt über die Zukunft nach. Auf dem Weg zur Unsterblichkeit gilt es, ein Hindernis zu überwinden: „das Fleisch", den menschlichen Körper. „Faulendes Obst wirfst du ja auch nach einem Tag weg!" Soweit ist der Mittdreißiger noch nicht, aber er arbeitet daran. Schritt für Schritt baut er seinen Körper mit Technik aus. Tim Cannon ist ein sogenannter Cyborg.

Der Begriff kommt ursprünglich aus der Raumfahrt und bedeutet „kybernetischer Organismus": In den 1960er-Jahren entwickelten Wissenschaftler die Idee, den Menschen technisch umzubauen, damit er im Weltraum überleben kann.

Tim Cannon bleibt eher auf dem Boden und erweitert seine Sinne – er trägt einen Chip, einen Magneten und ein selbstgebautes Gerät, das seine Temperatur misst und über Bluetooth sendet, in seinem Körper. Der US-Bürger […] nennt sich Body-Hacker, ist begeisterter Bastler und gerade in Deutschland zu Besuch.

In Berlin stößt er auf Gegenliebe. In der c-base[2] an der Spree treffen sich […] regelmäßig ein paar Dutzend Menschen. Die Räume gleichen einer Raumstation, die nach den Vorstellungen ihrer Macher durch einen Zeitreiseunfall vor viereinhalb Milliarden Jahren auf der Erde bruchlandete – gelebte Science-Fiction von Hackern.

Geteilte Werte

Die Ortswahl sei naheliegend, sagt Enno Park, der Initiator der deutschen Cyborg-Treffen. Hacker und Cyborgs teilen viele Werte. Die Technologie müsse offen und frei verfügbar sein, fordern Body- genauso wie Computer-Hacker. Schließlich wandern die Geräte in den Körper. Ein künstliches Herz, an dem Google Patente besitzt – für die Cyborgs ist das ein unvorstellbarer Gedanke. Also bauen sie ihre Teile selbst.

[…] In welche Richtung soll die Verschmelzung von Mensch und Maschine gehen? Dass sie längst Realität ist, darüber sind sich hier alle einig. Es gibt Herzschrittmacher und Prothesen. Das Smartphone wächst immer näher an den Körper. […]

Enno Park trägt als einer von 30 000 Menschen in Deutschland ein Cochlea-Implantat[3]. Dieses sendet elektronische Signale direkt in seinen Hörnerv. Seit zwei Jahren kann der 40-Jährige mit Hilfe von Technik wieder hören. „Da habe ich gemerkt, ich bin ja jetzt ein Cyborg!" Das Thema ließ ihn nicht mehr los und er rief die Berliner Cyborg-Runde ins Leben.

Magnet in der Fingerkuppe

Rin Räuber folgte seinem Ruf. Die Programmiererin hat wie Tim Cannon einen
65 Magneten in ihrer Fingerspitze. „Damit kann ich elektromagnetische Felder spüren", sagt die 29-Jährige. In der Nähe einer Mikrowelle oder eines Netzteils kribbelt es in ihrem Finger. Am stärksten spürt sie
70 den Diebstahlschutz, der am Ausgang vieler Supermärkte steht. Mit dem Implantat nimmt sie eine sonst unsichtbare Welt wahr.

Dieser Bastler-Realität,
75 dem Spiel mit dem eigenen Körper, steht ein riesiger Science-Fiction-Kosmos gegenüber. Seit Mensch-Maschinen-Ver-
80 schmelzung denkbar ist, wird darüber geschrieben und diskutiert. [...]

In Hollywood-Filmen werde der Cyborg oft als
85 böse, willenlose Kampfmaschine dargestellt, wie der von Arnold Schwarzenegger verkörperte Terminator. Dem will Park eine positive Geschichte gegenüber-
90 stellen, einen Terminator mit menschlichem Antlitz. Er und seine Mitstreiter wollen eine Debatte anregen, sich mit der alltäglichen Technik im menschlichen Körper auseinandersetzen. „Denn viele von
95 uns sind schon Cyborgs, ohne es wirklich zu wissen."

Quelle: Florian Falzeder, taz, 21. 10. 2013;
http://www.taz.de/!5056686/

Anmerkungen
1 *Cyborg*: Zusammensetzung aus den Wörtern **cyb**ernetic (deutsch: kybernetisch) und **organ**ism (deutsch: Organismus). Mit dem Adjektiv *kybernetisch* beschreibt man ein Gerät, das vom Menschen mithilfe von Technik gezielt gesteuert wird.
2 *c-base*: ein Verein in Berlin, der sich als Zentrum der Berliner Hackerszene versteht
3 *Cochlea-Implantat*: eine Hörprothese für Gehörlose. Mit ihrer Hilfe werden Geräusche an den Hörnerv weitergeleitet. Voraussetzung ist, dass der Hörnerv noch intakt ist.

Auf einen Blick

So gestaltest du deine Inhaltsangabe/Textzusammenfassung richtig

- Drücke dich **sachlich** aus. Verwende keine Umgangssprache. Kommentiere die Inhalte nicht.
- Schreibe im **Präsens**. Bei Vorzeitigkeit verwendest du das **Perfekt**.
- Benutze **eigene Worte**. „Klebe" nicht an den Formulierungen im Text. Solltest du doch einmal eine Formulierung übernehmen, kennzeichnest du sie durch Anführungszeichen als Zitat.
- Achte darauf, dass du die einzelnen Gedanken oder Handlungsschritte nicht einfach nur aufzählst. Zeige durch geeignete Konjunktionen oder Adverbien **Zusammenhänge** auf.
- Verzichte auf direkte Rede. Wenn du Äußerungen oder Gedanken einer Person wiedergibst, überträgst du sie in die **indirekte Rede**. Dabei verwendest du den Konjunktiv I (vgl. S. 118 f.).
- Untergliedere den Text in **Absätze**. Grenze auch immer Einleitung und Schluss vom Hauptteil ab.

7.3 Einen Text analysieren

Man analysiert einen Text, indem man ihn in Bestandteile **zerlegt** und daraus neue **Erkenntnisse gewinnt**. Diese werden im **Präsens** dargestellt. Untersucht werden sowohl die **Inhalte** als auch die **formale** und **sprachliche Gestaltung**.

In einer Textanalyse beantwortest du nacheinander ausführlich diese **drei Fragen:**

▶ **Was steht im Text?** Erstelle eine (kurze) Inhaltsangabe.

▶ **Wie ist das, was im Text steht, zu verstehen?** Deute verschiedene Textstellen, die für das Verständnis von Bedeutung sind, und stelle Zusammenhänge zwischen ihnen her.

▶ **Wie ist das, was im Text steht, dargestellt?** Untersuche den Aufbau und die sprachliche Gestaltung des Textes. Nenne die einzelnen Gestaltungsmerkmale und äußere dich immer auch zu deren Wirkung.

Die Textanalyse bei epischen Texten

In epischen Texten wird die Handlung durch einen vom Autor erfundenen Erzähler dargestellt. Bei der Analyse untersuchst du, welcher **Inhalt** dem Leser vermittelt werden soll und mithilfe welcher **erzählerischer Mittel** das geschieht.

Interaktive Aufgaben: Einen Romanauszug analysieren

Vorbereiten

Eine gute Textanalyse kannst du nur schreiben, wenn du den Text genau verstanden hast. Lies daher absolut gründlich. Danach erstellst du deinen **Schreibplan**.

Eine Textanalyse vorbereiten

Schritt für Schritt

Arbeitsschritt **1** Lies den Text genau. Markiere dabei wichtige oder **auffällige Textstellen**. Mache dir auch Randnotizen zum Sinn der markierten Textstellen.

Arbeitsschritt **2** Auf Grundlage deiner Randkommentare formulierst du **deutende Aussagen** zum Text. Notiere diese auf einem extra Blatt.

Arbeitsschritt **3** Lege nun eine **Reihenfolge** fest. Nummeriere die deutenden Aussagen entsprechend. Bemühe dich dabei um einen **steigernden Aufbau:** Beginne mit einer Aussage, die eher offensichtlich ist, und setze die anspruchsvollste an den Schluss. Für eine sinnvolle Abfolge kannst du auch überlegen, welche Aussagen sich aufeinander beziehen, sodass sich gut **Überleitungen** herstellen lassen.

Arbeitsschritt **4** Lies den Text noch einmal und markiere **Auffälligkeiten bei Sprache und Form** – am besten in einer neuen Farbe. Vermerke am Rand das jeweilige sprachliche Mittel (z. B. Besonderheiten der Wortwahl, Metaphern, Wiederholungen).

Arbeitsschritt **5** Erstelle deinen **Schreibplan** (in Stichworten): Notiere die Informationen für die **Inhaltsangabe** (= Einleitung und Anfang des Hauptteils), die **deutenden Aussagen** in der festgelegten Reihenfolge (= 2. Teil des Hauptteils) und **Besonderheiten der Gestaltung** (= 3. Teil des Hauptteils).

Arbeitsschritt **6** Überlege, wie du deine Textanalyse am **Schluss** abrunden kannst, z. B. mit einer zusammenfassenden Gesamtdeutung oder einer Äußerung dazu, wie dir der Text gefällt (mit Begründung). Halte die Ideen für den Schluss in deinem Schreibplan fest.

72 | SCHREIBKOMPETENZ

Tipp

Beziehe auch die **Überschrift** in deine Überlegungen mit ein. Stelle einen **Zusammenhang** zwischen ihr und dem Text her.

Beispiel

So könnten deine Notizen für erste deutende Aussagen (Schritt 2) aussehen:

Helga M. Novak: Schlittenfahren

1 Das Eigenheim steht in einem Garten. Der Garten ist groß.
Durch den Garten fließt ein Bach. Im Garten stehen zwei Kinder. Das eine der Kinder kann noch nicht spre-
5 chen. Das andere Kind ist größer. Sie sitzen auf einem Schlitten. Das kleinere Kind weint. Das größere sagt, gib den Schlitten her. Das kleinere weint. Es schreit.
Aus dem Haus tritt ein Mann. Er sagt, wer brüllt, kommt rein. Er geht in das Haus zurück. Die Tür fällt
10 hinter ihm zu.
Das kleinere Kind schreit.
Der Mann erscheint wieder in der Haustür. Er sagt, komm rein. Na wird's bald. Du kommst rein. Wer brüllt, kommt rein.
15 Komm rein.
Der Mann geht hinein. Die Tür klappt.
Das kleinere Kind hält die Schnur des Schlittens fest. Es schluchzt.
Der Mann öffnet die Haustür. Er sagt, du darfst Schlit-
20 ten fahren, aber nicht brüllen. Wer brüllt, kommt rein. Ja. Ja. Jaaa. Schluss jetzt.
Das größere Kind sagt, Andreas will immer allein fahren. Der Mann sagt, wer brüllt, kommt rein. Ob er nun An-
dreas heißt oder sonstwie.
25 Er macht die Tür zu.
Das größere Kind nimmt dem kleineren den Schlitten weg. Das kleinere Kind schluchzt, quietscht, jault, quengelt.
Der Mann tritt aus dem Haus. Das größere Kind gibt
30 dem kleineren den Schlitten zurück. Das kleinere Kind setzt sich auf den Schlitten. Es rodelt.
Der Mann sieht in den Himmel. Der Himmel ist blau. Die Sonne ist groß und rot. Es ist kalt.
Der Mann pfeift laut. Er geht wieder ins Haus zurück.
35 Er macht die Tür hinter sich zu.
Das größere Kind ruft, Vati, Vati, Vati, Andreas gibt den Schlitten nicht mehr her.
Die Haustür geht auf. Der Mann steckt den Kopf her-
aus. Er sagt, wer brüllt, kommt rein. Die Tür geht zu.
40 Das größere Kind ruft, Vati, Vativativati, Vaaatiii, jetzt ist Andreas in den Bach gefallen.
Die Haustür öffnet sich einen Spalt breit. Eine Männer-
stimme ruft, wie oft soll ich das noch sagen, wer brüllt, kommt rein.

Quelle: Helga M. Novak: Schlittenfahren. In: Dies.: Aufenthalt in einem irren Haus. Gesammelte Prosa. Frankfurt a. M.: Schöffling & Co. Verlagsbuchhandlung GmbH 1995, S. 82 f.

---

*doppeldeutige Überschrift:
1. Spiel der Kinder, 2. schimpfen
gute Wohnsituation, wohlhabend?*

idyllisch oder gefährlich?
nicht mal zwei Jahre alt
nur ein Schlitten
Streit um den Schlitten
wütend, hilflos

Mann = Vater: fragt nicht nach Gründen, macht seine Drohung nicht wahr

Schreibaufgaben lösen | 73

Lies den Text „Schlittenfahren" von Helga M. Novak (S. 72) noch einmal genau und bearbeite dann die Aufgaben.

Übung 30

Aufgaben

a) Formuliere deutende Aussagen zu der Kurzgeschichte „Schlittenfahren" oder bereite sie vor. Markiere dazu weitere Textstellen und notiere am Rand jeweils passende Kommentare.

Tipp

> Um **deutende Aussagen** zu formulieren, solltest du dir möglichst oft die **Warum**-Frage stellen. Wenn es in der Kurzgeschichte „Schlittenfahren" z. B. heißt, dass der Vater vor die Tür tritt und seine Kinder ermahnt, ruhig zu sein, dann solltest du dich fragen: *Warum tut er das?* Antworten auf solche Warum-Fragen helfen dir, die **Handlungsmotive** einer Figur zu verstehen (vgl. S. 63). Denn man tut und sagt nichts ohne Grund. Diese Gründe sollst du herausfinden.

b) Suche im Text „Schlittenfahren" nach Besonderheiten der sprachlichen Gestaltung (z. B. Wortwahl, Satzbau). Markiere sie mit einer anderen Farbe und kommentiere sie wieder am Rand.

Tipp

> Achte bei der Untersuchung von **Form** und **sprachlicher Gestaltung** besonders auf …
> - den **Aufbau**, d. h. die mögliche Untergliederung des Textes in Sinnabschnitte,
> - die **Wortwahl**, v. a. auf die verwendeten Nomen, Adjektive und Verben (vgl. S. 47 f.),
> - den **Satzbau**, z. B. auf die Verteilung von Satzgefügen oder Satzreihen (vgl. S. 49),
> - besondere **Stilmittel**, z. B. Sprachbilder oder auffällige Wiederholungen (vgl. S. 49 f. und 129 f.),
> - die **Haltung des Erzählers:** Zeigt er Anteilnahme oder verhält er sich eher wie ein kühler Beobachter (vgl. S. 33)?

c) Auf der nächsten Seite findest du einen Schreibplan, der die Analyse der Kurzgeschichte „Schlittenfahren" vorbereitet. Er wurde bereits begonnen. Vervollständige ihn. Nutze dazu deine Ergebnisse aus den Aufgaben a) und b) und notiere auf dieser Grundlage deutende Aussagen.

Hinweis: Du musst keine vollständigen Sätze schreiben.

Einleitung Basisinformationen	Kurzgeschichte „Schlittenfahren" von Helga M. Novak Wann: an einem schönen Wintertag Wo: im eigenen Garten Wer: zwei kleine Kinder, Vater Was: Unfall eines der Kinder beim Schlittenfahren im Garten
Hauptteil, Teil 1 Inhaltsangabe	• Kinder streiten sich um Schlitten • Vater fühlt sich wiederholt durch den Lärm belästigt • tritt mehrmals vors Haus, ermahnt Kinder zur Ruhe, droht („Wer brüllt, kommt rein.", z. B. Z. 20) • geht zurück ins Haus → macht Drohungen nicht wahr • Streit zwischen Kindern hält an • kleineres Kind fällt mit Schlitten in den Bach • Vater bemerkt Gefahr nicht • fühlt sich weiter belästigt; geht ins Haus zurück
Hauptteil, Teil 2 Deutende Aussagen zum Text	• Spielsituation gefährlich für Kinder (Bach!) • ein Kind noch sehr klein (kann noch nicht sprechen) _____ _____ _____ _____ _____ _____ _____ _____ _____
Zwischenergebnis und Überschrift	_____ _____
Hauptteil, Teil 3 Besonderheiten der sprachlichen Gestaltung	• Wortwahl: einfach, fast naiv („Haus", „Schlitten", „Garten") • „Eigenheim" passt nicht zur sonstigen Wortwahl _____ _____ _____ _____ _____ _____
Schluss	_____ _____

Schreiben

Auf der Grundlage deines Schreibplans beginnst du nun mit dem Schreiben.

Eine Textanalyse verfassen — Schritt für Schritt

Arbeitsschritt 1	Schreibe die **Inhaltsangabe**. (Wie das geht, kannst du auf S. 65 f. nachlesen.) Sie bildet die Einleitung und den ersten Teil des Hauptteils (vgl. Kasten auf S. 71).
Arbeitsschritt 2	Führe deine **deutenden Aussagen** aus. **Belege** sie anhand von Textstellen. (Du kannst dich am Vorgehen bei offenen Fragen orientieren, vgl. S. 60 ff.)
Arbeitsschritt 3	Formuliere ein **Zwischenergebnis**. Überlege, was die Textaussagen in ihrer Gesamtheit zeigen. Hier bietet sich auch an, Bezug auf die **Überschrift** zu nehmen.
Arbeitsschritt 4	Gehe auf die **sprachliche Gestaltung** ein. Nenne die Besonderheiten und äußere dich zur ihrer **Wirkung**. Stelle auch einen Bezug zum Textinhalt her. Überlege z. B., ob die sprachliche Gestaltung die Stimmung eher unterstreicht oder nicht.
Arbeitsschritt 5	Formuliere ein **Ergebnis**/**Fazit**: Äußere dich zusammenfassend dazu, was der Text zeigt bzw. aussagt. Du kannst an dieser Stelle auch das Verhalten der Figuren bewerten oder dich begründet dazu äußern, wie dir der Text gefällt.

Beispiel

So könntest du die ersten deutenden Aussagen aus dem Schreibplan zur Kurzgeschichte „Schlittenfahren" (S. 72) ausführen und anhand des Textes belegen:

Die Situation in dem Garten ist gefährlich für die Kinder, denn sie sind noch klein. Das jüngere der beiden dürfte noch nicht einmal zwei Jahre alt sein, da es noch nicht sprechen kann (vgl. Z. 4 f.). Eigentlich müsste der Vater die Jungen bei ihrem Spiel mit dem Schlitten beaufsichtigen. Immerhin fließt ein Bach durch den Garten (vgl. Z. 3). Es könnte also leicht passieren, dass sie beim Rodeln ins Wasser fallen. Trotzdem sind sie ganz allein draußen.

Tipp

> Sage nicht nur, was im Text steht, sondern erkläre auch, **was es bedeutet**. Das ist der **Sinn**, der dahintersteckt. Achte außerdem darauf, deine Aussagen durch **Überleitungen** zu verbinden.

Übung 31

Analysiere die Kurzgeschichte „Schlittenfahren" von Helga M. Novak. (→ Heft)

Auf einen Blick

Worauf du beim Verfassen einer Textanalyse achten solltest

- Die **Vorbereitung** ist das Wichtigste: Du musst den Text zuerst wirklich **gründlich lesen** und untersuchen, sonst weißt du gar nicht, was du in deiner Textanalyse schreiben sollst.
- Gib nicht einfach das wieder, was im Text steht, sondern **deute es** (bei literarischen Texten) oder stelle die entscheidenden **Zusammenhänge** her (bei Sachtexten).
- Fasse **Inhalte, die zueinanderpassen**, als Gruppe zusammen, um dazu deutende Aussagen zu machen. Es kann sein, dass Sinnzusammenhänge erst hergestellt werden können, wenn du dich auf **mehrere Textstellen** beziehst, und die können über den ganzen Text verstreut sein.
- **Belege deine Aussagen** anhand des Textes. Bloße Verweise auf Textstellen reichen aber nicht aus. Erläutere stets deren Sinn.
- Beschreibe **Formmerkmale** und **sprachliche Mittel** und zeige deren **Wirkung** auf.
- Vergiss nicht, die **Überschrift** zu berücksichtigen. Das gilt besonders für literarische Texte, denn hier trägt sie immer zum Gesamtsinn des Textes bei.

76 | SCHREIBKOMPETENZ

Interaktive Aufgaben: Ein Gedicht analysieren

Die Gedichtanalyse

Grundsätzlich gehst du bei der Analyse eines Gedichts so vor wie bei der Analyse einer Erzählung. Beachte aber diese **Besonderheiten**:

▶ Erkunde zunächst die **Situation** und die **Haltung des lyrischen Sprechers**:
  - Gibt er sich als lyrisches Ich zu erkennen oder bleibt er eher im Hintergrund?
  - Zu wem spricht er: zu sich selbst? zu einem Gegenüber? zu den Lesern?
  - Welche Situation beschreibt er?

▶ Äußere dich zu den **Gedanken und Gefühlen** des lyrischen Sprechers. Versuche, eine Verbindung zur dargestellten Situation herzustellen.

▶ Berücksichtige die **Formmerkmale**. Dabei geht es vor allem um die Frage, wie regelmäßig das Gedicht gestaltet ist (z. B. Reime, Metrum).

▶ Auch der **Klang der Sprache** spielt eine Rolle: Stimmlose Konsonanten (z. B. t, k oder p) und helle Vokale (e und i) klingen in der Regel eher kühl und hart, stimmhafte Konsonanten (z. B. m, n oder w) und dunkle Vokale (a, o und u) eher harmonisch und warm.

▶ Gerade bei Gedichten spielen **Sprachbilder** und **Stilmittel** eine wichtige Rolle. Überlege, wie diese wirken: harmonisch oder irritierend, fröhlich oder traurig?

Hinweis: Detaillierte Erläuterungen zu den Merkmalen und der Form von Gedichten findest du ab Seite 42 in diesem Buch. Informationen zu Sprachbildern findest du auf S. 49 f., weitere Stilmittel im Merkwissen auf S. 129 f.

Tipp
> Wie bei der Analyse eines epischen Textes musst du dich auch hier immer fragen, **wie die Darstellung** (Form und Sprache) **wirkt** und wie sie sich **zum Textinhalt verhält**: Unterstreicht sie die Stimmung des Gedichts? Welche Inhalte werden durch sie hervorgehoben? usw.

Beispiel

Bei dem Gedicht „Septemberliches Lied vom Storch" (S. 40) gibt es im Großen und Ganzen einen Gleichklang zwischen dem Inhalt einerseits und Form und Sprache andererseits. Die Stimmung, die das Gedicht ausstrahlt, ist ruhig und harmonisch: Derjenige, der früher für Gefahr gesorgt hat – der Storch – ist verschwunden. So haben die anderen Tiere ihre Ruhe und können unbesorgt die Sonne genießen. Diese Harmonie spiegelt sich erkennbar in der Form wider: Es gibt ein regelmäßiges Reimschema (Paarreim), und es liegt auch ein regelmäßiges Versmaß  *vor (vierhebiger Jambus). Die Sprache wirkt ebenfalls harmonisch: Der Dichter reiht seine Aussagen ruhig aneinander. Eine kleine „Störung" gibt es dennoch: in der zweiten und in der letzten Strophe. Die Konjunktionen „aber" (V. 5) und „obgleich" (V. 13) deuten darauf hin, dass die Harmonie trügerisch ist. ...*

Tipp
> **Songtexte** gehören übrigens ebenfalls zu den Gedichttexten, auch sie sind in Strophen und Versen verfasst. Verfahre bei der Analyse eines Liedtextes genauso wie bei einer Gedichtanalyse.

Analysiere den Songtext „Das zweite Gesicht" von Peter Fox. (→ Heft)

Übung 32

Peter Fox: Das zweite Gesicht (2008)

1 Die Stimme bebt und der Blick ist Eis
Gleich geht jemand hier zu weit
Die Zunge ist geladen und bereit
Die Wörter von der Leine zu lassen, sich Feinde zu machen

5 Die Pfeilspitzen voller Gift
Der Feind wackelt, wenn du triffst
Du triumphierst, wenn er kippt
Doch morgen um diese Zeit tut es dir leid

Hahnenkampf um einen Haufen Mist
10 Jemanden opfern für einen lauen Witz
Eine Spinne tot – duschen, wenn du in der Wanne sitzt
Einem Dummen zeigen, dass du schlauer bist

Denn es steckt mit dir unter einer Haut
Und du weißt, es will raus ans Licht
15 Die Käfigtür geht langsam auf und da zeigt es sich:
Das zweite Gesicht

Ein Biest lebt in deinem Haus
Du schließt es ein, es bricht aus
Das gleiche Spiel jeden Tag
20 Vom Laufstall bis ins Grab

Ein Biest lebt in deinem Haus
Du schließt es ein, es bricht aus
Es kommt durch jede Tür
Es wohnt bei dir und bei mir

25 Du willst nach vorn, die anderen wollen zurück
Du hast Visionen, doch sie kommen nicht mit
Jemand steht zwischen dir und deinem Glück
Und es macht dich rasend, du kannst es nicht ertragen

Du guckst dir zu und du hörst dich reden
30 Du bist grad sensationell daneben
Versuchst vom Gas zu gehen, dein Fuß ist grad gelähmt
Du siehst die Wand und fährst dagegen

Du spielst falsch, um nicht zu verlieren
Dann feiern, als wär nix passiert
35 Dein Gewissen ist betrunken
Die Frau deines Freundes kommt mit zu dir

Es steckt mit dir unter einer Haut
Und du weißt, es will raus ans Licht
Die Käfigtür geht langsam auf und da zeigt es sich:
40 Das zweite Gesicht

[Wiederholung des Refrains V. 17–24: „Ein Biest lebt..." bis „...bei dir und bei mir"]

Ein Biest lebt in deinem Haus
Du schließt es ein, es bricht aus

Text von: Pierre Baigorry/David Conen; © Edition Fixx und Foxy Publishing,
Soular Music GmbH, Hamburg; Hanseatic Musikverlag GmbH & Co. KG, Hamburg

Die Sachtextanalyse

Ein Sachtext ist in der Regel so formuliert, dass die Aussagen nicht erst interpretiert werden müssen. Deshalb geht es hier nicht so sehr darum, deutende Aussagen zu machen; wichtig ist stattdessen vor allem der **Aufbau des Textes**, also die Frage, wie der Verfasser seine **Aussagen strukturiert** hat. Achte dazu auf die Anordnung der Inhalte und auf die Verteilung von allgemeinen Aussagen und Beispielen. Zeige auf, welche Zusammenhänge im Text dargestellt sind.

Bedenke im Einzelnen Folgendes:

▶ In der Regel stellt ein Sachtext keine Handlung, sondern einen bestimmten **Sachverhalt** dar. Bestimme deshalb immer zuerst das **Thema**.

▶ Frage dich, welche **Absicht der Verfasser** verfolgt (vgl. S. 15): Will er ganz sachlich über das Thema informieren? Oder will er den Leser beeinflussen?

▶ Überlege, was für einen **Leser** der Verfasser im Sinn hat: einen Fachmann oder einen interessierten Laien?

▶ Berücksichtige, **woher** der Verfasser seine **Kenntnisse** zu dem Thema hat. Äußert er sich aufgrund eigenen Wissens oder eigener Beobachtungen oder hat er seine Informationen aus zweiter Hand, z. B. aus einem anderen Text?

▶ Unterscheide **allgemeine Aussagen**, **Erläuterungen** und **Beispiele** (vgl. S. 3): Allgemeine Aussagen vermitteln die wichtigsten Informationen. Erläuterungen dienen der Präzisierung und Beispiele veranschaulichen das Gesagte.

▶ Gehe auch hier auf die **sprachliche Gestaltung** ein (vgl. S. 73). Mit der Sprache verrät der Verfasser, wie seine Darstellung zu verstehen ist: ernsthaft, sachlich – oder spöttisch-ironisch? Anerkennend – oder kritisch?

Beispiel

Textauszug aus „Terminator mit menschlichem Antlitz" (S. 69 f.):

Beispiel Erläuterung allgemeine Aussage Beispiel	Tim Cannon ist ein sogenannter Cyborg. Der Begriff kommt ursprünglich aus der Raumfahrt und bedeutet „kybernetischer Organismus": In den 1960er-Jahren entwickelten Wissenschaftler die Idee, den Menschen technisch umzubauen, damit er im Weltraum überleben kann. Tim Cannon bleibt eher auf dem Boden und erweitert seine Sinne [...].

Tipp

Suche im Text zunächst nach **allgemeinen Aussagen**. Sie beziehen sich auf die wesentlichen Sachverhalte, die grundsätzlich gelten oder in den meisten Fällen zutreffen. Hast du die allgemeinen Aussagen identifiziert, musst du noch **Zusammenhänge** zwischen ihnen **herstellen**. Besonders wichtig ist es zwischen Grund und Folge zu unterscheiden.

Übung 33

Analysiere den Text „Terminator mit menschlichem Antlitz" von S. 69 f. (→ Heft)

Hinweis: Du kannst als ersten Teil die Einleitung und Inhaltsangabe aus Übung 29 (vgl. Seite 68 f.) verwenden.

Schreibaufgaben lösen ✏ **79**

7.4 Eine literarische Figur charakterisieren

Wenn du aufgefordert wirst, die Persönlichkeit einer literarischen Figur zu beschreiben, geht es um das Verfassen einer **Charakteristik**. Dazu musst du **aus den Verhaltensweisen** einer Figur ihre **Charaktereigenschaften ableiten**. Bei literarischen Texten wird selten direkt gesagt, welche Eigenschaften eine Figur auszeichnen. Das kann man meist nur anhand ihres Verhaltens erkennen.

Flashcards: Wichtiges wiederholen

Eine Charakteristik schreiben

Schritt für Schritt

Arbeitsschritt **1** In der **Einleitung stellst du die Figur vor**. Nenne äußere Merkmale wie Name, Geschlecht, Alter, Familienstand, Beruf, Wohnverhältnisse u. Ä., soweit der Text die Informationen liefert. Auch das Aussehen gehört dazu.

Arbeitsschritt **2** Im **Hauptteil** beschreibst du den **Charakter** der Figur. Nenne ihre Charaktereigenschaften (z. B. stolz, neidisch, hilfsbereit) und erkläre, woran du sie erkennst. Belege deine Aussagen durch Textstellen, aus denen sich die Eigenschaften ablesen lassen.

Arbeitsschritt **3** Am **Schluss** rundest du deine Charakteristik ab, indem du die Figur zusammenfassend **bewertest**. Fällt die Bewertung negativ aus, kannst du versuchen, eine Erklärung dafür zu finden (z. B.: Befindet sich die Figur in einer schwierigen Situation?).

Ein Auszug aus einer Charakteristik des Vaters aus der Kurzgeschichte „Schlittenfahren" von Helga M. Novak (S. 72) könnte so lauten:

Beispiel

Aussage zu einer Charaktereigenschaft Textbelege Erläuterung/ Schlussfolgerung	<u>Der Vater handelt</u> gegenüber seinen Kindern <u>verantwortungslos</u>. Er lässt <u>sie allein im Garten</u> Schlitten fahren, und das, obwohl <u>sie noch sehr klein sind</u> (vgl. Z. 4 f.). Hinzu kommt, dass <u>es dort nicht ungefährlich ist</u>, denn <u>es fließt ein Bach durch den Garten</u> (vgl. Z. 3). Es kann also leicht passieren, <u>dass eines der Kinder beim Schlittenfahren ins eiskalte Wasser fällt</u>.

Tipp

Nutze auch dein **Erfahrungswissen**, um aus dem Verhalten einer Figur Charaktereigenschaften abzuleiten. Frage dich: *Wann verhält man sich so?* Überlege dann, ob dein Erfahrungswissen zum Text passt. Eventuell musst du auch **mehrere Textstellen** berücksichtigen.

Schreibe eine Charakteristik über die Figur Christian Wolf aus der Erzählung „Der Verbrecher aus verlorener Ehre" von Friedrich Schiller (S. 64). (→ Heft)

Übung 34

Auf einen Blick

Was du beim Schreiben einer Charakteristik beachten solltest

- Das Prinzip ist dasselbe wie bei einer Textanalyse: Du formulierst **Aussagen zum Text** (genauer: zu einer Figur) und **belegst sie** anhand von Textstellen. Die Sprachanalyse entfällt hier.
- **Markiere** zur Vorbereitung alle **Textstellen**, die etwas über den Charakter der Figur verraten.
- Formuliere **Aussagen zu den Charaktereigenschaften** der Figur. Berücksichtige auch ihre **Handlungsmotive** (vgl. S. 63). Diese sind wichtig für eine abschließende Bewertung.
- Beziehe dich auf Textstellen, um die Richtigkeit deiner Aussagen **nachzuweisen**.
- Stelle jede Charaktereigenschaft in einem eigenen **Absatz** dar.
- Verwende das Tempus **Präsens**.

SCHREIBKOMPETENZ

Flashcards: Wichtiges wiederholen

7.5 Einen argumentativen Text schreiben: Erörterung und Stellungnahme

Ziel eines argumentativen Textes ist es, den Leser von der Richtigkeit einer Meinung zu einem Thema zu **überzeugen**. Um das zu erreichen, muss man stichhaltige Argumente anführen. Es gibt **Pro- und Kontra-Argumente:** Mit einem Pro-Argument äußert man Zustimmung, ein Kontra-Argument drückt Ablehnung aus.

Manche Aufgaben verlangen von dir, dass du dich beim Verfassen eines argumentativen Textes vor allem auf **dein Erfahrungswissen** beziehst. Es gibt aber auch argumentative Schreibaufgaben auf der **Grundlage eines Textes**. Dann musst du bei deiner Argumentation die Textinformationen berücksichtigen.

Der Aufbau eines Arguments

Ein vollständiges Argument besteht aus mindestens zwei Teilen:

- einer **These** (Behauptung) und
- einer ausführlichen **Begründung**.
- Oft bietet es sich an, die Begründung durch ein passendes **Beispiel** anzureichern. Es macht das Argument anschaulicher, lebendiger und interessanter.

Die **Reihenfolge** der einzelnen Bestandteile eines Arguments ist **nicht festgelegt**. Man kann mit einer These beginnen und die Begründung (mit Beispiel) folgen lassen. Es ist aber auch möglich, als Erstes ein Beispiel anzuführen, das man anschließend erläutert *(Was zeigt dieses Beispiel?)*. Danach folgt eine Schlussfolgerung; das ist in diesem Fall die These.

Tipp

> Besonders „rund" wirkt ein Argument, wenn es am Anfang und am Ende **von einer These** „eingerahmt" wird. Die These am Schluss dient als Bekräftigung der Anfangsthese. Man sollte nur darauf achten, die These am Anfang des Arguments anders auszudrücken als am Schluss.

Beispiel

Sollten Schüler am Nachmittag einen Nebenjob annehmen?

Zu dieser Frage könnte ein **Pro-Argument** so aussehen:

These	Es ist eine gute Idee, wenn Schüler nachmittags einen Nebenjob annehmen.
Begründung Veranschaulichung durch **Beispiele** Weitere Erläuterungen zur Begründung	Denn so verdienen sie ihr eigenes Geld, und wenn sie sich davon hin und wieder etwas Neues kaufen, z. B. ein Kleidungsstück oder ein Videospiel, dann freuen sie sich nicht nur über ihre Einkäufe, sondern sie können auch voller Stolz sagen: „Das habe ich mir selbst erarbeitet!" Jugendliche, die kein eigenes Geld verdienen, kennen dieses Gefühl nicht.
Schlussfolgerung (= Bekräftigung der These)	Deshalb kann man es jedem Jugendlichen nur empfehlen, einen Nachmittagsjob anzunehmen.

Schreibaufgaben lösen | 81

Formuliere zu der Frage, ob Schüler am Nachmittag einen Nebenjob ausüben sollten, ein **Kontra-Argument**. Achte darauf, dass dein Argument vollständig ist. Benenne die einzelnen Bestandteile in der linken Spalte (vgl. Beispiel S. 80).

Übung 35

Bestandteile	Kontra-Argument

Tipp

> Wenn dir kein **wahres Beispiel** einfällt, um die Begründung in einem Argument zu veranschaulichen, kannst du dir auch eines **ausdenken**. Es sollte aber **glaubwürdig** sein.
> Vielleicht gehst du einfach von dir selbst aus, z. B.:
> *Ich würde mir gern durch einen Nebenjob ein wenig Geld hinzuverdienen. Das könnte ich sparen, um mir davon später meinen Führerschein zu finanzieren.*

Arten von argumentativen Texten

Unterscheide bei den argumentativen Texten **Stellungnahme** und **Erörterung**:

▶ Mit einer **Stellungnahme** äußerst du ausführlich und begründet deine Meinung zu einem Thema. Du beziehst dabei **von vornherein eine bestimmte Position** und gibst diese gleich zu Anfang bekannt. Anschließend führst du zwei bis drei Argumente aus, um deine Haltung zu begründen. Am Schluss formulierst du ein Ergebnis, in dem du deine Meinung noch einmal bekräftigst.

Unterschiede von Stellungnahme und Erörterung

SCHREIBKOMPETENZ

▶ Bei der **Erörterung** gelangst du erst am Ende zu einem Ergebnis. Man unterscheidet zwei Formen: die **lineare** und die **kontroverse** Erörterung.

- Bei einer **linearen Erörterung** behandelst du eine Fragestellung aus **nur einer Blickrichtung**. Dementsprechend besteht der Hauptteil in der Regel nur aus einem Abschnitt (**eingliedrige** Erörterung).
  So kann es z. B. sein, dass du nach den Vorteilen einer Entwicklung gefragt wirst (**nur** nach den Vorteilen!). Oder du sollst für ein bestimmtes Problem eine Erklärung oder Lösungsmöglichkeiten suchen. Du stellst dann mehrere passende Überlegungen an (Vorteile, Erklärungsansätze, Lösungsvorschläge). Das sind deine Argumente (Thesen und zugehörige Begründungen). Ordne sie so an, dass eine **Steigerung nach Wichtigkeit** zu erkennen ist. Zum Schluss kommst du zu einem Ergebnis.

- Bei einer **kontroversen Erörterung** betrachtest du ein Thema von **zwei Seiten**: Du wägst Für und Wider ab und gelangst so am Schluss zu deiner Meinung. Eine solche Erörterung ist meist **zweigliedrig**, d.h., der Hauptteil besteht aus zwei Abschnitten: einem **Pro- und** einem **Kontra-Teil**.
  Im Hauptteil trägst du nacheinander mehrere Argumente für jede Seite vor. Ordne die Argumenten-Blöcke (Pro, Kontra) so an, dass du am Ende vom Hauptteil **nahtlos zu der Position** überleiten kannst, **die du selbst einnimmst:** Wenn du die Pro-Meinung vertrittst, beginnst du die Erörterung mit den Kontra-Argumenten; bist du für die Kontra-Seite, beginnst du mit dem Pro-Teil.

Tipp

> Auch bei einer Stellungnahme ist es sinnvoll, zunächst ein bis zwei **Argumente der Gegenseite** anzuführen und sie zu entkräften. Bei einem Gegenargument solltest du immer schnell deutlich machen, dass es schwach ist. Lege das Argument so an, dass der Leser geradezu auf das „erlösende Aber" wartet, z. B.: *Zwar ist es richtig, dass … Aber man darf nicht vergessen, …*

Beispiel

So könnten Aufgaben zur Stellungnahme und zur Erörterung lauten:

▶ **Stellungnahme:** *Einige Politiker fordern, dass Eltern von Schülern, die regelmäßig die Schule schwänzen, das Kindergeld entzogen wird. Nimm begründet Stellung zu dieser Forderung.*

▶ **Lineare (eingliedrige) Erörterung:** *Es gibt immer wieder Schüler, die anfangen, regelmäßig die Schule zu schwänzen. Welche Gründe kann es dafür geben? Erörtere diese Frage.*

▶ **Kontroverse (zweigliedrige) Erörterung:** *Erörtere die folgende Fragestellung: Sollte Eltern, deren Kinder regelmäßig die Schule schwänzen, das Kindergeld entzogen werden?*

Tipp

> Oft wird dir bei Aufgaben zum Argumentieren eine bestimmte **Schreibsituation vorgegeben**, z. B. sollst du jemanden durch einen Brief von etwas überzeugen. Dann baust du den argumentativen Teil deines Textes genauso auf wie bei einer Stellungnahme oder einer Erörterung. Zusätzlich musst du aber noch die **Merkmale der** jeweiligen **Textsorte** berücksichtigen (z. B. Datum, Anrede, Grußformel, Ansprache des Adressaten usw.).

Schreibaufgaben lösen | 83

Verfasse eine Stellungnahme zur ersten Aufgabe aus den Beispielen auf S. 82. Übung 36
(→ Heft) Verfahre so:

▶ Entscheide dich für die Position, die du einnehmen willst:
Sollte Eltern, deren Kinder regelmäßig die Schule schwänzen,
das Kindergeld entzogen werden – ja oder nein?
▶ Wähle aus der (ungeordneten) Ideenliste drei Stichpunkte aus,
die du zu vollständigen Argumenten ausformulieren willst.
Lege ihre Reihenfolge fest, indem du sie nummerierst.
▶ Schreibe einen Einleitungssatz, in dem du deine Position
schon klar zum Ausdruck bringst.
▶ Entkräfte danach ein mögliches Argument der Gegenseite.
▶ Führe anschließend deine drei Argumente aus.
▶ Formuliere zum Schluss ein Ergebnis, in dem du deine anfangs
geäußerte Position nochmals bekräftigst.

Ideenliste

1. Eltern evtl. machtlos, Bestrafung der Falschen
2. Geld als Druckmittel effektiv
3. wichtiger: Gründe für das Schulschwänzen herausfinden
4. besserer Kontakt zwischen Schule und Elternhaus nötig
5. Einsparungen bei sozialen Leistungen können an die Schulen fließen
6. Erziehung der Eltern zur Erfüllung ihrer Fürsorgepflicht
7. rechtliche Durchsetzbarkeit fraglich
8. Unterstützung für Kinder wichtiger als Strafe
9. Verantwortung liegt bei Eltern, Staat kann nur hier aktiv werden
10. Schule attraktiver machen durch Verbesserung des Unterrichts

Auf einen Blick

Was du beim Schreiben eines argumentativen Textes beachten solltest	
Nicht zu viele Argumente anführen	Auf die reine Anzahl der Argumente kommt es nicht an. Vier überzeugende Argumente sind besser als sechs schwache!
Nach ansteigender Wichtigkeit argumentieren	Ordne deine Argumente nach ansteigender Wichtigkeit an: Beginne mit dem schwächsten und steigere dich dann. Am Schluss steht das überzeugendste Argument. Bei Argumenten der Gegenseite verfährst du genau umgekehrt (das stärkste zuerst).
Abwechslungsreich gestalten	Wechsle beim Aufbau der Argumente ab. Ordne These, Begründung und Beispiel nicht immer in der gleichen Reihenfolge an.
Verknüpfungen herstellen	Zähle deine Argumente nicht nur auf, sondern stelle Überleitungen zwischen ihnen her. Gehören zwei aufeinanderfolgende Argumente zur selben Seite (z. B. Pro), wählst du eine reihende Überleitung, z. B.: *Hinzu kommt … Außerdem … Überdies …* Passen zwei aufeinanderfolgende Argumente nicht zusammen (z. B. Pro und Kontra), verwendest du eine Überleitung, die einen Gegensatz ausdrückt, z. B.: *Aber … Andererseits … Allerdings …*
Durch Absätze strukturieren	Stelle jedes Argument in einem eigenen Absatz dar. Beginne also mit jedem neuen Argument einen neuen Absatz.

SCHREIBKOMPETENZ

Interaktive Aufgaben: Informationen ermitteln, vergleichen und bewerten

7.6 Informationen ermitteln, vergleichen und bewerten

Manchmal werden dir zu einem Thema **unterschiedliche Materialien** vorgelegt, die du **untersuchen** sollst. Dazu erhältst du **mehrere Teilaufgaben** zu je unterschiedlichen Gesichtspunkten. Diese bearbeitest du nacheinander.

- **Welche Materialien kommen vor?** Möglich sind **alle Arten von Texten** (Sachtexte, Briefe, Auszüge aus literarischen Texten etc.) sowie **Grafiken** (Diagramme, Schaubilder, Karikaturen etc.).

- **Was muss ich tun?** Es geht darum, bestimmte Aspekte der Materialien zu **vergleichen**, zu **deuten** und abschließend zu **bewerten**. Dabei kann sowohl nach dem **Inhalt** gefragt werden als auch nach der **Darstellung**.
  Was genau du zu tun hast, erfährst du durch die Arbeitsanweisungen (**Operatoren**), also die Verben, die dir sagen, auf welche Weise du dich schriftlich äußern sollst (z. B. *Erkläre ... Vergleiche ...*). Eine Übersicht über die häufigsten Operatoren bei diesem Aufgabentyp findest du auf der nächsten Seite.

- **Wie gehe ich mit den Materialien um?** Werte alle Materialien gezielt aus. Die benötigten Informationen sind meist auf mehrere Materialien verteilt. Du musst das Passende heraussuchen und die Informationen sinnvoll kombinieren.

- **Wie strukturiere ich meinen Lösungstext?** Das geht aus der Abfolge der einzelnen Teilaufgaben hervor. Meist sieht der Aufbau so aus:
  1. Benennung des gemeinsamen Themas, Zusammenfassung der Inhalte
  2. Untersuchung der Materialien entsprechend der jeweiligen Aufgabenstellung, z. B. Vergleich oder Deutung bestimmter Inhalte
  3. Eigene Stellungnahme/Bewertung

- **Was muss ich bei der Darstellung beachten?** Schreibe die ersten Teile deines Textes **sachlich** und neutral. Beurteilungen und Wertungen sind erst im letzten Teil erlaubt.

Schritt für Schritt

Materialien untersuchen und auswerten

Arbeitsschritt 1 Sieh dir die **Materialsammlung** an und lies sie einmal zügig durch. Verschaffe dir einen Überblick über das **Thema,** um das es in allen Materialien geht.

Arbeitsschritt 2 **Werte** die einzelnen **Materialien aus**. Unterstreiche die Informationen, die für die einzelnen Aufgaben wichtig sind. Benutze dazu verschiedene **Farben** (eine je Teilaufgabe). Schreibe dir auch **Notizen** an den Rand oder auf ein extra Blatt.

Arbeitsschritt 3 Gehe deine Notizen und Unterstreichungen durch und lege fest, in welcher **Reihenfolge** du die Informationen verwenden willst. Nummeriere sie entsprechend. Verbinde Informationen, die zusammenpassen, mithilfe von Pfeilen.

Arbeitsschritt 4 **Schreibe** zu jeder Teilaufgabe einen Text. Achte darauf, Verknüpfungen zwischen den einzelnen Abschnitten herzustellen. Insgesamt muss sich ein **zusammenhängender Text** ergeben.

Tipp

Da die Materialien sich alle mit demselben Thema befassen – jeweils aus unterschiedlichen Blickwinkeln –, besteht die **Gefahr der inhaltlichen Wiederholung**. Hüte dich also davor, Dinge, die du in einem anderen Abschnitt schon gesagt hast, ein zweites Mal darzustellen.

Schreibaufgaben lösen ⟋ **85**

Auf einen Blick

Arbeitsanweisungen zum Ermitteln, Vergleichen und Bewerten von Informationen		
benennen	eine Bezeichnung für etwas finden (Benennen des Themas: ca. 3–5 Sätze)	*Benenne das gemeinsame Thema der Materialien.*
beschreiben	sagen, wie etwas aussieht, sich verhält oder nach außen hin zeigt (neutral)	*Beschreibe das unterschiedliche Auftreten von Jungen und Mädchen.*
beurteilen	eine Einschätzung über etwas oder jemanden abgeben und begründen	*Beurteile die Argumentation des Verfassers.*
bewerten	begründet äußern, wie man eine Sache/Person findet (gut oder schlecht?)	*Bewerte das Verhalten der Polizei während der Demonstration.*
darstellen	einen Sachverhalt neutral mit eigenen Worten wiedergeben	*Stelle auf Grundlage von M3 dar, wie es den Betroffenen geht.*
erklären	Gründe für etwas finden und sie genau darstellen	*Erkläre, warum der Versöhnungsversuch gescheitert ist.*
erläutern	ausführlich sagen, wie etwas zu verstehen ist, etwas veranschaulichen	*Erläutere den Teufelskreis der „Aufschiebekrankheit".*
nennen	Beispiele oder Einzelheiten knapp (ohne ausführliche Erklärung) angeben	*Nenne drei Gründe für die verbesserte Situation an der Schubert-Schule.*
vergleichen	Gemeinsamkeiten und Unterschiede aufzeigen	*Vergleiche die Lebensläufe der Betroffenen aus M 2 und M 4.*
zusammen-fassen	zentrale Inhalte in knapper Form mit eigenen Worten wiedergeben	*Fasse den Inhalt der Reportage „Durchs Leben geboxt" zusammen.*

Hinweis: Eine ausführliche Darstellung dieser und weiterer Operatoren findest du im „Merkwissen" ab Seite 131.

Übung 37

Lies noch einmal die Materialien über Susianna Kentikian (S. 18–20). Untersuche die Texte A, B, C und D. Gehe so vor:

▶ **Benenne** das gemeinsame Thema aller Materialien.

▶ **Fasse** den Inhalt der Texte A, B und C jeweils knapp **zusammen.**

▶ **Vergleiche** die Situation Susi Kentikians in den Jahren nach ihrer Flucht (Text A, Text B) mit ihrer heutigen Situation (Text B, Text D).

▶ **Beurteile** den Werdegang von Susi Kentikian (Text A, Text B, Text D).

Tipp

Bei dieser Schreibform musst du deine **Kenntnisse aus verschiedenen Bereichen** der Textuntersuchung nutzen und verbinden. Wichtig sind vor allem diese Fähigkeiten:

- Arbeitsaufträge/Operatoren verstehen: Kapitel „Merkwissen" (S. 131 f.)
- Texte zusammenfassen: Kapitel 7.2 (S. 65 ff.)
- Textsorte und Verfasserabsicht erkennen: Kapitel 3.1 und 3.2 (S. 15 und 17)
- Texte auswerten und deuten: Kapitel 7.1 (S. 60 ff.) und Kapitel 7.3 (S. 71 ff.)
- Werten und Stellung nehmen: Kapitel 7.5 (S. 80 ff.)

86 / SCHREIBKOMPETENZ

*Interaktive Aufgaben:
Einen informierenden
Text schreiben*

7.7 Einen informierenden Text verfassen

Mit einem informierenden Text vermittelt der Schreiber seinen Lesern **Wissen über ein bestimmtes Thema**. Du bekommst in diesem Fall zur Vorbereitung eine **Materialsammlung** rund um ein Thema, z. B. verschiedene Texte, ein Diagramm usw. Für deinen Text musst du dann die entscheidenden **Informationen** sinnvoll **auswählen**, sie geschickt **anordnen** und verständlich **darstellen**.

Tipp

> Es wird *nicht* von dir erwartet, dass du alle Informationen verwendest, die die Materialien enthalten. Im Gegenteil: Du sollst zeigen, dass du in der Lage bist, **genau die Informationen auszuwählen** und strukturiert wiederzugeben, die für die Aufgabe wesentlich sind.

Beachte im Hinblick auf die Darstellung dies:

▶ Schreibe **sachlich** und **neutral** – ohne persönliche Kommentare. (Ausnahme: Am Schluss kannst du kurz deine eigene Meinung äußern.)

▶ Die Zeitform ist das **Präsens**.

▶ Berücksichtige die **Schreibsituation:** Schreibst du zu einem bestimmten **Anlass** (z. B. Schulaufführung, Jahrestag), nimmst du darauf Bezug. Ist dir eine **Textsorte** vorgegeben, musst du deren Merkmale beachten (z. B. Datum und Anrede bei Briefen). Sprich deine **Leser** direkt an, wenn die Situation das nahelegt, und richte deine Sprache an ihnen aus (z. B. mehr oder weniger förmlich).

▶ Verwende unbedingt **eigene Worte**! Schreibe nicht aus den Materialien ab.

Schritt für Schritt

Einen informierenden Text schreiben

Arbeitsschritt 1   **Informationen auswählen:** Lies alle Materialien sorgfältig durch. Markiere Textstellen, die du für bedeutsam hältst, und notiere am rechten Rand Stichpunkte zu den Inhalten. So behältst du die Übersicht, wo du welche Information findest.

Arbeitsschritt 2   **Inhalte zuordnen:** Sieh dir deine Randkommentare noch einmal an und überlege, welche Informationen inhaltlich zusammengehören. Diese kennzeichnest du mit gleichen Buchstaben oder Zeichen.

Arbeitsschritt 3   **Zusammenhänge feststellen:** Finde Oberbegriffe/Zwischenüberschriften für die zuvor gekennzeichneten „Informationsgruppen", z. B. *Problem, Ursachen* etc.

Arbeitsschritt 4   **Die Reihenfolge bestimmen:** Lege fest, wo in deinem Text die jeweiligen Informationen vorkommen sollen – eher am Anfang, in der Mitte oder am Ende. Im Zweifelsfall folgst du dem Prinzip: vom Allgemeinen zum Besonderen/Detail. Nummeriere die Textstellen und Oberbegriffe entsprechend.

Arbeitsschritt 5   **Den Schreibplan erstellen:** Übertrage deine Zwischenüberschriften und Notizen stichwortartig in einen Schreibplan. Sie gehören in den Hauptteil. Notiere immer auch die Quellen. Dann ergänzt du Ideen für die Einleitung und den Schluss.

Arbeitsschritt 6   **Den Text schreiben:** Wecke in der **Einleitung** das Interesse des Lesers und führe zum Thema hin (z. B. durch ein anschauliches Beispiel, einen aktuellen Bezug). Im **Hauptteil** formulierst du die Notizen aus deinem Schreibplan aus. Zähle aber nicht bloß Fakten auf, sondern stelle Zusammenhänge her.
Am **Schluss** kann ein Fazit oder ein Appell an die Leser den Text abrunden. Oder du äußerst einen weiterführenden Gedanken oder deine Meinung zum Thema.

Schreibaufgaben lösen | 87

Ein Schreibplan zum Thema „Kinderarbeit" könnte so beginnen: | Beispiel

Einleitung Hinführung (Beispiel, Definition)	Kinderarbeit heute, z. B. Schuhputzer in Indien • Arbeit von Kindern unter 15 Jahren • regelmäßiges Arbeiten für Geld	M 3, M 1
Hauptteil (1) Verbreitung und Häufigkeit	• überwiegend in Entwicklungsländern, vor allem in Lateinamerika und Afrika, im Nahen Osten sowie in Asien • …	M 4
Hauptteil (2) Ursachen	• …	
…	• …	

> Geeignete **Zwischenüberschriften** bzw. **Oberbegriffe** findest du z. B., indem du dir bestimmte Fragen stellst. Zum Thema „Kinderarbeit" könnten es diese Fragen sein:
>
> • **Was** ist Kinderarbeit? (→ Definition/Erläuterung)
> • **Wo** gab oder gibt es Kinderarbeit? (→ Regionen, in denen Kinderarbeit üblich ist)
> • **In welchem Ausmaß** gibt es Kinderarbeit? (→ Häufigkeit/Umfang von Kinderarbeit)
> • **Warum** gibt es Kinderarbeit? (→ Ursachen von Kinderarbeit)
> • **Wie** wirkt sich Kinderarbeit aus? (→ Folgen von Kinderarbeit)
> • **Was** kann man **gegen** Kinderarbeit tun? (→ Lösungsmöglichkeiten/Gegenmaßnahmen)

Tipp

Ihr habt euch im Gesellschaftskundeunterricht mit dem Thema Kinderarbeit beschäftigt. Gemeinsam mit eurem Lehrer bereitet ihr nun eine Ausstellung zu diesem Thema vor. Bei der Eröffnung der Ausstellung wirst du ein Referat halten, in dem du die Besucher – Schülerinnen und Schüler, Eltern und Lehrkräfte – über wichtige Aspekte von Kinderarbeit informierst. Der Text dieses Referats soll auch in einer Broschüre für die Besucher abgedruckt werden.

Verfasse hierfür auf Grundlage der Materialien 1 bis 6 (S. 88–90) einen informierenden Text zum Thema „Kinderarbeit". (→ Heft)

Gehe so vor:

▶ Führe in der **Einleitung** zum Problem hin. Definiere, was Kinderarbeit ist, und informiere in Kürze über Kinderarbeit heute.

▶ Im **Hauptteil** vermittelst du die wesentlichen Informationen über Kinderarbeit, d. h. über ihre Verbreitung, Ursachen und Folgen sowie über mögliche Maßnahmen dagegen.

▶ Am **Schluss** sprichst du einen Appell aus: Fordere die Zuhörer auf, künftig möglichst keine Produkte mehr zu kaufen, die aus Kinderhand stammen.

Hinweis: Bereite das Schreiben deines Textes durch einen Schreibplan vor. Du kannst dafür den bereits begonnenen Plan von oben als Muster verwenden. Vergiss nicht zu notieren, welchem Material du die Informationen entnimmst.

Übung 38

SCHREIBKOMPETENZ

M 1 Kinderarbeit heute

Man spricht von Kinderarbeit, wenn Kinder regelmäßig zum Zweck des Gelderwerbs arbeiten gehen. Als Kinder gelten in diesem Zusammenhang Perso-
5 nen, die jünger als 15 Jahre sind. Diese Altersgrenze hat die ILO[1] so festgelegt.

Ein Kind, das seiner Mutter gelegentlich im Haushalt hilft, verrichtet demnach keine Kinderarbeit, denn es erle-
10 digt nur hin und wieder einige Arbeiten. Diese übernimmt es auch nicht, um Geld zu verdienen. Weder bekommt es für seine Dienste einen Stundenlohn, noch stellt es Dinge her, die anschlie-
15 ßend auf dem Weltmarkt mit Gewinnabsicht verkauft werden.

Es sind also drei Kriterien, die erfüllt sein müssen, damit man von Kinderarbeit sprechen kann: das Alter der Kin-
20 der (unter 15), die Regelmäßigkeit des Arbeitens und der Zweck der Arbeit (das Geldverdienen).[2]

Anmerkungen
1 *ILO:* Internationale Arbeitsorganisation, eine Unterorganisation der Vereinten Nationen
2 Jugendliche ab 13 Jahren dürfen aber durch leichte Tätigkeiten, z. B. Babysitten, ihr Taschengeld aufbessern.

M 2 Kinderarbeit weltweit

[…] Millionen Mädchen und Jungen müssen Tag für Tag unter gefährlichen und ausbeuterischen Bedingungen schuften. Sie ruinieren ihre Gesundheit
5 und können nicht zur Schule gehen. Einige dieser Kinderarbeiter stellen Waren her, die in die ganze Welt exportiert werden: T-Shirts, Kaffee, Kakao, Tee, Orangensaft, Natursteine, Kosmetik
10 und glitzernde Strass-Steine. Mittlerweile gibt es eine Vielzahl von Initiativen, die sich gegen die Ausbeutung von Kindern engagieren: *terre des hommes*[1]-Projektpartner eröffnen Schulen, helfen
15 Schuldknechten[2] in die Freiheit, leisten Rechtshilfe, werben für die Einschulung und stärken Kinderarbeiter in ihren Rechten.

Quelle: Barbara Küppers, Terre des Hommes Deutschland e. V.

Anmerkungen
1 *terre des hommes:* französisch für „Erde der Menschen"; eine Kinderschutzorganisation
2 *Schuldknecht:* Jemand, der wie ein Sklave arbeiten muss, um seine Schulden zu tilgen. Kinderarbeiter sind manchmal wie Schuldknechte, weil ihre Eltern bei jemandem Schulden haben (vgl. auch M 5).

M 3 Schuhe putzen für ein paar Rupies

Täglich machen Raj und Lal ihre Runde durch Karol Bagh, vorbei am Bazar, an den kleinen Läden, die bunte Stoffe, Lederwaren, Schuhe oder Heiligenstatuen
5 feilbieten. In dem bunten Viertel mitten im Herzen von Delhi[1] haben sich zahlreiche billige Hotels angesiedelt. Rucksacktouristen aus dem Westen bevölkern die Straßen. Auf sie haben es Raj
10 und Lal abgesehen. Die beiden Zwölfjährigen arbeiten als Schuhputzer. Für zehn Rupien, umgerechnet nicht einmal 20 Cent, putzen und polieren die beiden Jungen die Schuhe der Touristen.
15 Sieben Tage die Woche, von morgens bis abends. Ihre Körper sind klein, die Haare verfilzt, die Hände verhornt und schmutzig. Raj und Lal sind zwei von schätzungsweise 13 Millionen Kinder-
20 arbeitern im Alter zwischen fünf und 14 Jahren in Indien. Die Zahl ist eine vorsichtige Schätzung der Regierung. Der indische Journalist und Buchautor M. V. Kamath vermutet, dass die Zahl
25 deutlich höher liegt. „Es gibt mindestens 70 bis 80 Millionen Kinder in Indien, die nicht die Schule besuchen. Was machen diese Kinder? Man muss davon ausgehen, dass sie alle arbeiten." […]
30 Raj und Lal gehen an diesem Tag jedenfalls nicht zur Schule. Sie arbeiten. Bei stickigen 43 Grad schleppen sie ihre schweren Holzkoffer durch die engen, staubigen Gassen, balancieren sie über
35 die Straßengräben, in denen Abwasser und Küchenabfälle versickern. Mehrere Kilo wiegt das Arbeitsgerät. Verschiedene Schuhcremes, Bürsten, Schuhein-

lagen und auch Werkzeuge haben die
40 Kinder dabei. „Mam, shoe clean? Mam, please, shoe clean?", rufen sie und zerren an einer Europäerin, die schwarze Halbschuhe trägt.

Eigentlich möchte die Holländerin
45 die Dienste der Jungen nicht in Anspruch nehmen. [...] „Mam, 10 Rupies! Mam!", insistieren[2] die Kinder. Raj und Lal haben gelernt, energisch zu sein. Dann gucken sie die Frau mit großen,
50 traurigen Augen an, greifen nach ihrer Hand. Die Touristin zieht ihre Hand erst erschrocken zurück, dann lässt sie es geschehen. [...] Die beiden kleinen Schuhputzer tun ihr leid. [...]

Quelle: Tina Groll, ZEIT online vom 27. 4. 2010; www.zeit.de/wirtschaft/2010-04/indien-kinderarbeit/komplettansicht (aus didaktischen Gründen stellenweise gekürzt und leicht geändert)

Anmerkungen
1 *Delhi*: eine Großstadt im Nordosten Indiens
2 *insistieren*: mit Nachdruck auf etwas bestehen, beharren

M 4 Wo Kinder arbeiten müssen

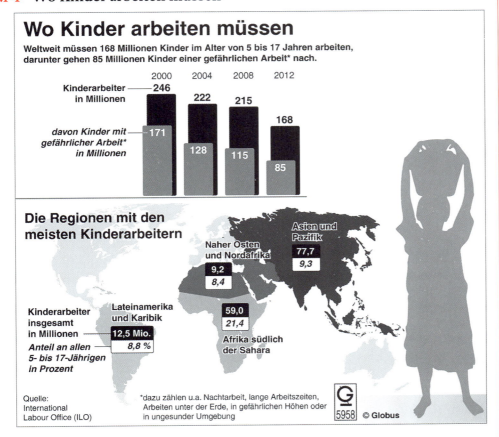

M 5 Ursachen von Kinderarbeit

1 Die Ursachen von Kinderarbeit liegen im wirtschaftlichen Ungleichgewicht dieser Welt und in einem Teufelskreis von mangelhaften Sozialsystemen, feh-
5 lender Bildung, Armut und Ausbeutung. [...] In den Entwicklungsländern können sich viele Eltern einen Schulbesuch der Kinder nicht leisten oder sehen zum Teil auch gar keine Notwen-
10 digkeit. In manchen Kulturen gilt es als selbstverständlich, dass Kinder als Zeichen ihrer Dankbarkeit mitarbeiten müssen, um die Familie zu ernähren. Diese Tradition kann allerdings von
15 kleinen Jobs und etwas Mithilfe bis hin zu brutaler Ausbeutung reichen. Nicht selten bedeutet das: Die Kinder müssen Geld heimbringen, egal wie.

Oft geht es auch darum, die Schulden der Eltern abzuarbeiten. Besonders in Südasien gibt es die sogenannte Schuldknechtschaft. Arbeitgeber leihen ihren Angestellten zu Wucherzinsen Geld und lassen sie nicht mehr gehen, bevor alles zurückbezahlt ist. Wegen der Hungerlöhne hat kaum ein Arbeiter die Chance, das Geld mitsamt den Zinszahlungen aufzubringen. Die Schulden werden weitergegeben an die nächste Generation und alle Familienmitglieder, auch die Kinder, werden zu Sklaven des Unternehmers.

Besonders in Afrika führen Bürgerkriege und die Verbreitung von Aids auch dazu, dass viele Kinder zu Waisen werden und sich dann alleine durchschlagen müssen.

Quelle: http://kinderarbeit.wordpress.com/ursachen-von-kinderarbeit/

M 6 Was Verbraucher tun können

[...] Wichtig bei allen Anstrengungen gegen ausbeuterische Kinderarbeit ist, dass jedes einzelne Kind tatsächlich eine sinnvolle Alternative bekommt: In der Regel ist das der Besuch einer Schule oder eine Ausbildung. Allein mit Aufrufen zum Boykott von Firmen und Produkten ist es nicht getan. Beispiele aus der Vergangenheit haben gezeigt, dass solche Aufrufe nur zur Entlassung der Kinder führten, ohne ihnen aber eine alternative Überlebensperspektive anzubieten. [...]

Kaufen Sie, wo möglich, Produkte aus fairem Handel oder mit einem seriösen Sozialsiegel. Diese Kennzeichnungen sind eine Möglichkeit zu erkennen, unter welchen Bedingungen Produkte hergestellt wurden. Die Angabe des Herstellungslandes sagt wenig aus, denn dort kann es Betriebe ohne Kinderarbeiter geben und solche, die Kinder ausbeuten. Auch Markenartikel und teure Designerprodukte können unter Beteiligung von Kindern hergestellt sein. Der Endpreis einer Ware allein lässt in der Regel keine Rückschlüsse auf die Herstellungsbedingungen zu.

Sorgen Sie dafür, dass auch Großverbraucher zu gesiegelten Produkten greifen: In Kantinen kann TransFair-Kaffee ausgeschenkt werden, Gewerkschaften, Vereine oder Pfarrgemeinden können nur noch Blumen aus gesiegelter Produktion oder heimischen Betrieben verschenken. Sportvereine können Bälle aus fairem Handel anschaffen. [...]

Quelle: Barbara Küppers, Terre des Hommes Deutschland e. V.; www.tdh.de/content/themen/schwerpunkte/kinderarbeit/was_verbraucher_tun_koennen.htm

7.8 Produktiv-kreative Texte schreiben

Aufgaben, die produktiv-kreativ angelegt sind, beziehen sich meist auf einen **literarischen Text**. Eine solche Schreibaufgabe verlangt von dir, dass du auf der Grundlage des Originaltextes einen neuen Text schreibst. Zum Beispiel sollst du

- den Text **umgestalten** (z. B. Teile einer Kurzgeschichte in ein Gedicht oder einen Dialog umwandeln),
- eine **Fortsetzung** zu einem Text schreiben,
- die **Perspektive einer der beteiligten Figuren** einnehmen und dich aus ihrer Sicht schriftlich äußern,
- die **Perspektive eines unbeteiligten Beobachters** einnehmen und einer Figur aus dem Text schriftlich deine Meinung mitteilen, ihr einen Rat geben o. Ä.

Die **Informationen**, die du dem **Originaltext** entnehmen kannst, bilden die Grundlage für dein Schreiben. Du musst ihn deshalb gut verstanden haben. Hinsichtlich Form und Sprache musst du dich an der **Textsorte** und an der **Schreibsituation** orientieren, die dir in der Aufgabenstellung vorgegeben sind.

Am häufigsten kommen diese Textsorten vor:

- Tagebucheintrag
- innerer Monolog
- persönlicher Brief
- Rede
- Leserbrief
- formaler Brief, z. B. Bitte, Beschwerde

Als Erstes musst du die Aufgabenstellung genau durchdenken. Frage dich:

- Welche **Art von Text** (**Textsorte**) soll ich schreiben?
  Welche besonderen Merkmale zeichnen einen solchen Text aus? Welche Form und welche Sprache ist passend für diese Textsorte?

- Aus wessen **Sicht** soll ich den Text schreiben (**Schreiber**)?
  Um wen handelt es sich bei dem Schreiber: Was für eine Person ist es? Was will diese Person erreichen? Was weiß sie, was weiß sie nicht? In welcher Situation befindet sich die Person? Welche Sprache wird sie verwenden?

- Wer ist der **Adressat**?
  An wen richtet sich der Text? In welcher Beziehung steht die Person zum Schreiber? Welche Meinung vertritt diese Person zu dem Thema? Welche Kenntnisse hat sie, welche nicht? Welche Erwartungen hat diese Person an Sprache und Form eines solchen Textes?

- Um welches **Thema** geht es?
  Welche Informationen vermittelt der Text dazu? Welches Erfahrungswissen hast du zu diesem Thema?

Wähle eine **Sprache** und **Form**, die zur Textsorte, zum Schreiber und zum Leser passen und die auch dem Thema gerecht werden.

SCHREIBKOMPETENZ

Tipp

Bei produktiv-kreativen Schreibaufgaben solltest du dich unbedingt **am Text orientieren**, denn deine Darstellung muss stimmig sein und **genau dazu passen**. Das gilt sowohl für die **Sprache** als auch für den **Inhalt**. Schreibe nichts, was dem Text widerspricht! Erfinde z. B. kein Happy-End, wenn der Originaltext das nicht nahelegt.

Trotzdem musst du auch deine **Fantasie** spielen lassen und deinen Text durch dein **Erfahrungswissen** anreichern. Überlege, was sich über den Schreiber oder den Leser glaubhaft hinzuerfinden lässt. Denke dir passende Einzelheiten aus.

Textsorten beim kreativ-produktiven Schreiben

Die wichtigsten **Textsorten** im Bereich produktiv-kreatives Schreiben sind:

Tagebucheintrag

Textsorte: *Ziel:* Erinnerungen festhalten, Erlebnisse verarbeiten
Aufbau: Beginn in der Regel mit der Erinnerung an ein Erlebnis, das an diesem Tag stattgefunden hat; Ende evtl. mit Gedanken über die Zukunft
Form und Sprache: Der Text wirkt spontan. Er ist so geschrieben, wie es dem Schreiber in den Sinn kommt, stellenweise ist Umgangssprache möglich (nicht zu viel). Der Schreiber äußert vor allem Gefühle und Gedanken.
Tempus: Perfekt oder Präteritum (für die Darstellung des Erlebten), Präsens und Futur (für die Gedanken über das Erlebte)

Schreiber: in der Regel eine Figur aus einem literarischen Text (meist die Hauptfigur); evtl. auch eine Figur, die man sich als Beobachter des Geschehens vorstellen soll

Adressat: der Schreiber selbst; evtl. spricht er auch das Tagebuch direkt an *(Liebes Tagebuch …)*

Thema: ein Erlebnis des Tages, das den Schreiber bewegt hat (z. B. eine Konfliktsituation)

Innerer Monolog

Textsorte: *Ziel:* Gedanken und Gefühle verarbeiten
Aufbau: meist unmittelbarer Einstieg ohne Einleitung, oft mit der Erinnerung an ein Erlebnis oder der aktuellen Empfindung einer ungeklärten Situation; offenes, oft in die Zukunft gerichtetes Ende
Form und Sprache: Der innere Monolog ist eine Art Gespräch einer Person mit sich selbst. Gedanken und Gefühle werden so wiedergegeben, wie sie der Person in den Sinn kommen: spontan und teilweise ungeordnet. Unvollständige Sätze, Fragen und Umgangssprache sind erlaubt. Auslassungspunkte oder Gedankenstriche kennzeichnen Gedankensprünge. Es werden keine Anführungszeichen gesetzt.
Tempus: Präsens und Perfekt

Schreiber: in der Regel eine Figur aus einem literarischen Text, in die man sich hineinversetzen muss; evtl. auch eine Person, die das Geschehen des Originaltextes beobachtet

Adressat: der Schreiber selbst, also derjenige, der sich Gedanken macht

Thema: ein Erlebnis, das Emotionen auslöst, eine ungeklärte Situation

Persönlicher Brief

Textsorte: *Ziel:* schriftlicher Austausch oder Kontaktaufnahme mit einer vertrauten Person
Aufbau: Beginn mit Briefkopf (nur Ort und Datum, darunter die Anrede: *Liebe/r …* oder: *Sehr geehrte/r …*); im eigentlichen Brieftext oft zuerst Hinwendung an den Adressaten, dann Bezugnahme auf den Anlass des Schreibens bzw. Nennen des Anliegens, danach genauere Ausführungen zum Thema, abschließend nochmaliges Herausstellen des Anliegens und ggf. Aussagen zum künftigen Verbleib; Ende mit Grußformel und Unterschrift
Form und Sprache: Die Kommunikationssituation wird erkennbar (z. B. durch gelegentliche direkte Ansprache des Empfängers). Die Darstellung ist einfühlsam, die Sprache an den Erwartungen des Empfängers ausgerichtet, aber auch zum Schreiber passend.
Tempus: überwiegend Präsens, ggf. auch Perfekt oder Futur

Schreiber: in der Regel eine Figur aus einem literarischen Text, in die man sich hineinversetzen muss; evtl. auch eine Person, die das Geschehen des Originaltextes beobachtet

Adressat: eine andere Figur aus dem Text oder eine außenstehende Person, in die man sich hineinversetzen soll

Thema: entsprechend dem Anliegen des Schreibers: z. B. Entschuldigung, Appell, Bitte, Grüße, Genesungswünsche etc.

Rede

Textsorte: *Ziel:* öffentlicher Vortrag zu einem bestimmten Anlass/Thema, um zu informieren (Referat), Gefühle zum Ausdruck zu bringen (Festrede) oder zu etwas aufzufordern (Aufruf)
Aufbau: Beginn mit Begrüßung und angemessener Anrede der Zuhörer *(Liebe Gäste …, Verehrte Zuhörer …, Guten Morgen, 10 b …)*; kurze Bezugnahme auf den Anlass, gefolgt von einem Gedanken, der die Aufmerksamkeit der Zuhörer weckt (auch in umgekehrter Abfolge möglich), dann genauere Ausführungen zum Thema; abschließend – je nach Art der Rede – Zusammenfassung, Appell oder Rückbezug auf den Einstieg bzw. Anlass
Form und Sprache: Die Kommunikationssituation wird erkennbar, (z. B. durch direkte Ansprache der Zuhörer). Ausdrucksweise und Wortwahl passen zum Publikum, zum Redner und zum Thema.
Tempus: überwiegend Präsens, ggf. Perfekt (bei Darstellung im Rückblick) oder Futur (z. B. bei Darstellung von Erwartungen)

Redner: eine Person, in die man sich hineinversetzen soll (z. B. eine Figur aus einem Text oder eine beliebige andere Person wie ein Schüler der Abschlussklasse)

Adressat: eine Personengruppe, die aus einem bestimmten Anlass zusammengekommen ist und die man sich vorstellen soll

Thema: entsprechend dem Anliegen des Redners, z. B. Information, Würdigung, Warnung oder Appell

SCHREIBKOMPETENZ

Formaler Brief

Textsorte: *Ziel:* Vorbringen eines Anliegens (z. B. einer Bitte, Beschwerde o. Ä.)
Aufbau: Beginn mit vollständigem Briefkopf (Name und Anschrift des Schreibers, Datum, darunter Name und Anschrift des Empfängers), darunter Nennen des Anliegens (Betreffzeile), dann höfliche Anrede des Empfängers *(Sehr geehrte/r ...)*;
im eigentlichen Brieftext zunächst Bezugnahme auf den Anlass des Schreibens, danach Vortragen des Anliegens und Begründung desselben, abschließend Ausdruck einer Erwartungshaltung;
Ende mit Grußformel und Unterschrift
Form und Sprache: Standardsprache, höflich, klar und sachlich.
Tempus: Präsens (zur Darstellung des Anliegens), Futur (zum Ausdruck von Erwartungen), Perfekt (bei Rückblicken)

Schreiber: eine Person, die sich mit einem Anliegen an eine öffentliche Stelle wendet, z. B. an eine Behörde, Institution oder ein Unternehmen

Adressat: Mitarbeiter einer Behörde, einer Institution oder eines Unternehmens

Thema: ein Anliegen, das man gegenüber der Behörde, der Institution oder dem Unternehmen vertritt, z. B. zur Lösung eines Problems, oder Reaktion auf ein offizielles Schreiben; Grundlage kann ein Sachverhalt aus einem (literarischen oder sachlichen) Text sein

Leserbrief

Textsorte: *Ziel:* Meinungsäußerung, in der Regel als Reaktion auf einen Pressetext
Aufbau: Beginn mit Bezugnahme auf den Zeitungsartikel, der kommentiert werden soll (Titel des Artikels, Name der Zeitung, Erscheinungsdatum) – auch als Betreffzeile möglich;
im Brieftext Nennen des Ereignisses oder der Entwicklung, über die berichtet wurde, danach Äußern der eigenen Meinung und Begründung der eigenen Position; am Ende eine Art Fazit
Form und Sprache: In deutlicher Sprache formuliert, um die eigene Position klar zum Ausdruck zu bringen; überwiegend sachlich, gelegentlich auch zugespitzt oder provozierend. Stellenweise ist Umgangssprache möglich (nicht zu viel).
Tempus: Präsens (für die Darstellung der eigenen Gedanken), Perfekt (für Dinge, die sich ereignet haben und auf die man sich bezieht), Futur (für Entwicklungen)

Schreiber: der Leser einer Zeitung oder Zeitschrift

Adressat: zunächst die Redaktion, hauptsächlich aber die anderen Leser der Zeitung/Zeitschrift

Thema: ein aktuelles Ereignis oder eine Entwicklung, die in der Diskussion stehen

Schreibaufgaben lösen | **95**

Eine produktive Schreibaufgabe zur Kurzgeschichte „Schlittenfahren" von Helga M. Novak (S. 72) könnte darin bestehen, einen **Tagebucheintrag** zu verfassen. Die Aufgabenstellung und der Anfang einer Lösung könnten dann so aussehen:

Beispiel

Eine Nachbarin der Familie hat den Vorfall im Garten zufällig beobachtet. Durch ihr rasches und tatkräftiges Eingreifen hat sie den kleinen Jungen gerade noch aus dem eiskalten Bach retten können. Sie kann es nicht fassen, dass der Vater der beiden Kinder seine Aufsichtspflicht so grob vernachlässigt hat. Die Beinahe-Katastrophe geht ihr nicht mehr aus dem Kopf. Am Abend versucht sie, ihre Gedanken zu ordnen, indem sie in ihr Tagebuch schreibt.
Verfasse diesen Tagebucheintrag aus Sicht der Nachbarin.

Heute habe ich etwas geradezu Unglaubliches erlebt, das mir gar nicht aus dem Sinn geht – und das in unmittelbarer Nachbarschaft! Der kleine Sohn unserer neuen Nachbarn ist beim Schlittenfahren in den eiskalten Bach gefallen. Beinahe wäre er ertrunken. Zum Glück kam ich zufällig gerade vom Einkaufen zurück und sah das Unglück. Ohne mich zu besinnen, riss ich die Pforte auf, stürzte hinunter zum Bach und zog den Kleinen heraus. Die Kinder hatten schon eine ganze Weile im Garten gespielt – allein! Es lag ja Schnee, und das Wetter war herrlich. Da kann man ja verstehen, dass sie ihren neuen Schlitten ausprobieren wollten. Aber dass der Vater sich überhaupt nicht um seine Kinder gekümmert hat, ist mir unbegreiflich. Der jüngste Sohn dürfte erst knapp zwei Jahre alt sein, er kann ja noch nicht einmal sprechen. Da hätte man die beiden doch nicht unbeaufsichtigt Schlitten fahren lassen dürfen! Ich bin fassungslos! – Wo war eigentlich die Mutter? Mir scheint, viele Eltern sind heutzutage mit der Erziehung ihrer Kinder heillos überfordert ...

Lies noch einmal die Erzählung „Marathon" von Reinhold Ziegler (S. 35 f.). Bearbeite dann die beiden produktiv-kreativen Schreibaufgaben. (→ Heft)

Übung 39

1. Das Erlebnis des Marathonlaufs mit seinem Sohn geht dem Vater nicht aus dem Kopf. Um sich über seine Gedanken und Gefühle klar zu werden, schreibt er am Abend einen Eintrag in sein Tagebuch.

   Hinweis: Denke dir für den Sohn einen Namen aus. Falls du willst, dass der Vater auch auf seine Frau zu sprechen kommt, überlegst du dir auch für sie einen Namen.

2. Am Tag nach dem Marathonlauf mit seinem Vater verlässt der Sohn seine Eltern und fährt wieder zu sich nach Hause. Während der Fahrt mit der Bahn denkt er noch einmal über das Erlebnis des Vortages nach. Er ist froh darüber, dass er seinem Vater zum ersten Mal ehrlich seine Meinung gesagt hat. Kurzentschlossen nutzt er die Zeit in der Bahn, um seinem Vater einen Brief zu schreiben.

96 SCHREIBKOMPETENZ

Interaktive Aufgaben: Ausdruck und Stil verbessern

8 Einen Text überzeugend gestalten

8.1 Geschickt formulieren

Von einem guten Text erwartet man diese Qualitäten der Darstellung:

▶ **Verständlichkeit:** Der Text enthält keine unübersichtlichen, endlos langen „Bandwurmsätze". Die einzelnen Sätze werden auch nicht nur aneinandergereiht, sondern die Zusammenhänge zwischen ihnen sind deutlich zu erkennen.

▶ **Interessantheit:** Der Text ist sprachlich abwechslungsreich und verzichtet auf unnötige Wiederholungen. Es werden treffende und ausdrucksstarke Wörter verwendet. Grundlegende allgemeine Aussagen werden nach Möglichkeit durch Beispiele veranschaulicht.

▶ **Prägnanz:** Die wesentlichen Informationen sind an herausragender Stelle positioniert (z. B. am Anfang oder Ende eines Absatzes). Sie gehen nicht in einer Fülle von Erläuterungen unter. Außerdem sind sie klar und prägnant formuliert, am besten in Form von Hauptsätzen.

Tipp

> Ein guter Text macht **auch äußerlich einen ansprechenden Eindruck.** Achte darauf,
> - dass deine **Schrift** sauber und gut zu lesen ist,
> - dass du Aussagen, die inhaltlich zusammengehören, in **Absätzen** zusammenfasst und
> - dass du rund um den Text einen ausreichenden **Rand** (zwei bis drei Zentimeter) lässt.

Beispiel

Im folgenden Text sind die <u>wesentlichen Aussagen</u> unterstrichen. Wörter, die **Zusammenhänge** herstellen, sind fettgedruckt. Treffende, ausdrucksstarke Begriffe sind grau markiert.

Der Größere ist meistens schuld

¹ <u>Größere Männer scheinen gegenüber kleineren häufig im Vorteil zu sein.</u> **Seit Langem** ist bekannt, dass sie mehr Geld verdienen, und oft haben sie auch die ⁵ schöneren Frauen.
<u>Im Fußball scheint es</u> **aber** <u>so etwas wie eine ausgleichende Gerechtigkeit zu ge-</u>¹⁰<u>ben.</u> Bei Fouls treffen die Schiedsrichter **nämlich** oft eine Entscheidung zugunsten kleinerer Spieler.
¹⁵ Diese **Entdeckung** haben Forscher der Universität Rotterdam gemacht. **Sie** analysierten über 100 000 Fouls aus der Bundesliga, der Champions League und WM-Spielen, ²⁰ **und dabei** fanden **sie** etwas Interessantes heraus: <u>Unfaires Verhalten wurde in den meisten Fällen den größeren Spielern angelastet.</u>
Ganz so unparteiisch, ²⁵ **wie** man meint, sind Schiedsrichter **also** vielleicht gar nicht. Anscheinend denken sie, dass größere ³⁰ Spieler kräftiger und aggressiver sind, und neigen **deshalb** im Zweifel dazu, ihnen die Schuld zuzuschie-³⁵ben. **Das** wäre eine mögliche Erklärung für das Phänomen, dass kleinere Männer im Stadion überraschend häufig bevorzugt behandelt werden.

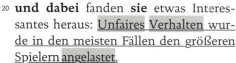

Einen Text überzeugend gestalten | **97**

Hier hat eine Schülerin eine Fortsetzung der Kurzgeschichte „Marathon" (S. 35 f.) verfasst. Ihr Lehrer hat zu ihrem Text sowohl positive als auch negative Kommentare an den Rand geschrieben. Überarbeite die Textstellen, die er kritisiert.

Übung 40

Von da an hat sich die Beziehung zu meinem Vater vollkommen geändert. Das heißt <u>nicht</u>, dass wir <u>nicht</u> mehr <u>zusammen gelaufen</u> sind. Natürlich <u>sind wir</u> weiter <u>zusammen gelaufen</u>, denn daran waren wir gewöhnt, solange ich zurückdenken kann. Das Problem war nur, dass wir sonst fast nichts zusammen <u>gemacht</u> haben. Vor allem haben wir nie richtig miteinander geredet, jedenfalls nicht über <u>Zeug</u>, das uns <u>bewegt hat</u>. Ich erinnere mich eigentlich nur an das ewige „Auf, auf!", mit dem mein Vater mich immer antrieb, <u>und daran</u>, dass er mir immer einzureden versuchte, eine Olympiahoffnung zu sein. <u>Jetzt erst verstehe ich, dass mein Vater im Grunde gar keine Probleme mit mir hatte, dadurch dass ich nicht die Erfolge erzielte, die er sich gewünscht hätte, sondern er hatte Probleme mit sich selbst.</u> Irgendwann hatte er schlagartig begriffen, dass er keinen Sinn in seinem Leben sah, …	*guter Einstieg!* *doppelte Verneinung unschön* *Tempus: Warum Perfekt?* *Wiederholung („zusammen gelaufen")* *Ausdruck: besser treffendere Wortwahl* *Ausdruck: Umgangssprache* *Tempus: Warum Perfekt?* *Hier besser neuen Satz anfangen, sonst zu lang.* *Unübersichtliche Satzkonstruktion, bitte auf zwei Sätze aufteilen.* *Wiederholung („Probleme")* *gute Formulierung*

Auf einen Blick

Wie du deinen Text gut formulierst	
Treffende Wörter verwenden	Schreibe z. B. nicht: *Sie machte das Fenster auf.* Besser ist: *Sie öffnete das Fenster.*
Unübersichtliche Satzkonstruktionen vermeiden	Am besten schreibst du Satzgefüge aus nur einem Hauptsatz und höchstens zwei Nebensätzen. Vermeide „Schachtelsätze", v. a. solche, in denen zwei Konjunktionen direkt aufeinanderfolgen wie z. B. hier: *Viele Schüler denken, <u>dass</u>, <u>wenn</u> sie keine Markenkleidung tragen, sie gemobbt werden.* Besser: *Viele Schüler denken, <u>dass</u> sie gemobbt werden, <u>wenn</u> sie keine Markenkleidung tragen.*
Wichtige Informationen richtig platzieren	Schreibe Hauptsätze, um deine wichtigen Aussagen prägnant zum Ausdruck zu bringen. Verlagere Zusatzinformationen, die eher als beiläufig anzusehen sind, in Nebensätze.
Satzanfänge unterschiedlich gestalten	Beginne nicht immer mit dem Subjekt. Stelle auch einmal eine adverbiale Bestimmung oder ein Objekt an den Satzanfang. Das macht deinen Text abwechslungsreicher und interessanter.
Sätze sinnvoll verbinden	Wähle zum Verknüpfen von Sätzen passende Konjunktionen und Adverbien. Verwende z. B. *weil* oder *denn* für einen Grund, *wenn* oder *falls* für eine Bedingung und *aber* oder *doch* für einen Gegensatz.
Eine angemessene Sprache wählen	Vermeide umgangssprachliche Ausdrücke in Textsorten, die Standardsprache erfordern. Das gilt auch für umgangssprachlich verkürzte Wörter wie z. B. *rein* (statt *herein*), *mal* (statt *einmal*) usw.
Wiederholungen vermeiden	Achte darauf, bestimmte Wörter nicht unnötig zu wiederholen. Ersetze z. B. Nomen durch passende Pronomen oder Synonyme, z. B. so: *<u>Große Männer</u> sind erfolgreicher. <u>Sie</u> verdienen mehr Geld.*

SCHREIBKOMPETENZ

8.2 Zitate gezielt einsetzen

Bei der Arbeit mit Texten musst du deine Aussagen immer wieder anhand von Zitaten belegen. Dabei geht es nicht darum, möglichst viele Zitate anzuführen. Entscheidend ist vielmehr, dass du deine Aussagen mit **besonders aussage-kräftigen Textstellen** untermauerst.

Auf einen Blick

> **Wie zitiert man richtig?**
>
> - Schreibe **wortwörtlich** auf, was im Text steht. Verfälsche nichts!
>   Du musst nicht immer ganze Sätze zitieren. Manchmal genügen auch einzelne Wörter.
>   Du kannst Sätze auch durch Auslassungspunkte verkürzen: *„Gestern […] war er auf der Halfpipe."*
>
> - Setze wörtlich zitierte Textstellen in **Anführungszeichen**.
>
> - Ergänze nach dem Zitat die **Zeilennummer** (bei Gedichten: Versnummer).
>   Setze die Zeilenangabe in Klammern: *„xxx." (Z. …)*
>
> - **Verknüpfe** die Zitate gut mit deinem eigenen Text.
>   Füge nicht einfach das Zitat ein, sondern führe **mit eigenen Worten** dazu hin, z. B. durch eine deutende Aussage zum Text:
>   *Dass die junge Frau in Wirklichkeit gar nicht so selbstsicher ist, wie es den Anschein hat, wird an ihrem Verhalten deutlich. So heißt es: „xxx …" (Z. …).*
>
> - **Erläutere** jeweils auch den **Sinn** des Zitats.
>   Es genügt nicht, eine Textstelle nur zu zitieren oder gar nur eine Zeilenangabe zu machen.
>   Mit der Erläuterung machst du deutlich,
>   - **warum** die zitierte Textstelle **eine Aussage**, die du zum Text gemacht hast, **unterstützt** oder
>   - **was** man an der Textstelle hinsichtlich der Handlung oder einer Figur **erkennen** kann.
>   Die Erläuterung kann dem Zitat vorangestellt sein oder ihm nachfolgen.

Beispiel

So könntest du in einem Aufsatz zum Text „Schlittenfahren" (S. 72) zitieren:

▶ *Das kleinere Kind dürfte kaum zwei Jahre alt sein. Es heißt nämlich: „Das eine der Kinder kann noch nicht sprechen." (Z. 4 f.)*

▶ *„Wer brüllt, kommt rein." (Z. 8 f., 13 f., 20, 23, 39, 43 f.). Diese Worte wieder-holt der Mann immer wieder. Das zeigt, dass es ihn gar nicht interessiert, weshalb die Kinder streiten oder schreien. Sie scheinen ihm gleichgültig zu sein.*

▶ *Am Schluss öffnet er die Tür nur noch „einen Spalt" (Z. 42). Der Vater macht sich also nicht einmal mehr die Mühe, die Tür ganz zu öffnen. Das Geschrei der Kinder ist ihm offenbar nur lästig.*

Tipp

> Zitiere nur Textstellen, **deren Sinn** dem Leser **nicht auf den ersten Blick klar** ist.
> Einen Satz wie: *Das kleine Kind setzt sich auf den Schlitten.* solltest du also nicht zitieren.
> Greife Textstellen heraus, die mehr sagen, als der Leser vielleicht spontan denkt.
>
> Deine Erläuterungen kannst du beispielsweise mit diesen Worten beginnen:
>
> - *Das zeigt, dass …*
> - *Daran kann man erkennen, dass …*
> - *Hier wird deutlich, dass …*
> - *Wenn …, dann …*
> - *Also/Folglich …*

Einen Text überzeugend gestalten

Lies noch einmal die Erzählung „Marathon" von Reinhold Ziegler (S. 35 f.) und bearbeite dazu die folgenden Aufgaben. (→ Heft)

Übung 41

Aufgaben

1. Was kann man an den folgenden Textstellen erkennen? Erkläre ihren Sinn.
   a) „Später standen wir beieinander, alle die, denen Laufen Spaß machen musste." (Z. 77 f.)
   b) „Von nun an war ich, wie die Zeitungen schrieben, abonniert auf Sieg, das große deutsche Talent, unsere Olympiahoffnung und vieles andere mehr […]." (Z. 91–94)
   c) „Wie fremd saß ich dort an dem vertrauten Esstisch, trank Kaffee mit meinen Eltern wie früher und fand doch keine Worte, um das Versagen auszulöschen oder an die kleinen Siege meiner Vergangenheit anzuknüpfen." (Z. 122–127)

2. Suche im Text nach Belegen für die folgenden Aussagen und erkläre, warum sie als Belege geeignet sind. (Manchmal gibt es mehrere Möglichkeiten.)
   a) Hass ist das vorherrschende Gefühl, das der Ich-Erzähler empfindet, wenn er an seinen Vater denkt.
   b) Im Rückblick hat der Ich-Erzähler den Eindruck, dass sein Vater für ihn von Anfang an eine Karriere als Läufer im Sinn gehabt hat.
   c) Der Vater hat seinen Sohn nie danach gefragt, ob er überhaupt eine Karriere als Läufer machen will.
   d) Der Sohn will sich an seinem Vater rächen.
   e) Der Ich-Erzähler hat nicht wirklich das Ziel, seinen Vater umzubringen.

3. Wähle aus dem letzten Abschnitt (Z. 183–201) eine Textstelle aus, von der du meinst, dass sie etwas Wichtiges über die Entwicklung der Beziehung zwischen Vater und Sohn aussagt.

   Schreibe einen kompletten Absatz, der aus drei Teilen besteht:
   ▶ einer Aussage zum Text,
   ▶ einem Zitat, das diese Aussage belegt, und
   ▶ einer Erklärung, die zeigt, dass das Zitat als Beleg für die Aussage geeignet ist.

   Hinweis: Die Reihenfolge der drei Teile ist nicht festgelegt.

SCHREIBKOMPETENZ

Interaktive Aufgaben: Rechtschreibung üben

9 Richtig schreiben

9.1 Rechtschreibung

Achte darauf, dass du deine Texte möglichst fehlerfrei schreibst, denn in deinem Aufsatz werden auch Rechtschreibung und Zeichensetzung bewertet.

Die wichtigsten Rechtschreibregeln

Dies sind die wichtigsten **Regeln zur Rechtschreibung**:

Kurz gesprochene Vokale

*Über den QR-Code kannst du **Lernvideos** zu wichtigen Rechtschreibregeln abrufen.*

Auf einen betonten, **kurzen Vokal** folgen **zwei Konsonanten**: entweder zwei **gleiche** oder zwei **verschiedene**.

So__nn__e, Mu__tt__er, do__pp__elt
Wi__nt__er, Pe__rl__e, fa__lt__ig, de__nk__en

Hörst du zwei verschiedene Konsonanten nach kurzem Vokal, schreibst du **keinen** Doppelkonsonanten. Ausnahme: Der Doppelkonsonant gehört zum Wortstamm.

Veransta__lt__ung (nicht: Veransta__llt__ung) beste__llt__ (wegen: beste__ll__en)

Die Konsonanten k und z werden nach kurz gesprochenen Vokalen zu **ck** und **tz** (statt kk und zz).

Zi__ck__e, Ka__tz__e

s-Laute

Es gibt zwei Arten von s-Lauten:

Für den **stimmhaften**, **weich** bzw. summend gesprochenen s-Laut schreibt man immer ein einfaches **s**.

__S__ahne, E__s__el, Blu__s__e, to__s__en

Für den **stimmlosen**, **scharf** bzw. zischend gesprochenen s-Laut schreibt man entweder **ss** oder **ß**:
- Nach **kurzem Vokal** schreibt man **ss**.
- Nach **langem Vokal** und **Diphthong** (= Doppellaut, z. B. ei, au, eu) schreibt man **ß**.

Ku__ss__, Wa__ss__er, vermi__ss__en
Spa__ß__, Gru__ß__, flei__ß__ig, au__ß__en

Lang gesprochene Vokale

In den meisten Fällen werden **lange Vokale** nicht besonders gekennzeichnet.

L__a__ge, r__e__den, T__u__be

Vor **l**, **m**, **n** oder **r** folgt nach einem langem Vokal oft ein **Dehnungs-h**.
Dies gilt aber nicht in allen Fällen. Beachte deshalb besonders bei Wörtern mit langem Vokal das Stammprinzip (vgl. Tipp S. 102)!

Stu__h__l, za__h__m, gä__h__nen, Le__h__rer

Aber: Sch__u__le, T__a__l, sch__o__nen, W__a__re

Bei einigen Wörtern wird der lang gesprochene Vokal **verdoppelt**. Diese musst du lernen.

H__aa__r, B__oo__t, St__aa__t, S__ee__le; st__aa__tlich, s__ee__lisch

Einen Text überzeugend gestalten

Lang gesprochener i-Laut

In der Regel schreibt man den langen **i**-Laut als **ie**.

Tier, Fliege, lieben

In wenigen Wörtern schreibt man das lange i als **einfaches i**. Viele dieser Wörter enden auf **-ine**.

Krise, Bibel, lila, Maschine, Apfelsine

Das **Dehnungs-h** zur Kennzeichnung des langen i-Lauts gibt es nur in einigen Pronomen.

ihm, ihr, ihnen

Zusammen- und Getrenntschreibung

Zusammen schreibt man zwei (oder mehr) benachbarte Wörter, wenn sie nur **eine einzige Sache bezeichnen**. (Fachbegriff für zusammengesetztes Wort: **Kompositum**)

fortsetzen, Wäschekorb (= Korb für die Wäsche, nicht Wäsche und Korb)

Wörter mit einem Fugenbuchstaben, z. B. dem **Fugen-s**, schreibt man **zusammen**.

Gerichtsurteil, Eignungstest

Achte bei benachbarten Wörtern auch auf die Aussprache:
- Hat das **erste** Wort die **Hauptbetonung**, schreibt man **zusammen**.
- Haben **beide** eine eigene **Hauptbetonung**, schreibt man **getrennt**.

Éselsohr, férnsehen, fléischfressend
fröhlich spíelen, Brót bácken, schrécklich dúmm

Getrennt schreibt man meistens bei Kombinationen mit Verben: Verb + Verb, Nomen + Verb, Adjektiv + Verb.

schwimmen gehen, Milch trinken, laut singen

Groß- und Kleinschreibung

Satzanfänge und **Überschriften** beginnen **groß**.

Es ist kalt. Schneller ans Ziel

Nomen schreibt man **groß**. Erkennen kann man sie an
- bestimmten **Endungen**, z. B. *-ung, -heit, -nis, -keit*;
- bestimmten **Begleitern**, z. B. Artikel, Pronomen, unbestimmte Zahlen- und Mengenangaben und Adjektive.

Aber **nicht jedes Nomen** hat einen typischen **Begleiter**.

Sendung, Sturheit, Zeugnis; der, die, ein; mein, deine, dieser; wenig, einige, etwas, nichts;

Auch Wörter anderer Wortarten können im Satz **als Nomen verwendet** werden. Solche **Nominalisierungen** musst du wie andere Nomen **großschreiben**. Erkennungszeichen sind auch hier Nomenbegleiter.

das Weinen, dein Lachen, beim (= bei dem) Lesen, etwas Neues, nichts Besonderes, ewiges Hin und Her

Komposita schreibt man **groß**, wenn ihr letzter Bestandteil ein Nomen ist. In allen anderen Fällen schreibt man sie **klein** – auch wenn sie mit einem Nomen beginnen.

Besen|stiel, Wetter|karte

fahnen|flüchtig, glas|klar

Großgeschrieben werden auch die **Höflichkeitsformen** der **Anrede**.

Ich grüße Sie. Wie geht es Ihnen? Und Ihrem Sohn?

Tipp

Wenn du nicht weißt, ob es sich bei einem Wort um ein Nomen handelt, weil du **keinen typischen Begleiter** entdeckst, kannst du **zur Probe** eine unbestimmte Zahlen- oder Mengenangabe einfügen, z. B. so: *Wir brauchen noch Käse. → Wir brauchen noch **etwas** Käse.* Wichtig: Du darfst sonst nichts an dem Satz verändern!

102 SCHREIBKOMPETENZ

Tipp

Bei Unsicherheiten kann dir das **Stammprinzip** weiterhelfen. Es besagt, dass alle Wörter derselben Wortfamilie ihre typischen Schreibweisen in allen Wortformen beibehalten. Suche
- nach einer Form des Wortes, bei der du die **richtige Schreibweise hören** kannst, z. B.: Wald oder Walt? – Wälder; bund oder bunt? – bunte; heftik oder heftig? – heftiger
- nach einem anderen Wort **aus derselben Wortfamilie**, das du kennst, z. B.: lästig – Last – belästigen; essen – (er) isst – Esstisch; fahren – (er) fährt – gefährlich – Fährte

Übung 42 Begründe die Schreibweise der fettgedruckten Stellen. Nenne zur Begründung eine andere Wortform oder ein anderes Wort aus derselben Wortfamilie.

lächeln	_____	Behälter	_____
Hemd	_____	Fähre	_____
Gestank	_____	beliebt	_____
Gestalt	_____	Leid	_____
Staub	_____	Bart	_____

Übung 43 Erkläre, warum die unterstrichenen Wörter in dem Text falsch geschrieben sind. Korrigiere die Schreibweise und nenne die Regel. Stichworte genügen.

Einfache Mittel verbessern den „Durchfluss"

[…] Fussgänger zeigen ein viel komplexeres verhalten als Autofahrer. Das entstehen spontaner Staus auf dicht befarenen Autobahnen kann man inzwischen sehr gut erkleren: Ein einziger unaufmerksamer Fahrer, der plözlich stark bremmst, genügt. Fußgänger sind im vergleich dazu deutlich schwiriger zu modellieren.

Menschen laufen nicht in fessten Spuren, bleiben auch gern mal Stehen, wechseln spontan die richtung und versuchen, großem Gedrenge aus dem Weg zu gehen.

Je genauer Wissenschaftler Pasanten simulieren können, umso besser lassen sich Gebeude, Kreuzfahrt Schiffe oder Bahnhöfe planen. Unnötiges Gedrenge oder gar Panik werden so vermiden. Modellrechnungen haben Beispielsweise gezeigt, dass einfache Mittel den „Durchfluss" an Not Ausgengen verbessern können. Ein Pfeiler genükt, denn er spalltet die schiebende Menschenmasse. So singt der Druck auf die Tür, durch die sich alle so schnell wie möglich zwengen wollen.

Aber nicht immer ist der einzelne Spielball der wogenden Maße. Bei entsprechend viel Platz kann sich ein Fußgänger nähmlich auch entscheiden, nach rechts oder lings auszuweichen, stehenzubleiben oder umzukehren.

Korrektur/ Regel

Quelle: Holger Dambeck, SPIEGEL online vom 7. 6. 2010; www.spiegel.de/wissenschaft/mensch/0,1518,699080,00.html

9.2 Zeichensetzung

Zeichen dienen dazu, einen Text **optisch** so **zu untergliedern**, dass der Leser keine Mühe hat, die Sinnzusammenhänge zu verstehen. Am wichtigsten sind die Satzschlusszeichen (. ? !), die Kommas und die Anführungszeichen.

Interaktive Aufgaben: Zeichensetzung üben

Satzschlusszeichen

Satzschlusszeichen markieren das Ende eines Satzes. Man setzt
- einen **Punkt** nach einem Aussagesatz,
- ein **Fragezeichen** am Ende eines Fragesatzes und
- ein **Ausrufezeichen** nach einer dringenden Aufforderung, einem Befehl oder einem Ausruf.

Ich tanze gern.
Gehst du heute in die Disco?
Komm doch mit! Hör auf!
Was für ein Pech!

Die wichtigsten Regeln der Zeichensetzung

*Über den QR-Code kannst du **Lernvideos** zu wichtigen Kommaregeln abrufen.*

Kommas

Das Komma trennt die **Glieder einer Aufzählung** – es sei denn, sie sind durch *und* oder *oder* verbunden. Die Glieder einer Aufzählung können kurz oder lang sein.

Anja, Kris und Selim lachten.
Sie kam nach Hause, duschte, aß etwas und legte sich hin.

Das Komma trennt **Gegensätze**: Es steht z. B. vor Konjunktionen und Adverbien wie *aber, (je)doch, sondern*.

Der Mann ist nicht schön, aber reich.

Das Komma trennt **Sätze** voneinander. Das gilt für
- **Hauptsätze**, die eine Satzreihe bilden, und
- Satzgefüge aus **Haupt- und Nebensatz** (vgl. S. 122 f.). Ein Nebensatz, der in einen Hauptsatz **eingeschoben** ist, wird vorne und hinten durch Komma vom Hauptsatz abgetrennt.

Das Smartphone ist günstig, ich kaufe es.
Wenn es regnet, bleibt sie hier.
Der Vulkan, der auf Island ausgebrochen war, behinderte tagelang den Flugverkehr.

Das Komma trennt **nachgestellte Erläuterungen** vom vorangehenden Hauptsatz ab. Wenn eine Erläuterung (z. B. eine Apposition) in einen Hauptsatz **eingeschoben** ist, wird sie vorne und hinten durch Komma abgetrennt.

Ich habe schon Mathe gelernt, und zwar gestern.
Mein Freund, ein echter Chaot, verliert ständig etwas.

Das Komma trennt die **Anredeformel** vom Namen.

Guten Morgen, Herr Müller.

Tipp

> Ob man Hauptsätze durch **Punkt, Semikolon oder Komma** voneinander abtrennt, hängt davon ab, wie stark man die Grenze markieren will: Der **Punkt** ist der stärkste Einschnitt zwischen zwei Hauptsätzen, das **Komma** der schwächste, dazwischen liegt das **Semikolon**.

Anführungszeichen

Anführungszeichen kennzeichnen **wörtliche Rede**, d. h. Worte, die jemand sagt oder denkt und die man wörtlich wiedergibt.

„Ganz schön mutig", dachte Heiko, als er Dilara im Boxring sah.

Mit Anführungszeichen markiert man **Textbelege**, die man wörtlich wiedergibt. Das gilt auch für **Überschriften**.

Der Roman „Katz und Maus" von Günter Grass ...

Übung 44 Setze im Text die fehlenden Kommas und begründe sie: Nenne je kurz die Regel.

Schotten leben gefährlich

In Schottland lebt einer neuen Studie zufolge fast jeder Erwachsene mit einem bedeutenden Gesundheitsrisiko mehr als die Hälfte haben sogar drei oder mehr Risikofaktoren. Die Forscher der Universität Glasgow untersuchten die fünf lebensgefährlichen Angewohnheiten Rauchen Trinken Bewegungsmangel schlechte Ernährung und Übergewicht und fanden heraus dass niemand es den Schotten bei deren Anhäufung gleichtut. „Schotten leben gefährlich" sagte David Conway Leiter der jetzt veröffentlichten Studie. „Nur 2,5 Prozent der Bevölkerung tragen überhaupt keine Risikofaktoren" sagte Conway in einem Interview.

Die im Wissenschaftsjournal „BMC Public Health" veröffentlichte Forschungsarbeit befasst sich mit einem neuen wissenschaftlichen Ansatz bei dem nicht nur einzelne Risikofaktoren sondern auch deren Anhäufung untersucht wird. „Ungesunde Verhaltensweisen bündeln sich die Kombination ist dabei synergetisch[1] dadurch steigt das allgemeine Risiko unverhältnismäßig an" bedauert Conway. [...]

Grundlage der Studie war eine staatliche Gesundheitsumfrage aus dem Jahr 2003 Daten lagen für 6574 Männer und Frauen vor. Als gefährdet stuften die Wissenschaftler beispielsweise Menschen ein die zum Zeitpunkt der Befragung rauchten Männer die mehr als 24 Gramm und Frauen die mehr als 16 Gramm Alkohol pro Tag zu sich nahmen. Als fettleibig galten Menschen mit einem Body-Mass-Index (BMI) von über 30. [...]

Obwohl Conway mit einem wenig ermutigenden Ergebnis rechnete wurde er vom Ernst der Lage doch überrascht. Mehr als 85 Prozent der Erwachsenen hatten mindestens zwei Risikofaktoren 55 Prozent hatten sogar drei und fast ein Fünftel brachte es sogar auf alle fünf. Die am weitesten verbreitete Angewohnheit war schlechte Ernährung [...]. Zehn Prozent der Befragten waren sowohl Raucher als auch starke Trinker von diesen zehn Prozent hatten sich drei Viertel noch zwei oder drei weitere Risikofaktoren zugelegt.

Als mögliche Ursachen werden soziale und wirtschaftliche Faktoren vermutet – Menschen aus den ärmsten Gegenden mit dem schlechtesten Bildungsstand lebten am ungesündesten. [...]

Quelle: AFP; www.n-tv.de/wissen/Schotten-leben-gefaehrlich-article917387.html

Anmerkung 1 *synergetisch*: zusammenwirkend

Korrektur/Regel

Kompetenz Sprachwissen und Sprachbewusstsein

Was muss man können? Was wird geprüft?

Was man früher als „Grammatikkenntnisse" bezeichnete, nennt man heute den Kompetenzbereich „**Sprachwissen**". Dabei geht es aber nicht nur um angelerntes Wissen. In der Prüfung wird vorausgesetzt,

▶ dass du über die **Grammatik** der deutschen Sprache gut **Bescheid weißt**, z. B. über Wortarten, Satzglieder oder die Zeitformen des Verbs, und

▶ dass du diese Grammatikkenntnisse auch **anwenden kannst**. Beispielsweise genügt es nicht zu wissen, welche Wörter Konjunktionen sind, sondern du musst diese auch gezielt einsetzen können, um Sinnzusammenhänge zwischen Sätzen deutlich zu machen.

Mit diesem Kapitel kannst du deine Grammatikkenntnisse auffrischen.

Darüber hinaus geht es auch um eine bewusste Verwendung der Sprache („**Sprachbewusstsein**"). Das bedeutet, es wird von dir erwartet, dass du dich gewählt und **präzise ausdrücken** und das **Niveau** einer sprachlichen Äußerung beurteilen kannst. Du solltest auch in der Lage sein, Fragen nach **Wortbedeutungen** zu beantworten sowie **Stilmittel** und **Sprachbilder** zu erkennen.

Hinweis: Weitere Informationen und Übungen zu diesen Aspekten findest du in den folgenden Kapiteln des Buchs: „Die sprachliche Gestaltung beurteilen" (S. 46 ff.), „Geschickt formulieren" (S. 96 f.) und „Stilmittel" (S. 129 f.).

In der **Prüfung** werden deine Fähigkeiten im Bereich „Sprache" **anhand von Texten** geprüft, und zwar in der Regel auf zweierlei Weise:

▶ Du erhältst eine **Textgrundlage**. Diese sollst du entweder insgesamt im Hinblick auf bestimmte Aspekte untersuchen, z. B. auf darin verwendete Stilmittel oder die Wortwahl; oder dir werden einzelne Aufgaben zu ganz konkreten Textstellen vorgelegt, z. B. ein Synonym oder Antonym zu einem Begriff aus dem Text zu finden. Auch beides kann der Fall sein.

▶ Du sollst **selbst Texte schreiben**. Das kann von Kurzantworten bis zu einem vollständigen Aufsatz reichen. Hier musst du zeigen, dass du sprachlich abwechslungsreich und frei von Grammatikfehlern formulieren kannst.

Aufgaben, wie sie in der Prüfung vorkommen könnten, findest du im Abschnitt „Übungsaufgaben im Stil der Prüfung" (ab S. 133).

106 | SPRACHKOMPETENZ

*Digitales Glossar:
Begriffe nachschlagen*

10 Wortarten unterscheiden

In der Fülle der Wörter, die es in der deutschen Sprache gibt, kann man eine Ordnung erkennen: Wörter, die Ähnliches bezeichnen, lassen sich zu einer Gruppe zusammenstellen; sie gehören derselben Wortart an.

Beispiel

fliegen, erst, Haus, später, wann, weil, *kommen*, Auto, *schreiben*, …
Die Wörter *fliegen*, *kommen* und *schreiben* bezeichnen Ähnliches, nämlich eine Tätigkeit. Sie gehören zur Gruppe der **Verben**.

Tipp

> Es gibt Wörter, die sich unterschiedlichen Wortarten zuordnen lassen, z. B. *das, auch* und *aber*. Welcher Wortart ein Wort angehört, lässt sich immer am sichersten aus seiner **Verwendung im Satz** erkennen.

Übung 45

Gib für alle fett gedruckten Wörter des Textes die richtige Wortart an. Schreibe sie auf die Linie darunter. Die Übersicht und der Tipp auf den nächsten Seiten können dir in Zweifelsfällen weiterhelfen.

Die **Digitalisierung** schreitet stetig voran. **Deutlich** wird das **überall**, auch in

_____

manchen Haushalten. In *Smart Homes* **können** die Bewohner **ihr** Leben in vielen

_____

Bereichen per Knopfdruck regeln. **In diesen** Häusern stehen **schon intelligente**

_____

Kühlschränke, **die** den Besitzern Bescheid geben, **wenn ein bestimmtes**

_____

Lebensmittel fehlt. **Vieles** kann man **sogar** allein **mit** seiner Stimme regeln, z. B.

_____

das **Einschalten** von Licht **oder** das Abspielen von Musik. Dafür **sorgen** Sprach-

_____

assistenten wie **Alexa**. Allerdings sollte man das **Gerät lieber** ausschalten, falls

_____

man **es** nicht nutzen **will**. **Sonst** kann es passieren, **dass** das, was man sagt,

_____

außerhalb der eigenen **vier** Wände mitgehört **wird**. Das will **wohl** niemand.

_____

Wortarten unterscheiden | **107**

Auf einen Blick

Die wichtigsten Wortarten

Fachbegriff und Funktion	Beispiele
VERÄNDERBARE WORTARTEN	
NOMEN bezeichnen Lebewesen und Dinge. Man unterscheidet:	
• Nomen, die etwas **Reales** bezeichnen (Konkreta)	*Haus, Ball, Auto, Junge*
• Nomen, die etwas **Gedachtes** bezeichnen (Abstrakta)	*Frieden, Angst, Freiheit*
EIGENNAMEN geben Lebewesen oder Dingen persönliche Namen.	*Samira*: Name eines Mädchens *Paris*: Name einer Stadt
VERBEN bezeichnen eine **Handlung/Tätigkeit**. Man unterscheidet:	
• **Vollverben**	*gehen, essen, liegen*
• **Hilfsverben**	*haben, sein, werden*
• **Modalverben**	*können, wollen, sollen, müssen, dürfen*
ADJEKTIVE bezeichnen **Eigenschaften**. Auch Zahlen (Zahladjektive) gehören dazu.	*gelb, fröhlich, leicht, still* *drei, zehn, hundert*
ARTIKEL sind **Begleiter** von **Nomen**. Es gibt:	
• **bestimmte** Artikel	*der, die, das*
• **unbestimmte** Artikel	*ein, eine*
PRONOMEN sind **Begleiter** oder **Stellvertreter** von Nomen. Die wichtigsten sind:	
• **Personalpronomen**	*ich, du, er/sie/es, wir, ihr, sie*
• **Possessivpronomen**	*mein, dein, sein/ihr/sein, unser, euer, ihr*
• **Reflexivpronomen**	*mich, dich, sich, uns, euch, sich*
• **Demonstrativpronomen**	*diese, -r, -s; jene, -r, -s; der/die/das (da)*
• **Indefinitpronomen**	*etwas, nichts, wenig, kein, alle/s, einige*
• **Relativpronomen**	*der, die, das; welcher, welche, welches*
• **Fragepronomen**	*wer? wo? was? wann? wie? warum?*
UNVERÄNDERBARE WORTARTEN	
ADVERBIEN bezeichnen die genaueren **Umstände** einer Handlung, zum Beispiel:	
• den Ort (wo? woher? wohin?) → **Lokaladverbien**	*dort, hier, oben, überall*
• die Zeit (wann? seit wann? bis wann? wie lange? wie oft?) → **Temporaladverbien**	*gestern, jetzt, morgens, nachts, selten, schon, oft, manchmal*
• Art und Weise oder Ausmaß (wie? wie sehr?), Erweiterungen oder Einschränkungen → **Modaladverbien**	*gern, lieber, irgendwie, anders; sehr, äußerst, kaum; auch, sonst; allerdings, nur*
• den Grund (warum?) → **Kausaladverbien**	*deshalb, daher, somit, also, folglich*
PRÄPOSITIONEN bezeichnen das **Verhältnis**, in dem Personen oder Dinge zueinander stehen.	*an, bei, mit, vor, zwischen, neben, über, unter, innerhalb, gegen*
KONJUNKTIONEN verbinden Wörter, Wortgruppen oder Sätze miteinander. Man unterscheidet:	
• **nebenordnende** Konjunktionen, die Gleichrangiges verbinden (z. B. Hauptsätze)	*und, oder, denn, aber, doch*
• **unterordnende** Konjunktionen, die Nicht-Gleichrangiges verbinden (z. B. Haupt- und Nebensätze)	*als, weil, obwohl, nachdem, wenn, dass*
PARTIKELN können Aussagen präzisieren, indem sie sie z. B. kommentieren, verstärken oder abschwächen.	*ja, bloß, sehr, wohl, besonders, fast, total, eben, kaum, sogar, vielleicht*

Tipp

Weißt du nicht, ob es sich bei einem Wort um eine **Partikel** handelt oder z. B. um eine Kon-junktion oder ein Adverb, kann die **Umstellprobe** helfen. Denn Partikeln können in der Regel **nicht am Satzanfang** stehen. Prüfe deshalb, ob die Umstellung des fraglichen Wortes an den Satzanfang problemlos möglich ist oder ob sich dadurch der Sinn des Satzes ändert.

Ich bleibe <u>vielleicht</u> *noch.* / <u>Vielleicht</u> *bleibe ich noch.* – Sinn unverändert → Adverb

Sie sieht <u>vielleicht</u> *gut aus.* / <u>Vielleicht</u> *sieht sie gut aus.* – Sinn verändert → Partikel

10.1 Nomen

Nomen zeichnen sich durch folgende Eigenschaften aus:

▶ Sie haben ein **grammatisches Geschlecht** (**Genus**). Weil sich das Genus im Deutschen nicht von der „Natur" der jeweiligen Sache ableiten lässt, spricht man vom **grammatischen** Geschlecht: z. B. <u>der</u> *Mond,* <u>die</u> *Gurke,* <u>das</u> *Mädchen.*

▶ Nomen haben einen **Numerus**, d. h., sie können im **Singular** (Einzahl) und im **Plural** (Mehrzahl) stehen. Es gibt verschiedene Arten der Pluralbildung:

- Anfügen einer **Endung**: z. B. *Auto → Auto<u>s</u>, Schule → Schule<u>n</u>, Wal → Wal<u>e</u>*
- Umwandlung des Stammvokals (a, o, u) in einen **Umlaut**: z. B. *L<u>a</u>den → L<u>ä</u>den, M<u>u</u>tter → M<u>ü</u>tter*
- **beides**: z. B. *H<u>u</u>t → H<u>ü</u>t<u>e</u>, Fass → F<u>ä</u>ss<u>er</u>, Sohn → S<u>ö</u>hn<u>e</u>*
- **keine Kennzeichnung**: z. B. *das Segel → die Segel, der Lehrer → die Lehrer*

Manche Nomen haben **nur** eine **Singularform**, z. B. *das Mehl, der Sand, der Regen,* andere werden **nur** im **Plural** verwendet, z. B.: *die Leute, die Eltern.*

▶ Man kann Nomen **deklinieren**. Je nach ihrer Verwendung im Satz setzt man sie in den entsprechenden Fall (**Kasus**): **Nominativ**, **Genitiv**, **Dativ** oder **Akkusativ**. Als Subjekt (oder Teil eines Subjekts) steht ein Nomen immer im Nominativ; als Objekt (oder Teil eines Objekts) oder Teil einer adverbialen Bestimmung kann es im Genitiv (selten), Dativ oder Akkusativ stehen.

Auf einen Blick

Deklination: Singular			
Kasus (Fall)	**Maskulinum**	**Femininum**	**Neutrum**
Nominativ (wer? was?)	**der** Tisch	**die** Lampe	**das** Bild
Genitiv (wessen?)	**des** Tisches	**der** Lampe	**des** Bildes
Dativ (wem?)	**dem** Tisch	**der** Lampe	**dem** Bild
Akkusativ (wen? was?)	**den** Tisch	**die** Lampe	**das** Bild

Deklination: Plural			
Kasus (Fall)	**Maskulinum**	**Femininum**	**Neutrum**
Nominativ (wer? was?)	**die** Tische	**die** Lampen	**die** Bilder
Genitiv (wessen?)	**der** Tische	**der** Lampen	**der** Bilder
Dativ (wem?)	**den** Tischen	**den** Lampen	**den** Bildern
Akkusativ (wen? was?)	**die** Tische	**die** Lampen	**die** Bilder

Wortarten unterscheiden | ✦ **109**

Woher weiß man, welcher Kasus vorliegt?

Um den Kasus eines Nomens zuverlässig zu bestimmen, musst du immer den **Satzzusammenhang** berücksichtigen. Das gilt besonders fürs Femininum, wo viele Formen identisch sind. Wenn du z. B. den Kasus eines Nomens wie *Lampe* bestimmen willst, reicht der Blick auf die Endung oder den begleitenden Artikel nicht aus. Erst die **Verwendung in einem Satz** verschafft Klarheit. Stelle deshalb immer die entsprechenden Fragen: *Wer …? Wessen …? Wem …? Wen …?*

Der Schein der Lampe war hell.
Wessen Schein war hell? *der (Schein) der Lampe* → Genitiv

Beispiel

Der Lampe fehlt eine Glühbirne.
Wem fehlt eine Glühbirne? *der Lampe* → Dativ

Tipp

> Wenn ein Nomen eine Sache bezeichnet, solltest du die **Was-Frage** immer mit der **Wer-Frage** bzw. der **Wen-Frage** kombinieren, um den Kasus zu bestimmen. Die Was-Frage ist nämlich nicht eindeutig und kann sowohl auf Nominativ als auch auf Akkusativ hinweisen.

Welche Kasus kommen bei den folgenden Beispielen infrage? Trage jeweils alle Fälle ein, die vorliegen könnten. Orientiere dich an der tabellarischen Übersicht.

Übung 46

die Geschenke	
den Löwen	
der Frage	

Woher weiß man, welchen Kasus man verwenden muss?

Welcher Kasus in einem Satz erforderlich ist, hängt vom zugehörigen **Verb** ab. Falls sich zwischen ein Verb und das zugehörige Nomen eine **Präposition** gedrängt hat, entscheidet diese über den Kasus. Man sagt auch, dass Verben oder Präpositionen den Kasus „regieren".

▶ **Genitiv-Verben:** (jemand**es**/etwas) gedenken, erinnern (z. B. *der Toten gedenken, sich eines Vorfalls erinnern*), (sich) erfreuen, annehmen (z. B. *sich des Lebens erfreuen, sich einer Sache annehmen*)

Beispiel

▶ **Dativ-Verben:** (jemand**em**) danken, helfen, vertrauen, gefallen, verzeihen (z. B. *dem Freund danken, helfen, vertrauen, …*)

▶ **Akkusativ-Verben:** (jemand**en**/etwas) lieben, hassen, kennen, kaufen, mögen, bauen, haben (z. B. *eine Frau lieben, hassen, kennen …*)

▶ **Genitiv-Präpositionen:** trotz, wegen, statt, anstelle (z. B. *trotz des schlechten Wetters, wegen der guten Noten, statt/anstelle einer Belohnung*)

▶ **Dativ-Präpositionen:** mit, von, bei (z. B. *mit dem Freund, von einem Fest, bei dem Gewitter*)

▶ **Akkusativ-Präpositionen:** für, ohne, gegen (z. B. *für den Besuch, ohne den Hund, gegen den Wind*)

Tipp

In manchen Sätzen werden Nomen **ohne** begleitenden **Artikel** verwendet. Um den Kasus solcher Nomen sicher zu bestimmen, kannst du **probeweise** einen Artikel oder ein Pronomen **voranstellen**, z. B. so:
Auf Reisen kann man viel entdecken. → *Auf (den/einigen) Reisen kann man viel entdecken.*
Achte aber darauf, dass du in dem Satz **keine weiteren Veränderungen** vornimmst!

Übung 47 Bestimme den Kasus der unterstrichenen Nomen. Schreibe zusätzlich das Wort heraus, das für den Kasus „verantwortlich" ist (das zugehörige Verb oder die zugehörige Präposition).

Krähen sind extrem clevere Werkzeugnutzer

Krähen können komplizierte Aufgaben[1] mit Hilfe von Werkzeugen lösen [...]. Wissenschaftler in Neuseeland haben mit einem Experiment[2] gezeigt, dass die Tiere ihre Hilfsmittel höchst strategisch zum Einsatz[3] bringen. Der Versuchsaufbau erinnert an ein Geschicklichkeitsspiel[4]: Um an die Belohnung[5] heranzukommen, muss man eine Kiste mit einem Loch[6] öffnen. Dafür braucht man einen langen Stock. Doch der liegt in einer Gitterbox[7]. Und nur mit Hilfe[8] eines zweiten, kleineren Stocks[9] lässt er sich dort herausmanövrieren. Dumm nur, dass dieses so dringend benötigte Hölzchen an einer Schnur von der Decke[10] hängt ...
Um an Fleisch[11] zu kommen, können Geradschnabelkrähen [...] diese Aufgaben[12] jedoch durchaus bewältigen, wie Forscher [...] gezeigt haben.

Quelle: Christoph Seidler/ddp, SPIEGEL Online 21. 4. 2010; www.spiegel.de/wissenschaft/natur/kognitive-faehigkeiten-kraehen-sind-extrem-clevere-werkzeugnutzer-a-690186.html (gekürzt)

1 _____
2 _____
3 _____
4 _____
5 _____
6 _____
7 _____
8 _____
9 _____
10 _____
11 _____
12 _____

Wortarten unterscheiden | ✐ **111**

10.2 Adjektive

Adjektive kann man **steigern**. Neben ihrer Grundform (**Positiv**) gibt es zwei Steigerungsformen: **Komparativ** und **Superlativ**. Gebildet werden die Steigerungsformen mit den Endungen **-er** und **-(e)st**: z. B. *lieb – lieb<u>er</u> – (am) lieb<u>sten</u>*.

Man unterscheidet **drei Verwendungsweisen** von Adjektiven:

▶ Als **Attribut** bezieht sich ein Adjektiv auf ein **Nomen**; es passt sich dem Nomen im Kasus an: *der <u>freche</u> Junge, das <u>schüchterne</u> Kind*

▶ Als **Adverb** bezieht es sich auf ein **Verb**; dabei verändert es seine Form nicht: *Der Junge antwortet <u>frech</u>. Das Kind reagierte <u>schüchtern</u>.*

▶ Als Teil des **Prädikats** (z. B. mit *sein, werden*) bezieht es sich auf ein **Nomen** und bleibt ebenfalls unverändert: *Der Junge wird <u>frech</u>. Das Kind ist <u>schüchtern</u>.*

Tipp

> Adjektive können in einem Satz **zu Nomen werden**. Sie sind dann oft erkennbar an einem typischen „Nomen-Begleiter", z. B. Indefinitpronomen wie *etwas, nichts, viel.*
> Beispiele: *schlecht → etwas Schlechtes; neu → nichts Neues; gut → viel Gutes.*
> Auch nach manchen Präpositionen wird ein Adjektiv in einem Satz zum Nomen. Dann steht das ursprüngliche Adjektiv – meist Farben – in der Grundform:
> Beispiele: *Er geht <u>bei Grün</u>. Mir gefällt das Auto <u>in Rot</u>. Sie steht <u>auf Pink</u>.*

Übung 48

Unterstreiche in dem folgenden Text alle Adjektive und bestimme ihre Verwendungsweise: Attribut oder Adverb?

Auch Haie haben Angst

Weiße Haie gelten als die Könige der Weltmeere. Doch Forscher haben nun erstaunt festgestellt, dass sich der große Meeresräuber wohl vor einem anderen Tier gehörig fürchtet: dem Orca.

Indem sie die Haie mit GPS-Sendern ausstatteten, überwachten die amerikanischen Wissenschaftler die Tiere ganz genau. Vor der Küste von San Francisco, wo die gefräßigen Raubfische häufig See-Elefanten jagen, konnten sie wichtige Erkenntnisse gewinnen. Orcas kommen hier nur ab und zu auf ihren weiten Wanderungen vorbei. Tauchten die Schwertwale jedoch auf, verließen die Haie schlagartig die Gewässer und flüchteten eilig hinaus aufs offene Meer. Die weißen Haie haben solche Angst vor den Orcas, dass sie auch nicht so schnell wieder zurückkehrten: Oft trauten sie sich ein Jahr lang nicht mehr zurück in ihr altes Jagdrevier – und das, obwohl die Orcas meist schon nach einer Stunde wieder weiterzogen.

Für die jungen See-Elefanten ist das Zusammentreffen der beiden Raubfischarten in ihrem Lebensraum ein Segen. Statt 40 Jungtieren erbeuteten die Haie in Jahren, in denen sich Orcas zeigten, nur noch magere 25 % davon.

Verwendung

10.3 Pronomen

Pronomen nehmen Bezug auf **Nomen:** entweder als deren (vorangestellte) **Begleiter** – oder als deren **Stellvertreter**. Einige Pronomen können beides sein: Begleiter und Stellvertreter eines Nomens; es gibt auch Pronomen, die nur Stellvertreter sein können.

Einen **Sonderfall** bildet das Demonstrativpronomen *das*: Es kann auch Stellvertreter für eine ganze Aussage sein. Dann bezieht es sich rückblickend auf den vorangehenden Satz. (Beispiel: *Heute ist bei uns schulfrei. Das finde ich super.*)

Pronomen als Stellvertreter	Beispiele
Personalpronomen	*Der Junge kam nach Hause. Er war müde.* (*er* = der Junge)
Relativpronomen	*Die Hose, die du dir gekauft hast, sitzt gut.* (*die* = die Hose)
Reflexivpronomen	*Die Frau wundert sich.* (*sich* = die Frau selbst)
Fragepronomen	*Wann fängt das Fußballspiel an?* (*wann?* = die Uhrzeit)

Pronomen als Stellvertreter <u>oder</u> Begleiter	Beispiele
Demonstrativpronomen	*Diese Musik macht richtig gute Laune.* (*diese* = Begleiter von *Musik*) *Jene gefällt mir gar nicht.* (*jene* = Stellvertreter für *die andere Musik*)
Possessivpronomen	*Meine Wohnung ist mir zu klein.* (*meine* = Begleiter von *Wohnung*) *Eure ist viel größer.* (*eure* = Stellvertreter für *Wohnung*)
Indefinitpronomen	*Kann ich noch etwas Kuchen bekommen?* (*etwas* = Begleiter von *Kuchen*) *Es ist keiner mehr da.* (*keiner* = Stellvertreter für *Kuchen*)

Tipp

> Mithilfe von Pronomen, die sich als **Stellvertreter** verwenden lassen, kannst du ungeschickte **Wortwiederholungen** in einem Text **vermeiden**.
> Achte aber unbedingt darauf, dass die **Bezüge** klar sind und der Leser weiß, wovon du sprichst. Du musst also das Nomen, auf das ein Stellvertreter-Pronomen sich bezieht, bereits genannt haben – und zwar möglichst im Satz davor.

Übung 49

Unterstreiche im Text auf der nächsten Seite die Pronomen. Trage den Fachbegriff für die Art des jeweiligen Pronomens in die rechte Spalte ein. Das Pronomen „es" brauchst du nicht zu berücksichtigen.

Hinweis: Einen Überblick über die verschiedenen Arten von Pronomen findest du auf S. 107.

Wortarten unterscheiden | 113

Vom Startloch zum Startblock

Heute wäre es schwierig, Startlöcher in die modernen Kunststoff-Laufbahnen zu graben. Als die Leichtathleten noch auf Asche liefen, war das allerdings durchaus üblich, jedenfalls auf den Kurzstrecken. Für die erfand der amerikanische Trainer Mike Murphy 1887 den Tiefstart aus der Hocke.

Bei diesem Start bringt der Sprinter mehr Kraft auf die Bahn. Er erreicht daher eine höhere Beschleunigung, allerdings besteht auch die Gefahr, dass ihm dabei die Füße wegrutschen. Deshalb war es üblich, dass die Sportler kleine Schäufelchen mit zum Rennen brachten und sich ihre individuellen Startlöcher gruben.

Das war nicht nur den Platzwarten ein Dorn im Auge, die anschließend die Bahn wieder glätten mussten, die Sportler konnten sich auch verletzen, wenn ihr Fuß am Rand des Startlochs hängen blieb. Es war wieder ein amerikanischer Trainer, George Bresnahan, der im Jahr 1927 den Startblock zum Patent anmeldete – eine genial einfache Erfindung, die sich bis heute nur unwesentlich verändert hat.

Aber die Mühlen der Sportbürokratie mahlen langsam. Während sich die Startblöcke in den USA schnell verbreiteten, betrachtete der internationale Leichtathletikverband IAAF die Entwicklung mit Argwohn.

Zeitweise wurden zwei Weltrekorde geführt, mit und ohne Blöcke. Bei den Olympischen Spielen in Berlin 1936 war schließlich Jesse Owens der letzte Sprint-Olympiasieger, der mit Schäufelchen zum Rennen ging und seine eigenen Startlöcher buddelte. Erst 1937 akzeptierte die IAAF die neue Starthilfe.

Quelle: Christoph Drössler, in: Die Zeit vom 12. 5. 10; www.zeit.de/2010/20/Stimmts-Sprinter

Art des Pronomens

10.4 Verben

Verben können viele Formen haben. Diese erhalten sie durch die **Konjugation**. Man konjugiert ein Verb, indem man dem **Stamm** eine **Endung** hinzufügt. So gibt das Verb Auskunft darüber, …

▶ auf **wen** sich eine Aussage bezieht: Spricht der Sprecher jemanden direkt an? Oder spricht er über andere (eine Person oder mehrere) oder über sich selbst?
→ **Grammatische Person:** erste, zweite oder dritte Person

▶ **wie viele** Personen (oder Sachen) es sind, die handeln.
→ **Numerus:** Singular oder Plural

	1., 2., 3. Person
Singular	**ich** gehe, **du** gehst, **er / sie / es** geht
Plural	**wir** gehen, **ihr** geht, **sie** gehen

▶ **wann** eine Handlung erfolgt: in der Gegenwart, in der Vergangenheit oder in der Zukunft.
→ **Tempus:** siehe S. 115 f.

▶ ob sich der Blick auf **den Handelnden** oder auf **das Geschehen** richtet.
→ **Genus verbi:** Aktiv oder Passiv, siehe S. 117 f.

▶ ob eine Aussage als **Feststellung einer Tatsache**, als **Aufforderung**, als **Wiedergabe von Worten** eines anderen oder als **Äußerung einer Vorstellung** oder eines Wunsches zu verstehen ist.
→ **Modus:** Indikativ, Imperativ, Konjunktiv, siehe S. 118 f.

Beispiel

sieg|ten: mehrere Personen; ihre Handlung ist bereits in der Vergangenheit erfolgt (Präteritum), und der Sprecher äußert sich über die Handelnden.

komm|st: eine Person; die Handlung geschieht jetzt oder regelmäßig (Präsens), und der Sprecher spricht die handelnde Person direkt an.

Übung 50

Kreuze alle Informationen an, die in den folgenden Verbformen enthalten sind.

	Singular	**Plural**	**über sich**	**über andere**	**zu jemandem**
kommt					
frage					
folgst					
erscheinen					
sieht					
wissen					
vergesst					
bleibt					

Wortarten unterscheiden / 115

> **Tipp**
>
> Es gibt auch **trennbare Verben**, die sich im Satz in ihre Bestandteile aufteilen können. Dann rutscht der erste Bestandteil des Verbs ans Satzende, während der Hauptbestandteil auf seiner Position bleibt.
> Beispiele: *auf|stehen – er steht auf, teil|nehmen – sie nimmt teil, davon|laufen – wir laufen davon*
>
> Sollst du in einem Satz das Verb nennen, musst du beide Bestandteile berücksichtigen bzw. sie wieder zusammenfügen.

Die Tempora des Verbs

Die grundlegenden Tempora (Zeitformen) sind das **Präsens** und das **Präteritum**. Sie bestehen nur aus einer einzigen Verbform (z. B. *geht, lacht; fragte, wusste*).
Alle übrigen Tempora bestehen aus mindestens zwei Verbformen: Außer dem eigentlichen Verb, dem **Vollverb**, benötigen sie noch eines der **Hilfsverben** *haben*, *sein* oder *werden*.
Unregelmäßige Verben verändern in einigen Formen ihren Stammvokal, wie z. B.: *k<u>o</u>mmen – k<u>a</u>m – gek<u>o</u>mmen, s<u>i</u>ngen – s<u>a</u>ng – ges<u>u</u>ngen, <u>e</u>ssen – <u>a</u>ß – geg<u>e</u>ssen.*

Auf einen Blick

Die Tempora des Verbs		
Präsens	Stamm des Vollverbs **+** Personalendung	*Er sagt.* *Sie hüpft.*
Präteritum	Stamm des Vollverbs **+** t(e) **+** Personalendung	*Er sagte.* *Sie hüpfte.*
Perfekt	Präsensform von *haben* oder *sein* **+** Partizip Perfekt des Vollverbs	*Er hat gesagt.* *Sie ist gehüpft.*
Plusquam-perfekt	Präteritumform von *haben* oder *sein* **+** Partizip Perfekt des Vollverbs	*Er hatte gesagt.* *Sie war gehüpft.*
Futur I	Präsensform von *werden* **+** Infinitiv des Vollverbs	*Er wird sagen.* *Sie wird hüpfen.*
Futur II	Präsensform von *werden* **+** Partizip Perfekt des Vollverbs **+** Infinitiv von *haben* oder *sein*	*Er wird gesagt haben.* *Sie wird gehüpft sein.*

> **Tipp**
>
> Die Tempora **Perfekt** und **Plusquamperfekt** unterscheiden sich nur in der **Form des Hilfsverbs**: Beim Perfekt stehen *haben* oder *sein* im Präsens, beim Plusquamperfekt im Präteritum. Das passt zu ihrer Verwendungsweise:
>
> - das Perfekt drückt **Vorzeitigkeit** in Bezug auf das **Präsens** aus, z. B.:
>   *Ich <u>gehe</u> früh nach Hause. Das <u>habe</u> ich dir ja gestern schon <u>gesagt</u>.* (Vorzeitigkeit zum Präsens)
> - das Plusquamperfekt drückt **Vorzeitigkeit** in Bezug auf das **Präteritum** aus, z. B.:
>   *Der Lehrer <u>bewertete</u> Rolands Leistungen im Fach Deutsch mit einer Eins. Darauf <u>hatte</u> Roland schon lange <u>gehofft</u>.* (Vorzeitigkeit zum Präteritum)

Übung 51 Unterstreiche im folgenden Text alle Verbformen und bestimme die Tempora.

Die Broken-Windows[1]-Theorie

Die Verwahrlosung eines Stadtviertels beginnt mit einer zerbrochenen Fensterscheibe, die niemand repariert. Das besagt die sogenannte „Broken-Windows-Theorie", die Stadtplaner vor Jahren in den USA entwickelt haben. Auch Müll, der auf dem Bürgersteig gelandet ist und einfach dort liegen bleibt, trägt dazu bei, dass eine Gegend verkommt. Eine Person, die durch eine solche Straße geht, sagt sich vielleicht: „Ich werde doch nicht den Dreck wegmachen, den andere verursacht haben!" Oder sie fügt den schon entstandenen Schäden oder Verunreinigungen noch weitere hinzu.

Wahrscheinlich glaubt sie: „Auf mich kommt es ja nicht an. Andere haben ja auch schon ihren Unrat hinterlassen." So wird sie ihre leere Cola-Dose einfach fallen lassen. Und nach einiger Zeit wird das ganze Viertel heruntergekommen sein. Das Nachsehen haben die Bürger, die dort wohnen. Sie hatten sich ihr Leben dort bestimmt anders vorgestellt.

Anmerkung 1 *Broken Windows:* engl.: zerbrochene Fenster

Tempus

Aktiv und Passiv

Wer tut was? Diese Frage beantwortet man mit dem **Aktiv**.
Die Person oder Sache, die aktiv tätig ist, steht dabei im Mittelpunkt und ist das Subjekt im Satz. Das Aktiv ist in der Alltagssprache der Regelfall.

Was wird getan? Auf diese Frage antwortet man mit dem **Passiv**.
Das Hauptaugenmerk liegt auf dem Geschehen und auf demjenigen, mit dem etwas getan wird. Das „Opfer" der Handlung wird deshalb hier zum Subjekt.

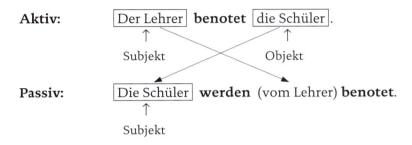

Beispiel

Um das Passiv zu bilden, benötigt man das Hilfsverb *werden* und das Partizip Perfekt. Auch im Passiv können alle **Tempora** des Verbs vorkommen.

Auf einen Blick

Das Passiv in den verschiedenen Tempora					
Präsens	**Präteritum**	**Perfekt**	**Plusquam-perfekt**	**Futur I**	**Futur II**
wird benotet	wurde benotet	ist benotet worden	war benotet worden	wird benotet werden	wird benotet worden sein

Den „**Täter**" kann man im Passiv-Satz **verschweigen**, z. B.: *Die Schüler werden benotet.* Es gibt zwei Gründe dafür, den „Täter" nicht zu erwähnen:

▶ Man weiß nicht, wer eine Handlung ausgeführt hat, z. B.:
   Ein Auto wurde in Brand gesetzt. (Wer das getan hat, ist nicht bekannt.)
▶ Man hält es für unnötig, den Handelnden zu nennen, z. B.:
   Der Einbrecher wurde festgenommen. (Dass es Polizisten gewesen sein müssen, ist ohnehin klar und muss nicht extra gesagt werden.)

1. Wandle die folgenden Aktiv-Sätze in Passiv-Sätze um.

   a) Die Weltraumforschung hat rasante Fortschritte gemacht.

   _____

   b) Inzwischen schicken die Forscher schon Roboter zum Mars.

   _____

   c) Die Roboter sollen wichtige Informationen sammeln.

   _____

   d) Eines Tages werden die ersten Astronauten den Mars anfliegen.

   _____

Übung 52

SPRACHKOMPETENZ

2. Der folgende Text steht ausschließlich im Passiv. Wandle die unterstrichenen Sätze ins Aktiv um. Schreibe die überarbeiteten Sätze unten auf.

Big Brother auf dem Mars

Von der russischen Weltraumagentur Roskosmos und der europäischen ESA (European Space Agency) ist ein Experiment organisiert worden: Sechs Männer werden für einen Zeitraum von 520 Tagen in einen Container eingesperrt. Während dieser langen Zeit wird jeder ihrer Schritte von Kameras verfolgt. Die Aufzeichnungen werden zu Forschungszwecken genutzt. Auf diese Weise wird erprobt, welche Belastungen von den Crewmitgliedern während einer Expedition zum Mars ertragen werden müssen. Die Bedingungen im All wurden von den Forschern möglichst real inszeniert. Nur auf die Schwerelosigkeit wird verzichtet.

Tipp

Zu oft sollte man das **Passiv nicht** verwenden. Zum einen klingt es „unlebendig" (eben nicht „aktiv"), zum anderen kommt es dann zu unschönen Wiederholungen des Hilfsverbs *werden*.

Die Modi: Indikativ, Imperativ und Konjunktiv

Der Begriff „Modus" bedeutet „Art und Weise". Der Modus zeigt an, **wie eine Aussage verstanden** werden soll. Es gibt drei Möglichkeiten:

▶ Der **Indikativ** ist die **Wirklichkeitsform**. Man verwendet ihn, wenn eine Aussage als Tatsache verstanden werden soll – nach dem Motto: So ist es!
Der Indikativ wird im Alltag am häufigsten verwendet, deshalb braucht man seine Formen nicht eigens zu lernen.

Beispiel
Es regnet. Die Hunde bellen schon wieder. Die Sieger wurden gefeiert.

▶ Der **Imperativ** ist die **Befehlsform**. Er wird verwendet, um eine Aufforderung oder einen Befehl auszusprechen – nach dem Motto: So soll es sein!
Bei einigen Verben mit dem Stammvokal e **verändert sich** im Imperativ dieser **Stammvokal**, z. B.: nehmen → nimm, geben → gib, lesen → lies.

Beispiel
Mach schneller! Hilf mir bitte beim Tragen. Passt doch auf! Hört euch das an!

Wortarten unterscheiden | 119

▶ Der **Konjunktiv** ist die **Möglichkeitsform**. Mit ihm zeigt man an, dass man **nicht von Tatsachen** spricht – nach dem Motto: So denkt man es sich (nur).
Der Kunstexperte behauptet, dieses Bild sei eine Fälschung.
(keine Tatsache, sondern Wiedergabe einer Meinungsäußerung eines anderen)
Mit einem echten Picasso könnte man einen hohen Preis erzielen.
(keine Tatsache, sondern Äußerung einer Vorstellung)

Beispiel

- Den **Konjunktiv I** verwendet man in der **indirekten Rede**. Damit drückt man aus, dass man nur wiedergibt, was man gehört oder gelesen hat.
  Man bildet den Konjunktiv I, indem man nach dem Stamm ein **e** einfügt (z. B.: *du hab|e|st, er lieg|e;* unregelmäßige Formen bei *sein: er sei, sie seien*). Beim Umwandeln von direkter Rede in indirekte Rede muss man eventuell auch Pronomen verändern: Aus *ich* wird z. B. *er* oder *sie*.
  Leo sagte: „Ich habe keine Zeit." → Leo sagte, er habe keine Zeit.
  Jil meinte: „Ich kann nicht kommen." → Jil meinte, sie könne nicht kommen.

Beispiel

- Den **Konjunktiv II** verwendet man, um etwas zu sagen, das man sich nur vorstellen kann; man weiß genau, dass es **nicht der Realität entspricht**.
  Man bildet den Konjunktiv II aus der Präteritum-Form; dabei werden die Vokale a, o und u oft zu den Umlauten ä, ö und ü (*sehen: sah → sähe; fliegen: flog → flöge; tragen: trug → trüge*)
  Ich wäre gern berühmt. Dann hätte ich viele Fans.

Beispiel

Tipp

> Es kann vorkommen, dass eine **Konjunktiv-Form identisch** ist mit der des **Indikativs**. Dann kannst du **ersatzweise** zu einer anderen Form greifen, und zwar so:
> - unklare Form des Konjunktivs I → Konjunktiv II
>   Beispiel: *Sie sagten, sie kommen später.* → *Sie sagten, sie kämen später.*
> - unklare Form des Konjunktivs II → Umschreibung mit *würde*
>   Beispiel: *Sie sagten, sie reisten nach Spanien.* → *Sie sagten, sie würden nach Spanien reisen.*
>
> Die Ersatzform mit *würde* kannst du auch verwenden, wenn die Konjunktiv-Form veraltet klingt:
> *Sie sagten, sie verlören noch den Verstand.* → *Sie sagten, sie würden noch den Verstand verlieren.*

1. Gib die folgende Meinungsäußerung des Schülers Tom in Form von indirekter Rede wieder. Verwende durchgängig den Konjunktiv I. (→ Heft)
   Hinweis: Beginne mit dem folgenden Begleitsatz (einen weiteren brauchst du nicht hinzuzufügen): *Schüler Tom sagt, manchmal ...*

Übung 53

„Manchmal ist es im Unterricht so langweilig, dass ich ständig gähnen muss. Ich weiß nicht, weshalb. Aber ich kann das einfach nicht unterdrücken. Es überkommt mich einfach. Komischerweise scheint Gähnen ansteckend zu sein. Denn kaum habe ich damit angefangen, da machen meine Mitschüler es mir nach. Das finde ich seltsam."

2. Die Schülerin Britta hat für ihre Zukunft viele Wünsche und Vorstellungen. Formuliere zu jedem Wunsch einen vollständigen Satz.

Verwende nach Möglichkeit den echten Konjunktiv II. Nur wenn die Form des Konjunktivs nicht von der Form des Indikativs zu unterscheiden ist, verwendest du die Umschreibung mit *würde*.

Das erste Beispiel ist schon gelöst.

Brittas Wünsche:

a) einen guten Schulabschluss machen
b) einen interessanten Beruf erlernen
c) viel Geld verdienen
d) ein Cabrio fahren
e) Reitunterricht nehmen
f) einen netten Mann kennenlernen
g) eine Traumhochzeit feiern
h) eine Familie gründen
i) nach Neuseeland fliegen
j) genügend Freizeit haben

a) Britta würde gern einen guten Schulabschluss machen.

11 Satzglieder und Satzbau beherrschen

11.1 Sätze untergliedern

Jeder Satz ist wie eine Kette von Satzgliedern. Es gibt diese **vier Satzglieder:**

- **Subjekt:** zu erfragen mit: *Wer oder was …?*
- **Prädikat:** zu erfragen mit: *Was tut …?*
- **Objekt:** zu erfragen mit: *Wem …? Wen …?*
- **adverbiale Bestimmung:** auch „(das) Adverbiale" genannt, zu erfragen mit:
  Wo …? Wohin …? Woher …? → lokal
  Wann …? Seit wann …? Bis wann …? Wie lange …? → temporal
  Wie …? → modal
  Warum …? → kausal

Ein Satz besteht aus **mindestens zwei Satzgliedern:** einem **Subjekt** und einem **Prädikat**. Ob darüber hinaus weitere Satzglieder erforderlich sind, hängt vom Verb ab – und davon, welche Zusatzinformationen man vermitteln will.

> **Tipp**
> Sätze, bei denen entweder das Subjekt oder das Prädikat fehlt – oder beide –, sind **unvollständig**. Man spricht dann von einer **Ellipse** (oder elliptisch verkürzten Sätzen).

Satzglieder können **unterschiedlich lang** sein. Das gilt auch für das Prädikat: Es gibt einstellige, zweistellige und sogar dreistellige Prädikate. Die **Reihenfolge** der Satzglieder ist **nicht festgelegt**. Ein Satz muss also nicht mit dem Subjekt beginnen. Auch ein Adverbiale oder ein Objekt können einen Satz eröffnen.

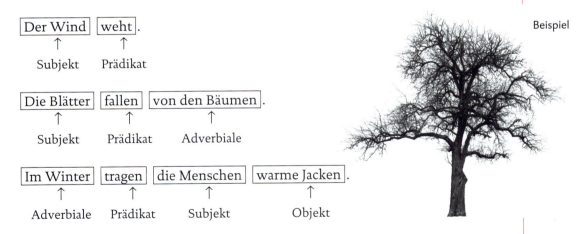

Beispiel

> **Tipp**
> Um zu ermitteln, welche Wörter zu einem Satzglied gehören, kannst du die **Umstellprobe** machen: Vertausche die Reihenfolge der Satzglieder. Alle Wörter, die zum selben Satzglied gehören, bleiben immer zusammen – egal, welche Position sie im Satz einnehmen.
>
> Beispiel: *Mein bester Freund hatte gestern Abend einen schlimmen Unfall.*
> Umgestellt: *Gestern Abend* | *hatte* | *mein bester Freund* | *einen schlimmen Unfall*.
> Oder: *Einen schlimmen Unfall* | *hatte* | *mein bester Freund* | *gestern Abend*.

Übung 54 Bestimme die Satzglieder in den folgenden Sätzen. Kennzeichne sie wie in den Beispielsätzen auf S. 121.

a) Lachen ist gesund.

b) Diese Erkenntnis haben Forscher schon vor langer Zeit gewonnen.

c) Lachen lockert die Muskeln und setzt Glückshormone frei.

d) Kinder beherrschen diese Gefühlsäußerung am besten.

e) Laut wissenschaftlichen Untersuchungen lachen Kinder rund 400 Mal am Tag.

11.2 Hauptsätze und Nebensätze unterscheiden

Hauptsätze erkennst du an der **Position des finiten Verbs** (finites Verb = das gebeugte/konjugierte Verb, also das Verb mit der Personalendung). Im Hauptsatz steht das finite Verb immer auf der Position des zweiten Satzglieds, im **Nebensatz** rückt es dagegen in der Regel ganz ans Ende des Satzes. Aufeinanderfolgende Hauptsätze bilden eine **Satzreihe**. Die Verbindung eines Hauptsatzes mit einem Nebensatz (oder mit mehreren) bildet ein **Satzgefüge**. Die Reihenfolge ist dabei nicht festgelegt: Der Nebensatz kann im Satzgefüge vor oder nach dem Hauptsatz stehen oder auch in ihn eingeschoben sein.

Beispiel

Satzreihe Hauptsatz + Hauptsatz	*Kinder können sich an vielen Dingen erfreuen,* (Hauptsatz) *deshalb lachen sie viel öfter als Erwachsene.* (Hauptsatz)
Satzgefüge Hauptsatz + Nebensatz	*Das Lachen vergeht ihnen aber manchmal,* (Hauptsatz) *wenn sie älter werden.* (Nebensatz)

Tipp

An der **Position des finiten Verbs** kannst du **am sichersten** erkennen, ob es sich bei einem Satz um einen Hauptsatz oder um einen Nebensatz handelt.
Zwar weist oft auch eine **einleitende Konjunktion** auf einen Nebensatz hin. Aber dieses Erkennungsmerkmal ist **unsicher:** Zum einen gibt es auch Nebensätze, die **nicht** mit einer Konjunktion beginnen (z. B. Relativsätze, vgl. S. 126); zum anderen können auch Hauptsätze mit einer (nebenordnenden) Konjunktion beginnen (z. B. *denn, und, aber*).

Satzglieder und Satzbau beherrschen | 123

1. Markiere im folgenden Text die finiten Verben.
   Unterstreiche dann alle Nebensätze.

   Hinweis: Erweiterte Infinitivkonstruktionen mit „zu" sind verkürzte Nebensätze. (Beispiel: *Ich bitte dich, zu mir zu kommen.* → Kurz für: *Ich bitte dich,
   dass du zu mir kommst.*) Du brauchst sie nicht zu berücksichtigen.

Übung 55

Flugstaffel Walsrode

1 […] Trotz des Regens sind die Bänke an der Bühne fast voll besetzt. Eine Schulklasse ist in den Vogelpark Walsrode gekommen, und ein paar Familien mit 5 Kindern sind da. Gespannt starren sie alle auf einen großen Baum. Dann plötzlich schießt ein schwarz gefiederter Vogel unter den tief hängenden Ästen hervor. Er segelt ein Stück über den 10 Rasen und landet elegant auf dem Unterarm seines Trainers German Alonso. Der Truthahngeier Sherlock ist bereit für seine Mission: Er soll ein Leichentuch aufspüren, 15 das Alonso kurz zuvor in einem Rasenloch versteckt hat. Sherlock springt auf den Rasen und schreitet auf und ab. Nur wenige Augenblicke später zupft er mit seinem Schnabel die Beute hervor. 20 Er hat seinen Auftrag ausgeführt. Das Leichentuch hat eine Medizinische Hochschule geliefert, die nicht genannt werden will. Zu makaber könnte das Spektakel wirken, wenn man nicht den 25 tieferen Sinn kennt: Alonso soll seinem Geier beibringen, Leichen aufzuspüren. Der Auftrag dazu kam vor drei Jahren von höchster Stelle […].

Bisher helfen speziell ausgebil-30 dete Spürhunde bei der Leichensuche. Hunde verfügen über 300 Millionen Riechzellen in der Nase, denen auch viele Jahre alte Spu-35 ren nicht entgehen. Das Problem besteht darin: Nur mit geschlossener Schnauze können Hunde alle Duftspuren orten, nach fünfzehn Minuten Ein-40 satz brauchen sie eine Pause. Ein Leichenspürhund kann deshalb nur maximal 100 Quadratmeter am Tag absuchen. Falls er auf unwegsamem Terrain eingesetzt wird, schafft er sogar noch weni-45 ger. […]

Quelle: Nadine Querfurth, in: Zeit Wissen 1/2010; www.zeit.de/zeit-wissen/2010/01/Geier-im-Polizeidienst

2. Satzreihe oder Satzgefüge? Kreuze entsprechend an.

	Satzreihe	Satzgefüge
a) Man weiß nicht, wie erfolgreich das Training von Truthahngeiern sein wird.	☐	☐
b) Es gibt nämlich nur wenige dieser Geier, denn sie werden nur selten gezüchtet.	☐	☐
c) Ob Truthahngeier zwischen dem Geruch toter Tiere und toter Menschen unterscheiden können, ist auch noch unklar.	☐	☐
d) Es kann sein, dass sie im Ernstfall statt eines toten Menschen nur tote Mäuse finden.	☐	☐
e) Die Treffsicherheit der Vögel muss erst genau geprüft werden, und das kann noch einige Zeit dauern.	☐	☐

11.3 Sätze verbinden

Interaktive Aufgaben: Ausdruck und Stil verbessern

In einem guten Text werden Sätze nicht einfach nur aneinandergereiht, denn sie hängen inhaltlich zusammen. Du solltest möglichst oft versuchen, den logischen **Zusammenhang** zwischen aufeinanderfolgenden Sätzen **zu verdeutlichen**. Am besten verwendest du dafür **Konjunktionen** oder **Adverbien** (s. unten) oder auch **adverbiale Bestimmungen** („kurze Zeit später", „trotz des Regens").

Beispiel

In diesem Textauszug werden die Sätze praktisch nur aufgezählt:

> Mehrere Jugendliche haben sich bei einer Autowerkstatt um einen Ausbildungsplatz beworben. Nur einige von ihnen sind zu einem Gespräch eingeladen worden. Die Vorstellungsrunde beginnt. Die Bewerber sollen über ihre Interessen an dieser Ausbildung sprechen. Der 16-jährige Nils ist an der Reihe. Er weiß nichts zu sagen.

Hier werden durch Konjunktionen oder Adverbien Zusammenhänge aufgezeigt:

> Mehrere Jugendliche haben sich bei einer Autowerkstatt um einen Ausbildungsplatz beworben, _aber_ nur einige von ihnen sind zu einem Gespräch eingeladen worden. _Als_ die Vorstellungsrunde beginnt, sollen die Bewerber _zuerst_ über ihre Interessen an dieser Ausbildung sprechen. _Zu Beginn_ ist der 16-jährige Nils ist an der Reihe; _allerdings_ weiß er nichts zu sagen.

Auf einen Blick

Sätze verbinden mit Konjunktionen und Adverbien

Zusammenhang	Fachbegriff	Konjunktionen	Adverbien
Aufzählung	additiv	und, (so)wie, sowohl – als auch; Verneinung: weder – noch	außerdem, auch, zusätzlich
Auswahl	alternativ	oder, entweder – oder, bzw.	–
Grund	kausal	denn, weil, da	darum, daher, vorsichtshalber
Gegengrund	konzessiv	obwohl, obgleich	trotzdem, allerdings
Gegensatz	adversativ	aber, (je)doch, während, sondern	(je)doch, dagegen
Zeit	temporal	als, bevor, nachdem, während, seit(dem), (dann) wenn, bis, solange	dann, anschließend, oft, währenddessen, immer, damals, zuerst, zunächst
Ort	lokal	–	hier, da, dort, dorthin
Bedingung	konditional	(nur) wenn, falls, sofern	ansonsten, sonst, andernfalls
Art und Weise	modal	indem, dadurch dass	dadurch, so, derart
Zweck	final	damit, dass, auf dass	dafür, deshalb
Folge	konsekutiv	so …, dass; sodass	folglich, also

Satzglieder und Satzbau beherrschen | 125

Tipp

Adverbien leiten immer **Hauptsätze** ein. Das erkennst du daran, dass nach einem Adverb, das am Satzanfang steht, immer sofort **das finite Verb folgt**. Nach einer nebenordnenden Konjunktion, die einen Hauptsatz einleitet, ist das dagegen nicht der Fall; auf die Konjunktion folgt z. B. das Subjekt (oder ein anderes Satzglied).

Beispiel: *Die zentrale Prüfung rückt immer näher. Einige Schüler bereiten sich nicht darauf vor.*

- mit **Adverb** am Anfang des zweiten Hauptsatzes:
  Die zentrale Prüfung rückt immer näher, **trotzdem** *bereiten sich einige Schüler nicht darauf vor.*
  → Reihenfolge der Satzglieder verändert: dem Adverb folgt unmittelbar das finite Verb

- mit **Konjunktion** am Anfang des zweiten Hauptsatzes:
  Die zentrale Prüfung rückt immer näher, **aber** *einige Schüler bereiten sich nicht darauf vor.*
  → Reihenfolge der Satzglieder unverändert: der Konjunktion folgt das Subjekt

Übung 56

Verbinde die folgenden Satzpaare durch passende Konjunktionen oder Adverbien. Du kannst die Reihenfolge der Sätze ändern.

Hinweis: In der tabellarischen Übersicht (S. 124) findest du Anregungen für die Auswahl von Konjunktionen und Adverbien.

a) Es stehen nicht mehr genügend Bewerber für Lehrstellen zur Verfügung. Die Betriebe klagen zunehmend darüber.

b) Die Anzahl der Abiturienten ist gestiegen. Es gibt einen Rückgang bei den Schulabgängern an Haupt- und Realschulen.

c) Die Abiturienten möchten lieber an einer Universität studieren. Die Lehrstellen in einem Betrieb haben an Attraktivität verloren.

d) Bei der Firma Siemens ist die Zahl der Bewerber deutlich gesunken. Sogar große Betriebe werben inzwischen um Auszubildende.

e) Man sollte sich auf ein Bewerbungsgespräch vorbereiten. Es gibt nicht mehr so viele Konkurrenten um einen Ausbildungsplatz.

f) Der erste Eindruck ist oft entscheidend. Man sollte angemessen gekleidet sein.

11.4 Relativsätze geschickt nutzen

Relativsätze sind eine besondere Art von Nebensätzen: Sie **beziehen sich** auf etwas oder jemanden **zurück**, von dem gerade die Rede gewesen ist. Der Zusammenhang zwischen dem Relativsatz und dem zugehörigen Hauptsatz wird durch **Relativpronomen** *(der/die/das; welcher/welche/welches)* hergestellt. Ein Relativsatz steht entweder nach dem Hauptsatz oder er ist in ihn eingeschoben.

Beispiel

Das Internet speichert dauerhaft Einträge, die uns später einmal peinlich sein können. (Nachfolgender Relativsatz)
Peinliche Fotos, die wir aus einer Laune heraus ins Netz gestellt haben, lassen sich nicht so einfach wieder löschen. (Eingeschobener Relativsatz)

Tipp

> Mithilfe von Relativsätzen kannst du Sätze mit sehr langen Attributen **übersichtlicher** machen. Beispiel: *Allzu sorglos ins Internet gestellte* Daten können den User später einmal in Schwierigkeiten bringen. (Attribut) → Daten, *die allzu sorglos ins Internet gestellt wurden*, können den User später einmal in Schwierigkeiten bringen. (Relativsatz)

Übung 57

Wandle jeweils den zweiten Satz in einen Relativsatz um. Füge ihn entweder in den vorangestellten Hauptsatz ein oder lass ihn dem Hauptsatz folgen.

a) Bei jedem Surfen im Internet hinterlassen wir Spuren. Die Spuren lassen sich nicht so leicht löschen.

b) Es handelt sich stets nur um ein paar Daten. Unser Computer speichert die Daten und kann sie preisgeben.

c) Manchmal sind es nur einzelne Wörter. Wir haben die Wörter in Suchmaschinen eingegeben.

d) Bewerber können in einem Vorstellungsgespräch einen schlechten Eindruck machen. Sie haben allzu private Daten im Internet hinterlassen.

e) Inzwischen geben viele Chefs die Namen der Bewerber in eine Suchmaschine ein. Die Bewerber sollen sich bei ihnen vorstellen.

f) Ein Chef wird einem Bewerber kein großes Vertrauen entgegenbringen. Der Chef hat im Internet peinliche Fotos von dem Bewerber entdeckt.

Satzglieder und Satzbau beherrschen | **127**

11.5 „Das" und „dass" auseinanderhalten

Die Frage, ob du *das* oder *dass* schreiben musst, mag dir als ein Problem der Rechtschreibung vorkommen. In Wirklichkeit ist es ein Grammatikproblem: Das Wort *das* ist entweder ein **Artikel**, ein **Demonstrativpronomen** oder ein **Relativpronomen**, das Wort *dass* ist immer eine **Konjunktion**.

Interaktive Aufgaben: Rechtschreibung üben

Auf einen Blick

Der Unterschied zwischen *das* und *dass*

Das Wort *das* kann dreierlei sein:

- ein **Artikel**.
  Bsp.: *das Geld, das Essen, das Spielen...*

- ein **Relativpronomen**. Es verweist immer zurück auf etwas, das gerade genannt wurde.
  Bsp.: *Kennst du das Mädchen, das dort steht?*

- ein **Demonstrativpronomen**. Es verweist meist auf mehrere Wörter zurück, die unmittelbar zuvor genannt worden sind.
  Bsp.: *Du kommst früh. Das hätte ich nicht gedacht.*

Das Wort *dass* ist immer:

- eine **Konjunktion**. Sie leitet einen nachfolgenden Nebensatz ein, weist also immer nach vorne (nicht zurück).
  Bsp.: *Er weiß, dass es schon spät ist.*
  Beachte: Der Nebensatz kann auch an erster Stelle stehen.
  Bsp.: *Dass wir uns so schnell wieder sehen, hätte ich nicht gedacht.*

Es ist relativ leicht, den Artikel *das* in einem Satz zu identifizieren. Aber ob es sich bei dem Wort *das/dass* um ein Demonstrativpronomen, ein Relativpronomen oder eine Konjunktion handelt, ist meist nicht so einfach zu erkennen. Du kannst jedoch eine **Probe** durchführen, um es herauszufinden:

▶ Lässt sich das Wort *das/dass* durch das Wort *welches* ersetzen? Dann handelt es sich um das **Relativpronomen** *das*.

▶ Lässt sich das Wort *das/dass* durch das Wort *dieses* ersetzen? Dann handelt es sich um das **Demonstrativpronomen** *das*.

▶ Ist kein Austausch möglich? Dann handelt es sich um die **Konjunktion** *dass*.

Es ist erstaunlich, das/dass (?) ein Vulkanausbruch den ganzen Flugverkehr lahmlegen kann.

Beispiel

1. Probe: *Es ist erstaunlich, welches ein Vulkanausbruch ...* → nicht möglich

2. Probe: *Es ist erstaunlich, dieses ein Vulkanausbruch ...* → nicht möglich

Also handelt es sich um die Konjunktion *dass*: *Es ist erstaunlich, dass ein Vulkanausbruch den ganzen Flugverkehr lahmlegen kann.*

Tipp

Die Konjunktion **dass** folgt häufig nach Formulierungen, die ausdrücken, dass eine Person (oder mehrere) **etwas denkt, fühlt oder sagt**. Am besten merkst du dir die typische Satzstruktur:
Ich weiß, dass ... Mein Freund hat gesagt, dass ... Sie hofft sehr, dass ...
Viele Menschen glauben, dass ... Man hat gehört, dass ... Es ist bekannt, dass ...

128 / **SPRACHKOMPETENZ**

Übung 58

1. Was ist richtig: *das* oder *dass?* Trage die richtige Schreibweise in den Text ein.
2. Ordne die Wörter *(das/dass)* der jeweiligen Wortart zu. Orientiere dich an der Verwendung im Satz. Trage die Lösung in die rechte Spalte ein.

Letzte Chance für ein normales Leben

Wortart

Wer einmal notorischer Blaumacher ist, findet nur schwer zurück in die Schule. In Berlin gibt es ein Internatsprojekt, _____ notorischen Schwänzern helfen soll, diesen Teufelskreis zu durchbrechen. _____ ist ihre letzte Chance.

Sie sind zwischen 12 und 16 Jahre alt und kommen aus Berlin-Neukölln. Eines haben die Jungen und Mädchen gemeinsam: _____ sie die Schule zuletzt nur selten besuchten. _____ hat sich inzwischen geändert. Denn jetzt lernen sie im Internat „Leben und Lernen".

Von Sonntagabend bis Freitagnachmittag werden die Schüler dort ganztags betreut. Ganze 2 400 Euro kostet _____ pro Schüler – monatlich. Die Eltern zahlen davon _____, was _____ Familieneinkommen zulässt. Den Rest trägt _____ Jugendamt. _____ entscheidet auch, wer aufgenommen wird – gemeinsam mit den Mitarbeitern der Wohngruppe und den Lehrern.

Ziel des Projekts ist es, _____ sich die Kinder an klare Strukturen gewöhnen. Um die Gewohnheiten zu durchbrechen, setzt _____ Internat auf Tagesstrukturen mit wenig persönlichen Rückzugsmöglichkeiten. Mit Ausnahme eines Einzelzimmers gibt es nur Doppelzimmer. Die aber sind so ausgestattet, _____ jeder einen eigenen Schreibtisch und etwas Platz für persönliche Dinge hat.

Die Nutzung des Telefons wird nur eingeschränkt erlaubt, _____ gilt auch für Handys. Klar geregelt ist, _____ die Schüler zu einer bestimmten Zeit aufstehen müssen und _____ sie den Putzdienst für die Zimmer und Gemeinschaftsräume leisten müssen. Einfach ist die Arbeit nicht [...]. Denn wer im Internat lebt, steigt nicht automatisch ins normale Schulleben ein. _____ ist ein Entwicklungsprozess [...].

Quelle: Mandy Hannemann; www.news.de/gesellschaft/855026951/letzte-chance-auf-ein-normales-leben/ (gekürzt und leicht geändert)

Merkwissen

Digitales Glossar: Begriffe nachschlagen

Stilmittel

Ein Autor setzt Stilmittel bewusst ein, um eine bestimmte Wirkung zu erzielen. Aus der Vielzahl an Stilmitteln werden hier die häufigsten aufgeführt. Ihre Wirkung (gekennzeichnet mit →) wird allgemein beschrieben, im konkreten Einzelfall musst du sie auf den Text abstimmen.

Alliteration: gleicher Anlaut aufeinanderfolgender Wörter → Betonung, Einprägsamkeit, lautmalerisch, melodisch
Beispiel: *Kind und Kegel, wahre Wunder*

Anapher: Wiederholung gleicher Vers- oder Satzanfänge (Gegenteil: Epipher) → Hervorhebung, oft Ausdruck von Gefühlen
Beispiel: *Das Wasser rauscht | Das Wasser schwoll.*

Antithese: Gegenüberstellung von gegensätzlichen Begriffen oder Gedanken → Betonung des Gegensatzes
Beispiel: *Friede den Hütten | Krieg den Palästen, Himmel und Hölle*

Antonym: Begriff mit gegensätzlicher Bedeutung (Gegenteil: Synonym) → Gegenüberstellung von Dingen, Ideen
Beispiel: *lang – kurz, kaufen – verkaufen*

Archaismus: veralteter, heute nicht mehr gebräuchlicher Begriff (Gegenteil: Neologismus) → Charakterisierung des Sprechers, Darstellung eines bestimmten Zeitgeistes
Beispiel: *Oheim (für: Onkel), Fremdenverkehrsamt (für: Touristeninformation)*

Assonanz: Gleichklang von Vokalen in benachbarten Wörtern, Vokalhäufung, v.a. in der Lyrik → Erzeugen einer bestimmten Stimmung, melodisch
Beispiel: *will verblühen – in der Frühe, Ottos Mops kotzt*

Beispiel: → Veranschaulichung, Verdeutlichung
Beispiel: *Kinder lieben Süßes; wenn z. B. der Eismann kommt, hält sie nichts …*

Chiasmus: Überkreuzstellung von Sätzen oder Satzteilen → Verstärkung, Betonung
Beispiel: *Ich weiß nicht, was ich will, ich will nicht, was ich weiß.*

Ellipse: verkürzter, unvollständiger Satz durch Auslassung von Satzteilen → erregtes, gefühlsbetontes Sprechen (Ausdruck von Freude, Angst, Entsetzen, Erleichterung, Verzweiflung), auch typisch für die Umgangssprache
Beispiel: *Je früher (du kommst), desto besser (finde ich es). Endlich (bin ich) allein!*

Enjambement: Zeilensprung in der Lyrik; ein Satz erstreckt sich über zwei oder mehr Verse → Lebendigkeit, Abwechslung, Erzeugen von Spannung, Hervorhebung bestimmter Wörter/Satzteile
Beispiel: *Daraus rennt | Mit wildem Sprunge | Ein Tiger hervor*

Epipher: Wiederholung gleicher Vers- oder Satzenden (Gegenteil: Anapher) → Hervorhebung, oft Ausdruck von Gefühlen
Beispiel: *Doch alle Lust will Ewigkeit –, – will tiefe, tiefe Ewigkeit!*

Euphemismus: beschönigender Ausdruck, Ersetzung eines unangenehm oder anstößig wirkenden Ausdrucks durch einen weniger verletzenden → Verschleierung, Abmilderung
Beispiel: *entschlummern, ableben, entschlafen (statt: sterben)*

Hyperbel: sehr starke Übertreibung → Hervorhebung, manchmal auch ironisch gemeint (versteckte Kritik)
Beispiel: *ein Meer von Tränen, himmelhoch jauchzend, zu Tode betrübt*

Inversion: Umstellung der normalen Satzstellung → Verstärkung, Hervorhebung des Satzanfangs
Beispiel: *Unendlich mühsam war der Weg!* (statt: *Der Weg war unendlich mühsam.*)

Ironie: versteckter, feiner Spott, meint das Gegenteil des Gesagten → humorvolle Kritik, Bloßstellung von Missständen
Beispiel: *Du bist mir ein schöner Freund.*

Klimax: Steigerung → Hervorhebung
Beispiel: *Sie arbeiten täglich zehn, zwölf, ja vierzehn Stunden am Erfolg!*

Lautmalerei: Nachahmung von Klängen, Lauten → Veranschaulichung, Verlebendigung, Spiel mit der Sprache
Beispiel: *Klingeling, Das Feuer leckt, knistert und zischt.*

Litotes: doppelte Verneinung → Hervorhebung durch Untertreibung
Beispiel: *nicht selten* (statt: *oft*), *nicht unschön* (statt: *schön*)

Metapher: bildhafter Ausdruck mit übertragener Bedeutung, nicht wortwörtlich zu verstehen, Vergleich ohne Vergleichswort → Veranschaulichung, sprachliche Verdichtung, Betonung
Beispiel: *Flug der Gedanken* (statt: *Die Gedanken bewegen sich so leicht, als ob sie fliegen könnten.*), *Bücher verschlingen* (statt: *sehr gerne lesen*), *Rabenvater* (statt: *schlechter Vater*)

Neologismus: Wortneuschöpfung, nicht im gängigen Sprachgebrauch enthalten (Gegenteil: Archaismus) → starke Aussagekraft, oft Sprachspielerei
Beispiel: *wirrflirrbunt*

Oxymoron: Verbindung von gegensätzlichen, einander ausschließenden Begriffen → stutzig machen
Beispiel: *stummer Schrei, alter Knabe, verschlimmbessern*

Parallelismus: Folge von gleich oder ähnlich gebauten Sätzen oder Satzteilen → Verstärkung, Betonung
Beispiel: *Schnell lief er hin, langsam kam er zurück.*

Parenthese: Einschub in einen Satz → ergänzender, kommentierender Gedanke, Betonung, evtl. aufgeregtes Sprechen
Beispiel: *Sein letzter Besuch – ich werde es nie vergessen – hat uns viel Gutes gebracht.*

Personifikation: Gegenstände / Begriffe werden vermenschlicht → Veranschaulichung, Verlebendigung
Beispiel: *Mutter Natur, die Säge kreischt*

Pleonasmus: überflüssige Information durch die Verbindung mehrerer Wörter mit gleicher Bedeutung → Verstärkung, Betonung, auch Ironisierung
Beispiel: *zwei Zwillinge, schweig still*

Pointe: Höhe-/Schlusspunkt bei Anekdote, Glosse, Kurzgeschichte oder Witz → Auslösen eines Überraschungseffekts

Rhetorische Frage: Scheinfrage, die keine Antwort erwartet → Betonung der Aussage, Anregung zum Nachdenken
Beispiel: *Machen wir nicht alle Fehler?*

Sarkasmus: beißender Spott, verletzender Hohn → bloßstellen, Missstände aufdecken, Ausdruck von Bitterkeit

Satire: Kritik durch scharfen Witz, Übertreibung, Ironie und beißenden Spott (auch Textsorte) → etwas oder jemanden lächerlich machen, angreifen

Symbol: Sinnbild, verweist (anders als die Metapher) auf einen umfassenden Bereich, der meist in einer sprachlichen oder kulturellen Tradition begründet ist und mit dem eine Vielzahl von Vorstellungen und Gefühlen verbunden sind → Veranschaulichung, starke sprachliche Verdichtung, Betonung
Beispiel: *Teufel* (Symbol des Bösen), *Ring* (Symbol der Treue)

Synonym: Wort mit gleicher oder sehr ähnlicher Bedeutung (Gegenteil: Antonym) → sprachliche Abwechslung
Beispiel: *Pferd, Ross, Gaul, Mähre, Reittier*

Vergleich: Aufzeigen von Ähnlichkeiten zwischen einem bildhaften Ausdruck und einer Sache oder Person mithilfe eines Vergleichswortes (z. B. *wie, als ob*) → Veranschaulichung
Beispiel: *Sie ist stark wie ein Löwe. Er stolziert, als ob er der Kaiser von China wäre.*

Wiederholung: mehrmalige Verwendung eines Wortes oder einer Wortgruppe → Hervorhebung, Betonung
Beispiel: *Die Frau war in großer Eile. Man sah ihr die Eile an.*

Wortspiel: Ausnutzen von sprachlicher Vieldeutigkeit → witzig, geistreich
Beispiel: *Ich habe den Saal schon voller und leerer gesehen, aber so voller Lehrer noch nie.*

Zynismus: verächtlicher, beißender Spott unter Missachtung von gesellschaftlichen Konventionen und von Gefühlen anderer → Missstände aufdecken, Protest, Ausdruck von Resignation oder empfundener Sinnlosigkeit

Arbeitsaufträge (Operatoren)

In der **Prüfung** wirst du in den **Aufgabenstellungen** mit verschiedenen Verben (sogenannten Operatoren) dazu aufgefordert, etwas zu tun. Meist geht es darum, dass du dich **in einer ganz bestimmten Art und Weise** zu einem Text oder einem Thema **äußern** sollst. Es ist wichtig, dass du die Bedeutungen dieser Verben unterscheiden kannst, damit du immer genau weißt, **was von dir verlangt wird**. Die folgende Übersicht hilft dir dabei.

analysieren: etwas in seine Bestandteile zerlegen; sagen, aus welchen Einzelheiten es besteht
→ *einen Text analysieren:* untersuchen, aus welchen Abschnitten ein Text besteht, welche Satzstrukturen er aufweist, welche (auffälligen) Wörter darin enthalten sind, was seine Aussage ist usw.

belegen: etwas beweisen, anhand von Verweisen oder Zitaten nachweisen, dass eine Aussage stimmt (oder nicht stimmt)
→ *am Text belegen:* Textstellen (Zitat) oder Fundstellen (Seite, Zeile) anführen, die zeigen, dass und ggf. warum etwas so ist, wie behauptet

begründen: den Grund für etwas angeben
→ *eine Meinung begründen:* sagen, weshalb man diese Meinung vertritt

berichten: das Wesentliche eines Geschehens sachlich, in richtiger zeitlicher Reihenfolge darstellen
→ *von einem Ereignis berichten:* knapp sagen, was wann wo wem warum passiert ist

beschreiben: mit eigenen Worten sagen, wie eine Person oder Sache ist/aussieht
→ *die Form eines Gedichts beschreiben:* sagen, wie die äußere Form des Textes aussieht (Strophen, Verse usw.)

beurteilen: ein eigenständiges Urteil zu etwas/jemandem äußern und es begründen
→ *das Verhalten einer Figur beurteilen:* das Verhalten einschätzen (z. B. als zuverlässig) und sagen, warum man so denkt

bewerten: ein Werturteil zu etwas abgeben, sagen, wie man etwas findet (gut oder schlecht) und warum
→ *eine Aussage bewerten:* begründet sagen, was man von der Aussage hält

darstellen: auf neutrale Weise und mit eigenen Worten sagen, was für ein Sachverhalt vorliegt
→ *eine Situation darstellen:* ohne Wertung sagen, wie die Lage ist und wie es dazu kam

einordnen: sagen, in welchen Zusammenhang etwas gehört oder passt
→ *in das Textgeschehen einordnen:* sagen, an welche Stelle der dargestellten Handlung etwas einzufügen ist

erklären: die Ursachen oder Gründe von etwas ausführlich darstellen, Zusammenhänge herstellen
→ *ein Verhalten erklären:* ausführlich sagen, warum sich jemand auf eine bestimmte Art und Weise verhält, indem man Zusammenhänge aufzeigt (z. B. was vorher geschehen ist, was die Absicht dieser Person ist, wie sie sich fühlt usw.)

erläutern: Inhalte oder Aussagen veranschaulichen und nachvollziehbar machen
→ *den Sinn einer Textstelle erläutern:* sagen, wie die Textstelle zu verstehen ist

erörtern: ein Problem diskutieren, unterschiedliche Positionen abwägen und eine Schlussfolgerung erarbeiten
→ *eine Fragestellung erörtern:* Argumente ausführen und gegeneinander abwägen, um am Ende ein Fazit daraus zu ziehen

erwähnen: etwas beiläufig nennen
→ *einen Vorfall erwähnen:* in einem bestimmten Zusammenhang kurz auf den Vorfall zu sprechen kommen

gliedern: einen Text in Sinnabschnitte einteilen, ihn strukturieren
→ *einen Aufsatz gliedern:* ihn sinnvoll unterteilen (z. B. in Einleitung, Hauptteil, Schluss; der Hauptteil ist wiederum in Absätze untergliedert)

herausarbeiten: Sachverhalte aus dem Zusammenhang isolieren und auf den Punkt gebracht darstellen
→ *die Kritik des Autors herausarbeiten:* prägnant sagen, worin genau die Kritik besteht

interpretieren: Kernaussagen eines Textes erfassen, Zusammenhänge erkennen, Schlüsse ziehen und die Inhalte deuten
→ *einen Text interpretieren:* sagen, wie der Text zu verstehen ist, was darin zum Ausdruck kommt und was es bedeutet

nennen: etwas knapp, ohne ausführliche Erklärung oder Begründung anführen
→ *verschiedene Möglichkeiten nennen:* die Möglichkeiten aufzählen, ohne zu begründen, zu bewerten usw.

schildern: etwas sehr ausführlich und anschaulich darstellen (eine Situation, eine Atmosphäre ...)
→ *schildern, wie die Stimmung ist*

Stellung nehmen: sich ein Urteil über etwas bilden, eine eigene Position dazu vertreten und diese begründen
→ *zu einer Aussage Stellung nehmen:* sagen, was man von der Aussage hält, welcher Meinung man selbst ist und warum

überprüfen: etwas genau betrachten und beurteilen, dabei ggf. Fehler oder Widersprüche aufdecken
→ *eine Aussage überprüfen:* sagen, wie die Aussage nach eigenem Kenntnisstand einzuschätzen ist (z. B. un-/glaubwürdig)

umschreiben: die Bedeutung eines Wortes oder Satzes mit mehreren (anderen) Worten zum Ausdruck bringen
→ *das Wort „Mobbing" umschreiben:* mit mehreren Worten sagen, was „Mobbing" bedeutet

untersuchen: etwas nach vorgegebenen Kriterien prüfen, Zusammenhänge herstellen und Ergebnisse formulieren
→ *einen Text untersuchen:* ihn in Einzelheiten zerlegen (Sinnabschnitte, Wort-

gruppen usw.), seine Eigenheiten und Besonderheiten feststellen und die Ergebnisse zusammenfassend darstellen

verfassen: einen zusammenhängenden Text schreiben
→ *einen Bericht verfassen:* nach den Regeln der Textsorte Bericht einen eigenen Text erstellen

vergleichen: Gemeinsamkeiten und Unterschiede von zwei oder mehr Dingen herausfinden und darstellen
→ *zwei Gedichte vergleichen:* beide Texte gegenüberstellen und sagen, was an ihnen ähnlich und was verschieden ist (z. B. Aufbau, Thema)

wiedergeben: knapp und sachlich sagen, was geschehen ist oder was in einem Text dargestellt ist
→ *die Handlung eines Texts wiedergeben:* sie in eigenen Worten formulieren

zitieren: einen Text oder Textauszug exakt wie in der Vorlage wiedergeben, dabei Anführungszeichen setzen und die Quelle angeben
→ *eine Textstelle zitieren:* den genauen Wortlaut aufschreiben und die zugehörige Seite oder Zeile angeben

zusammenfassen: wichtige Aussagen oder Inhalte kurz und strukturiert wiedergeben
→ *den Inhalt eines Textes zusammenfassen:* mit wenigen Sätzen knapp und sachlich sagen, was in dem Text steht

zusammenstellen: Inhalte (nach bestimmten Kriterien) geordnet aufschreiben
→ *Textinformationen zusammenstellen:* in einer Liste, Tabelle oder Grafik einzelne Informationen sortiert festhalten

► **Übungsaufgaben im Stil der zentralen Prüfung**

Zentrale Prüfung am Ende der Klasse 10 – NRW
Deutsch – Übungsaufgabe 1

Erster Prüfungsteil: Leseverstehen

Into the wild – In der Wildnis

Wenn Simon Baumeister[1] nachts nach Hause kommt, braucht er keinen Schlüssel und er muss auch nicht Acht geben, dass die Mitbewohner aufwachen. Gefährlich werden können ihm nur die rutschigen Erdhänge oder die Zecken auf dem schwer sichtbaren Trampelpfad im Wald. Doch der 27-Jährige klettert leichtfüßig über umgestürzte Bäume: Seit mehr als zwei Monaten stakst er nun jeden Tag den Schlossberg hinauf. Eine Wohnungstür gibt es nicht. Stattdessen klettert Baumeister über einen Zaun. Seinen provisorischen[2] Unterschlupf hat er auf einer Lichtung innerhalb eines eingezäunten Privatgrundstücks errichtet. Es war das einzige flache Waldstück vor und hinter einer dichten Wand aus Bäumen, wie er sagt. Darunter liegt Freiburg im Breisgau.

„Es ist schwierig, solche Freiräume zu finden", erzählt Baumeister. Einen Monat lang habe er gesucht, sagt der Umweltwissenschaftsstudent. Mit Isomatte, Schlafsack, ein paar Büchern und Klamotten zog er schließlich auf dem Freiburger Schlossberg ein.

Er verließ seine WG, verschenkte seine Möbel und baute mit Unterstützung seiner Freunde den Unterschlupf. „Die Kosten für die Miete und der materielle Besitz sind mir zu Last geworden", sagt er. „Man sammelt im Laufe der Zeit immer mehr Besitz an, und seit ich das nicht mehr habe, fühle ich mich freier."

Gesellschaftliche Unordnung

Wenn Baumeister spricht, schwingt Auflehnung mit und der Wunsch, ein wenig gesellschaftliche Unordnung zu erzeugen, vor allem aber das Bedürfnis, durch größere Freiheit zu sich selbst zu finden. Eine Sehnsucht nach Einfachheit in einer Welt, in der sich immer alles schneller dreht?

Viele suchen nach einer Nische im Alltag, die nicht gesellschaftskonform[3] ist, um auszubrechen, durchzuatmen, um dem Alltagstrott zu entfliehen. Die wenigsten jedoch leben dieses Bedürfnis so extrem aus wie der Student.

Auch Baumeisters Ansatz ist nicht bis ins Letzte konsequent: Sein Name steht am Briefkasten eines Freundes. Dort lädt er auch alle drei Tage sein Smartphone auf. Zum Duschen geht er zum nahe gelegenen Unisport-Zentrum. […]

Ein Gärtnerjob neben der Uni bringt ihm ein wenig Geld, gleichzeitig kann er sich auf die finanzielle Unterstützung seiner Eltern verlassen. Das ist Aussteigertum mit doppeltem Boden. Rebellion mit Versicherung. […]

Es ist nicht das erste Mal, dass Baumeister im Wald schläft. […] Seinen Tagesablauf betreffend, ist er trotzdem kein klassischer Aussteiger. Tagsüber geht er in die Uni. Ein- bis zweimal die Woche jobbt er, trifft Freunde. Tagsüber Stadtleben, nachts die Stille des Waldes.

„Für mich ist das kein Rückzug aus der Gesellschaft, sondern eine Variante von befreitem Leben ohne Mietlast und zu viel materiellen Besitz", erklärt er seine Entscheidung. Was ihn antreibt, ist auch die Sehnsucht nach der Natur. […]

1 Name geändert

3 gesellschaftskonform: angepasst an die Gesellschaft, an die Lebensweise der meisten Menschen

2 provisorisch: nur vorläufig, für eine gewisse Zeit als Notbehelf gedacht

8 *lakonisch: knapp und trocken, ohne Gefühlsregung*

4 *Bürde (die): Last*

5 *Symphonie (die): harmonischer Zusammenklang*

6 *konventionell: üblich, herkömmlich, gebräuchlich*

7 *Refugium (das): Zufluchtsort; Ort, an dem man sicher sein kann, nicht gestört zu werden*

Gegen die Wegwerfgesellschaft

Gleichzeitig wolle er auch ein Zeichen setzen gegen die Wegwerfgesellschaft, die gesellschaftlich gesetzten, finanziel-
80 len Bürden[4]. Vielleicht geht es ihm auch darum, sich über kleine Dinge wieder freuen zu können, und darum, die Selbstverständlichkeit, mit der wir unseren Reichtum hinnehmen, abzubauen.
85 Mit etwas Fantasie erkennt man eine Terrasse vor Baumeisters Unterschlupf, dem „offenen Pavillon", wie er seine Behausung nennt. Den meisten Platz aber nimmt eine Bambusliege ein. Stolz
90 zeigt er ein am Dach befestigtes Moskitonetz, in das er eine Luftmatratze und einen Schlafsack gestopft hat. Jeden Abend lässt er das Knäuel herunter und lauscht der nächtlichen Symphonie[5]
95 des Waldes.
Neben der Bambusmatte füllt die Küche die restliche Stätte. Das einzige konventionelle[6] Möbelstück ist ein kleines Regal. Darin hat Baumeister einen Gas-
100 herd untergebracht, den er gebraucht für 20 Euro gekauft hat.
So wie Baumeister im Wald zu leben, ist grundsätzlich nicht verboten – aber nur solange kein Zelt und keine Hütte
105 errichtet wird. Streng genommen begeht er auf einem eingezäunten Waldgrundstück Hausfriedensbruch. Ihm sei herzlich egal, was das Gesetz zu seiner Behausung sagt, bekennt er freimütig.
110 Schließlich füge seine Hütte im Wald niemandem Schaden zu. Vor Gericht könnte das mit bis zu einem Jahr Freiheitsstrafe geahndet werden.

Erfahrungen sammeln

115 Davon ist im Wald nichts zu spüren: Vögel zwitschern in den Baumwipfeln, gedämpft dringt das Rauschen der Autos in die Lichtung hinauf. Säuberlich schneidet der blonde Student in Out-
120 doorklamotten Aubergine, rote Paprika und Zwiebeln in Würfel und gibt sie in einen Wok.
Angst, dass sein Refugium[7] eines Tages geräumt werden könnte, hat er nicht.
125 Und wenn doch? Baumeister zuckt la-

konisch[8] mit der Schulter. Er wolle sich ausprobieren, Erfahrungen sammeln – und das auf natürliche Weise. Wenn ihm der Wald zu ungemütlich werde,
130 ziehe er zu Freunden. [...]
Einen Großteil seiner Lebensmittel holt sich Baumeister beim Containern. Er lebt also von dem, was andere im Supermarkt nicht mehr kaufen, weil es
135 abgelaufen oder leicht beschädigt ist. „Ich brauche nicht viel Geld in der Woche", erzählt er unbekümmert. [...]

Alleinstellungsmerkmal

Seine Freunde bewundern, dass er seine
140 eigenen Interessen verwirklicht. „Durch das Alleinstellungsmerkmal meiner Unterkunft kommen oft Freunde und Bekannte zu mir, weil sie neugierig sind. Das verbindet auf eine schöne Art und
145 Weise." Baumeister will sich von der Masse abheben, wichtig machen aber will er sich nicht. Es klingt sehr überzeugend, wenn er sagt: Auf einer Bambusmatte im Wald zu schlafen genüge
150 ihm, um zufrieden zu sein.
Mit dem Wok und zwei Gabeln bewaffnet, machen sich Baumeister und sein Kumpel auf den Weg in die Weinreben. Auf einem ebenen Stück zwischen
155 saftig grünen Reben schaufeln sie sich Reis und Gemüse in die Münder, während am Horizont die Sonne untergeht. [...] Es wird einer der letzten Abende sein, an denen der Student unterm Ster-
160 nenhimmel schläft. Denn der Besitzer des Grundstücks hält wenig von dieser romantischen Idee.
Als der Eigentümer wenig später die Hütte bemerkt, alarmiert er die Polizei.
165 Die beschlagnahmt Baumeisters Kamera, hinterlässt eine Notiz, er möge sich bei ihnen melden. Doch das tut der Student nicht – aus Angst vor einer Anzeige. Die Polizei kennt seinen Namen
170 nicht – und das soll auch so bleiben. Stattdessen packt er seine Sachen und zieht zu einem befreundeten Pärchen in die WG. „Schade um die Kamera, aber auch kein Weltuntergang", meint er
175 nur. [...]

Quelle: Anika Maldacker, 19.10.2014; www.taz.de/!5031081/ (aus didaktischen Gründen leicht geändert)

Aufgaben

1. Wovon handelt der Text hauptsächlich? Kreuze die passende Aussage an.

   In dem Text geht es hauptsächlich um ...

   ☐ den mühevollen Alltag eines Studenten.

   ☐ den Rückzug eines Studenten in die Natur.

   ☐ die Begegnung einer Journalistin mit einem Studenten.

   ☐ unterschiedliche Lebensweisen von jungen Leuten.

2. Wo lebt Simon Baumeister? Antworte in einem Satz.

   _____

3. Welche der folgenden Bezeichnungen passt am besten zu Simon Baumeister? Begründe deine Wahl.

   Am besten passt diese Bezeichnung:

   ☐ der Einsiedler

   ☐ der Lebenskünstler

   ☐ der Aussteiger

   ☐ der Wildhüter

   Begründung: _____

   _____

   _____

4. Was ist Simon Baumeister wichtig – und was nicht?
   Kreuze entsprechend an.

Aussagen	das will er	das will er nicht
a) Freiheit ausleben	☐	☐
b) Geld sparen	☐	☐
c) ein besonderes Leben führen	☐	☐
d) die Nähe zur Natur suchen	☐	☐
e) viele Dinge besitzen	☐	☐
f) Aufmerksamkeit auf sich ziehen	☐	☐
g) Erfahrungen sammeln	☐	☐

136 ⸌ ÜBUNGSAUFGABE 1

5. Was hat Simon Baumeister getan, um seinen Plan, in der Natur zu leben, zu verwirklichen? Beschreibe seine Vorgehensweise. Ergänze dazu in jedem Satz ein passendes Verb.

   a) Er hat einen freien Platz im Wald _____.

   b) Er hat sich eine Unterkunft _____.

   c) Er hat seine Möbel _____.

   d) Er hat einige seiner Sachen _____.

   e) Er hat sein WG-Zimmer _____.

   f) Er hat seine Unterkunft in der Natur _____.

6. Wie nennt Simon Baumeister seine Unterkunft? Stichworte genügen.

   _____

7. Nenne drei Unannehmlichkeiten, die der Student auf dem Weg zu seiner Unterkunft bewältigen muss.

   - _____

   - _____

   - _____

8. Wo erledigt Simon Baumeister was? Ordne die Informationen passend zu. *Hinweis:* Einen Buchstaben musst du zweimal eintragen.

   A bei einem Freund
   B im Sportzentrum der Uni
   C im Hof eines Supermarkts
   D in einer Gärtnerei
   E in seiner Unterkunft

Buchstabe	Tätigkeit
	schlafen
	Lebensmittel beschaffen
	sich Post liefern lassen
	duschen

Buchstabe	Tätigkeit
	jobben
	sein Smartphone aufladen
	Essen kochen

9. Warum benutzt Simon Baumeister keinen Schlüssel (vgl. Z. 2 f.)? Kreuze die passende Aussage an.

   ☐ Er besitzt keine Wertgegenstände.

   ☐ Den Schlüssel hat er verloren.

   ☐ Sein Bett befindet sich unter freiem Himmel.

   ☐ In seiner Unterkunft gibt es keine Tür.

Leseverstehen ✦ 137

10. Erkläre, weshalb die Unterkunft des Studenten als „Refugium" (Z. 123) be-
    zeichnet wird.

    _____

    _____

11. Nenne zwei Dinge, für die Baumeister kein Geld bezahlt.

    • _____

    • _____

12. Welches ist der wertvollste Besitz, den der Student in seiner Behausung
    aufbewahrt? Kreuze die richtige Aussage an.

    Sein wertvollster Besitz ist …

    ☐ eine Bambusliege.

    ☐ ein Smartphone.

    ☐ eine Kamera.

    ☐ ein Gasherd.

13. Im Text heißt es, Baumeister sei „kein klassischer Aussteiger" (Z. 65 f.) und
    „nicht bis ins Letzte konsequent" (Z. 51 f.). Erkläre diese Aussagen. Führe
    mindestens zwei Begründungen an, die diese Äußerungen stützen.

    _____

    _____

    _____

    _____

    _____

14. Was meint die Verfasserin mit „Rebellion mit Versicherung" (Z. 61 f.)?
    Erkläre zuerst einzeln die Teile dieser Metapher und erläutere dann die
    Bedeutung in Bezug auf den Studenten.

    Rebellion:

    _____

    _____

    Versicherung:

    _____

    _____

Bedeutung in Bezug auf den Studenten:

_____

_____

_____

_____

_____

15. Was halten Baumeisters Freunde von seiner Lebensweise? Kreuze an, welche der folgenden Aussagen zutreffen und welche nicht.

Aussagen	trifft zu	trifft nicht zu
a) Sie lehnen seine Lebensweise ab.	☐	☐
b) Sie sind neugierig.	☐	☐
c) Sie bewundern ihn.	☐	☐
d) Sie sind neidisch auf ihn.	☐	☐
e) Sie haben kein Verständnis dafür.	☐	☐

16. Was hält der Eigentümer des Grundstücks von der Lebensweise des Studenten? Ziehe aus seinem Verhalten passende Schlussfolgerungen.

_____

_____

_____

_____

17. Warum meldet sich Baumeister nicht bei der Polizei, um seine Kamera zurückzuerhalten? Kreuze die passende Aussage an.

☐ Er hat Angst vor einer Anzeige.

☐ Er hat ein schlechtes Gewissen.

☐ Er hat keine feste Adresse.

☐ Er hat keine Zeit dafür.

18. Erkläre, warum der Verlust seiner Kamera für Simon Baumeister „kein Weltuntergang" (Z. 174) ist.

_____

_____

Analysieren | 139

Zweiter Prüfungsteil: Schreiben

Der zweite Prüfungsteil enthält **zwei Wahlthemen**, von denen **eines** von dir ausgewählt und bearbeitet werden muss.

Wahlthema 1 –
Einen Text analysieren und interpretieren

Lies zunächst den Text, bevor du die Aufgaben bearbeitest.
Schreibe einen zusammenhängenden Text.

Aufgabenstellung

1. Analysiere den Auszug aus dem Roman „Happy Birthday, Leonard Peacock" von Matthew Quick.

   Gehe dabei so vor:

   ▶ Schreibe eine **Einleitung**, in der du Textsorte, Titel und Autor nennst und das Thema bestimmst.

   ▶ **Fasse** im **Hauptteil** zunächst den Inhalt des Textauszugs knapp **zusammen**.

   ▶ **Stelle dar**, wie das Gespräch zwischen Leonard und dem stellvertretenden Schulleiter abläuft.

   ▶ **Erkläre** die Motive, die Leonard und Mr Torres zu ihrem jeweiligen Verhalten in dem Gespräch bewegen.

   ▶ **Schlussfolgere** aus den Aussagen und dem Verhalten Leonards, aus welchen Gründen er vorhaben könnte, Selbstmord zu begehen.

   ▶ **Untersuche die Sprache** des Textes. Stelle Zusammenhänge zwischen den Absichten und Gefühlen der Figuren und ihrer Ausdrucksweise her. *(Mögliche Gesichtspunkte: Wortwahl, Sprachbilder, Sprachniveau)*

2. Schreibe einen Text aus der Sicht des Ich-Erzählers:

   Auf dem Weg ins Schulgebäude macht Leonard sich Gedanken über die Begegnung und sein Verhalten gegenüber Mr Torres.

   Schreibe in der Ich-Form und berücksichtige die Informationen, die der Text gibt.

ÜBUNGSAUFGABE 1

Der Ich-Erzähler des Romans „Happy Birthday, Leonard Peacock" ist ein Junge, der des Lebens überdrüssig ist und beschlossen hat, am Tag seines 18. Geburtstags zunächst seinen ärgsten Feind zu töten und dann sich selbst das Leben zu nehmen. Insgeheim hofft er aber doch darauf, irgendwo noch auf Zeichen zu stoßen, die ihm neuen Lebensmut geben.

Matthew Quick: Happy Birthday, Leonard Peacock (Auszug)

1 Meine Schule hat die Form einer leeren Schachtel ohne Deckel. Im Zentrum befindet sich ein wunderschöner Innenhof mit vier grasbewachsenen Rechtecken,
5 Bänken und gepflasterten Gehwegen, die ein großes + ergeben. Den Abschluss der Anlage bildet eine Reihe von Säulen, die an das Weiße Haus erinnern; darüber thront eine gewaltige
10 Kuppel.
Vor Unterrichtsbeginn oder während der Lunchpause wimmelt es hier von Schülern, die wie ein Heuschreckenschwarm über alles herfallen. Doch
15 während der Unterrichtszeiten ist es so still und friedlich, dass ich nicht widerstehen kann, mich auf eine der Bänke zu setzen und den Vögeln sowie den Wolken zuzusehen, die über meinem
20 Kopf dahinziehen.

Mir gefällt der Gedanke, ein Gefangener zu sein, der seine dunkle, feuchte Zelle nur für fünfzehn Minuten am Tag verlassen darf und den Blick in den Him-
25 mel daher umso mehr genießt. Und das ist es auch, was ich tue, als der stellvertretende Direktor, Mr Torres, mir auf die Schulter tippt und sagt: „Ich störe Ihre beschauliche Ruhe höchst ungern,
30 Mr Peacock, aber sollten Sie nicht eigentlich im Klassenzimmer sein?"

Ich fange an zu lachen, weil sein Verhalten so überheblich ist wie eh und je. Er kann ja auch nicht ahnen, dass ich eine
35 P38[1] bei mir trage, dass ich ihm durch eine winzige Bewegung meines Zeigefingers jederzeit ins Herz schießen und seinem Leben ein Ende setzen könnte und er deshalb keine Macht über mich hat.
40 „Was ist so lustig?", fragt er.
Der Gedanke an die P38 in meinem Rucksack erfüllt mich mit einem Gefühl grenzenloser Macht, also antworte ich: „Gar nichts. Wollen Sie sich nicht
45 setzen? Es ist so ein wundervoller Tag. Wirklich *wundervoll*. Sie sehen ziemlich gestresst aus. Vielleicht sollten Sie sich gemeinsam mit mir ein wenig ausruhen. Den Himmel zu betrachten ist
50 sehr entspannend. Das habe ich gelernt, als ich mir die Nachmittagssendungen im Fernsehen angeguckt habe, die eigentlich für Frauen bestimmt sind. Plaudern wir doch ein wenig. Lassen Sie uns
55 versuchen, einander zu verstehen. Was halten Sie davon?"
Er sieht mich einen Moment an, ehe er sagt: „Was ist das für ein Hut?"
„Hab mir mit meinem Nachbarn alte
60 Bogart-Filme angeschaut. Bin ein richtiger Fan geworden."
Als er nichts entgegnet, fahre ich fort: „Sie wissen doch, Humphrey Bogart, *Ich seh dir in die Augen, Kleines.*"[2]
65 „Ich weiß, wer Humphrey Bogart ist", erwidert er. „Jetzt gehen Sie in Ihre Klasse zurück."
Ich schlage die Beine übereinander, um ihn wissen zu lassen, dass ich keine
70 Angst vor ihm habe. Dann sage ich: „Ich habe die erste Stunde verpasst und bin heute noch nicht registriert worden, also befinde ich mich, rein formal betrachtet, immer noch in meiner Freizeit. Hab
75 noch nicht eingecheckt, wenn Sie verstehen, was ich meine, Boss. Somit falle

---

1 *Walter P38: eine halbautomatische Pistole, die von der deutschen Wehrmacht im 2. Weltkrieg eingesetzt wurde*

2 *Humphrey Bogart: amerikanischer Schauspieler, der in dem Kultfilm „Casablanca" (1942) die männliche Hauptrolle spielte. Der Film, aus dem auch das hier genannte Zitat stammt, ist sowohl ein Abenteuerfilm als auch eine Romanze.*

ich nicht in Ihren Zuständigkeitsbereich und bin nur ein x-beliebiger Mensch in einer Grünanlage, das ist alles."

80 Das Gesicht unseres stellvertretenden Direktors nimmt immer mehr die Farbe einer Aubergine an, während er sagt: „Für solche Spitzfindigkeiten habe ich jetzt keine Zeit, Leonard."

85 Was mich zu folgender Erwiderung veranlasst: „Ich dachte, ich hätte mich klar und deutlich ausgedrückt und alle Ihre Fragen ehrlich beantwortet. Ich habe Ihnen nie etwas vorgemacht. Aber Sie

90 hören einfach nicht zu. *Niemand hört mir zu.* Warum setzen Sie sich nicht hin? Sie werden sehen, wie Sie das ent…"

„Leonard", unterbricht er mich. „Es

95 reicht!"

„Hoppla", sage ich, weil ich wirklich dachte, ihn aus der Reserve locken zu können. Hätte er sich nur kurz zu mir gesetzt und mich wie einen Menschen

100 behandelt, dann hätte ich offen und ehrlich mit ihm geredet, ohne jede Spitzfindigkeit.

Was kann denn so wichtig sein, dass er sich nicht mal die Zeit nimmt, fünf

105 Minuten mit mir in den Himmel zu schauen?

Dann lässt sich Mr Torres zu dieser öden und einfallslosen Reaktion hinreißen, die mich echt deprimiert. Viel-

110 leicht macht er das auch mit seinem Sohn, Nathan, dessen Grundschulfoto* auf seinem Schreibtisch steht. „Ich zähle jetzt bis drei, Mr Peacock, und wenn Sie bei drei immer noch nicht auf dem

115 Weg in Ihre Klasse sind, bekommen Sie ernsthafte Schwierigkeiten."

„Welche Schwierigkeiten schweben Ihnen da vor?"

Er hebt seinen Zeigefinger und sagt:

120 „Eins."

„Meinen Sie nicht, dass Sie mich erst mal über die Folgen meiner möglichen Weigerung informieren sollten, damit ich meine Entscheidung vernünftig ab-

125 wägen kann? Ich kann das nicht aus dem Bauch heraus entscheiden. Ich brauche ein wenig Bedenkzeit. Außerdem sind wir hier in der Schule. Da sollten Sie mich doch sowieso zum

130 eigenständigen Denken ermutigen. Mir aus der Klemme helfen."

Er macht das Peace-Zeichen und sagt: „Zwei."

Ich blicke in den Himmel, lächle – und

135 bin auf den Beinen, ehe er drei sagen kann. Schließlich muss ich noch Asher Beal erschießen. Das ist der einzige Grund, ich schwöre! Ich will diesen Tag nicht noch schwerer machen, als er

140 schon ist. Vor Mr Torres, seinen Fingern und seiner dämlichen Zählerei hab ich nicht die geringste Angst. Da könnt ihr Gift drauf nehmen.

Ich setze mich in Bewegung, doch nach

145 ein paar Schritten drehe ich mich noch mal zu ihm um: „Ich mache mir wirklich Sorgen um Sie, Mr Torres. Sie wirken gestresst und sollten aufpassen, dass Ihre Arbeit nicht darunter leidet."

150 „Ich habe heute alle Hände voll zu tun, also verschonen Sie mich mit Ihren Tiraden[3], Mr Peacock, und gehen Sie jetzt einfach in Ihr Klassenzimmer. *Bitte!"*

Ich nicke einmal und höre den stellver-

155 tretenden Direktor vernehmlich seufzen, während ich dem Sekretariat entgegenschlendere. Ich glaube, dass sich sein Seufzen nicht auf mich, sondern in erster Linie auf sein eigenes Leben be-

160 zieht – die Tatsache, dass er so überarbeitet und gestresst ist.

Alle Erwachsenen, die ich kenne, scheinen ihre Jobs und ihr Leben zu hassen. Ich glaube, ich kenne niemand über

165 achtzehn, der nicht ebenso gut mausetot sein könnte […], und dieses Wissen bestärkt mich in dem, was ich heute vorhabe.

3 *Tiraden: lange Reden*

Quelle: Matthew Quick: Happy Birthday, Leonard Peacock. Übersetzt von Knut Krüger. Deutscher Taschenbuch Verlag, München 2014, S. 43–46

---

* Rollkragenpulli. Zahnlückenlächeln. Topfschnitt. Süßer Junge. *(Diese Fußnote gehört zum Originaltext.)*

**Wahlthema 2 –
Einen informierenden Text verfassen**

„Auf dem Weg in die Zukunft" – so lautet das Thema, zu dem eure Schule eine Ausstellung plant. Zur Ausstellungseröffnung will die Schulgemeinschaft eine Broschüre erstellen, die an alle Besucher verteilt wird. Dein Beitrag dazu soll sich um das Thema „**Künstliche Intelligenz**" drehen. Zur Vorbereitung bekommst du eine Materialsammlung (M 1 – M 7).

Lies die Aufgabenstellung und die Materialien aufmerksam durch, bevor du mit dem Schreiben beginnst.

Aufgabenstellung

Verfasse auf der Grundlage der Materialien M 1 bis M 7 einen informierenden Text zum Thema „Künstliche Intelligenz". Schreibe nicht einfach aus den Materialien ab, sondern achte auf eine eigenständige Darstellung in einem zusammenhängenden Text.

Gehe so vor:
- ▶ Formuliere für den Text eine passende **Überschrift**.
- ▶ Schreibe eine **Einleitung**, in der du den Leser zum Thema hinführst, z. B. anhand eines Beispiels oder mithilfe allgemeiner Überlegungen.
- ▶ **Erkläre** im Hauptteil zunächst, was man unter dem **Begriff „Künstliche Intelligenz"** versteht. Gehe dabei auch auf die Unterscheidung von starker und schwacher KI ein.
- ▶ **Stelle dar**, wie weit die **Entwicklung** von künstlicher Intelligenz schon fortgeschritten ist. Beziehe dich dabei auch auf Beispiele.
- ▶ **Erläutere** mögliche **Vor- und Nachteile**, die künstliche Intelligenz mit sich bringen kann.
- ▶ Beende deinen Text mit einem **Fazit: Schlussfolgere** anhand der Materialien und eigener Überlegungen, welche Rolle künstliche Intelligenz wohl in der Zukunft spielen wird.
- ▶ Notiere unterhalb des Textes die **Materialien**, die du verwendet hast.

Informieren ✦ 143

Materialien zum Thema „Künstliche Intelligenz"

M 1: Künstliche Intelligenz

1 **Künstliche Intelligenz** (**KI**) bzw. *artificial intelligence* (AI) ist ein Teilgebiet der Informatik, das sich mit der Automatisierung intelligenten Verhaltens 5 befasst. Dabei ist der Begriff nicht eindeutig abgrenzbar, da es an einer exakten Definition von Intelligenz mangelt. Im Allgemeinen bezeichnet künstliche Intelligenz den Versuch, eine menschenähnliche Intelligenz nachzubilden, 10 d. h., einen Computer so zu bauen oder zu programmieren, dass dieser eigenständig Probleme bearbeiten kann. Oftmals wird damit aber auch eine effektvoll nachgeahmte, vorgetäuschte Intel-15 ligenz bezeichnet, insbesondere bei Computerspielen, die durch meist einfache Algorithmen[1] ein intelligentes Verhalten simulieren[2] soll.

Quelle: http://lexikon.stangl.eu/13243/kuenstliche-intelligenz/ (aus didaktischen Gründen leicht verändert)

1 *Algorithmen: Rechenverfahren, die zur Problemlösung eingesetzt werden*

2 *simulieren: nachahmen*

M 2: Schwache KI und starke KI

1 Bei künstlichen Intelligenzen gilt es zwischen schwacher und starker KI zu unterscheiden. [...]

Schwache KI
Schwache KI wird in der Regel für konkrete 5 Anwendungsprobleme entwickelt bzw. genutzt. Dies umfasst z. B. die folgenden Gebiete:

1. Expertensysteme
2. Navigationssysteme
3. Spracherkennung
10 4. Zeichenerkennung
5. Korrekturvorschläge bei Suchen

Einige Wissenschaftler und Philosophen vertreten zudem die Meinung, dass jede noch so intelligent scheinende KI eine schwache KI ist.
15 Für sie ist jegliche scheinbare Intelligenz eines Programms oder eines Computers lediglich eine Simulation dessen.[3] [...]

3 *Simulation dessen: gemeint ist: keine echte Intelligenz, sondern nur eine Nachahmung intelligenten Verhaltens*

Starke KI
Starke KI ist die Form der künstlichen Intelligenz, die die gleichen intellektuellen[4]
20 Fertigkeiten wie der Mensch hat – oder ihn darin sogar übertrifft. Diese Vorstellung oder Vision begleitet die KI-Forschung schon von Beginn an, wobei der anfängliche Optimismus, dieses Ziel in naher Zukunft zu erreichen, mittlerweile fast verflogen ist. [...] Obwohl es keine allseits befriedigende Definition gibt, scheinen die meisten KI-Forscher sich darauf einigen zu können, dass eine wirkliche Intelligenz die folgen-
25 den Fähigkeiten beherrschen muss:

1. Logisches Denken
2. Treffen von Entscheidungen bei Unsicherheit
3. Planen
4. Lernen
30 5. Kommunikation in natürlicher Sprache
6. Alle diese Fähigkeiten zum Erreichen eines gemeinsamen Ziels einsetzen

Quelle: www.informatik.uni-oldenburg.de/~iug08/ki/Grundlagen_Starke_KI_vs._Schwache_KI.html

4 *intellektuell: geistig, den Verstand bzw. das Denkvermögen betreffend*

ÜBUNGSAUFGABE 1

M 3: Genies vom Fließband

An das Idol ihrer Jugend in den Achtzigerjahren kann sich Cynthia Breazeal noch lebhaft erinnern: [...] R2D2, der Roboter aus Star Wars. „Er sorgte sich um die Menschen", sagt sie, wenn sie über ihre Faszination für schlaue Maschinen spricht [...]. Heute, mit 47 Jahren, hat sich Breazeal einen Namen als Roboter-Expertin gemacht. Die Professorin am Massachusetts Institute of Technology (MIT) sieht die Zeit gekommen: R2D2, der mitfühlende Kino-Droide[5], soll Wirklichkeit werden.

Ihre Schöpfung sieht zwar noch aus wie ein Schreibtischcomputer des Designers Luigi Colani[6]: ein kreisrunder Bildschirm auf einem zylindrischen Fuß. Doch Jibo, wie die Forscherin ihre schlaue Schöpfung nennt, kann weit mehr als übliche Rechner. Er erkennt Menschen am Gesicht und dreht sich zu ihnen hin. Er hört zu und antwortet. Er erledigt Jobs, die sein Besitzer ihm zuruft: Pizza beim Italiener bestellen etwa oder Termine im Kalender notieren.

Für die rund 5 000 Kunden, die Jibo zum Preis von 500 Dollar vorbestellt haben, mag er vor allem ein Spielzeug sein. Für Forscher wie Breazeal, die sich mit künstlicher Intelligenz (KI) beschäftigen, aber ist er viel mehr: Er ist Wegbereiter einer nicht mehr fernen Ära[7], in der Jibo sein Abitur besteht, Medizin studiert und seine Mitmenschen mit neunmalklugen Sprüchen nervt. In der uns keine Lehrer mehr unterrichten, sondern virtuelle Tutoren[8], die so schlau sind wie die besten Experten ihres Gebiets – sozusagen Genies vom Fließband. [...]

Das Ende einer Epoche

Für Fortschritts-Enthusiasten[9] wie den Zukunftsforscher Ray Kurzweil [...] kann diese Zeitenwende gar nicht bald genug kommen. Schlaue Maschinen, glauben sie, schaffen ein ungeheures Plus an Produktivität[10], eine Welle neuen Wohlstands.

Schon in 15 Jahren, hofft Kurzweil, werden fast nur noch Roboter in unseren Fabriken schuften, unsere Felder beackern, unsere Autos chauffieren. Dann werden Roboter Roboter bauen, Software wird Software programmieren, Maschinen werden Maschinen überwachen. Niemand müsste mehr arbeiten. Mehr noch: Noch vor 2050, glaubt Kurzweil, könnten künstliche Superwissenschaftler unsere Gene umprogrammieren und so die großen Plagen der Menschheit besiegen: Krebs, Alzheimer, ja gar den Tod. [...]

Quelle: Andreas Menn, Wirtschaftswoche, Jahrgang 2015, Heft 1; www.wiwo.de/technologie/digitale-welt/wirtschaftswelten-2025-genies-vom-fliessband/11174202.html (aus didaktischen Gründen gekürzt und leicht verändert)

M 4: Monotone Aufgaben gehören bald der Vergangenheit an

Generell sehen viele Menschen den technologischen Fortschritt skeptisch. Die Beispiele reichen von intelligenten Städten, die von einem Kontrollpult gesteuert werden und in denen von Ampeln bis zur Stromverteilung alles zentral kontrolliert wird, über Roboter in Fabriken bis hin zu Smartphones und Tablets, die aus dem täglichen Leben nicht mehr wegzudenken sind.

Die beiden neuesten Trends sind virtuelle Realität[11] und künstliche Intelligenz. Während die meisten Menschen die virtuelle Realität eher mit Neugierde betrachten, überwiegt beim Thema künstliche Intelligenz die Skepsis. Fragen, ob Roboter oder künstliche Intelligenz Mitarbeitern zunächst in Produktionsstätten und später in anderen Berufen die Arbeit „wegnehmen", werden gestellt – und lassen sich noch nicht in jedem Fall komplett beantworten.

Doch die Furcht ist in der überwiegenden Mehrheit der Fälle unbegründet: Im Gegenteil, künstliche Intelligenz soll Teams in Unternehmen unterstützen und sie von repetitiven[12] Routineaufgaben entlasten. Damit werden sich Teams im Kundenservice oder im Rechnungswesen besser um ihre Partner, Kunden und Lieferanten kümmern können, die eine persönliche Beratung benötigen und nicht nur eine kontinuierlich wiederkehrende Frage haben.

Randglossar:

7 *Ära: größere Zeiteinheit, Epoche*

8 *virtuelle Tutoren: Lehrer, die nicht echt sind, sondern Computerprogramme*

9 *Fortschritts-Enthusiasten: Menschen, die vom Fortschritt begeistert sind*

5 *Droide: eine menschenähnliche Maschine*

6 *Luigi Colani: Designer, der besonders für die runden Formen seiner Design-Objekte bekannt ist*

10 *Produktivität: Leistungsfähigkeit*

12 *repetitiv: sich wiederholend, immer wiederkehrend*

11 *virtuelle Realität: mithilfe von Computerprogrammen erzeugte künstliche Bilder von der Wirklichkeit*

35 Das steigert nicht nur die Zufriedenheit der Kunden, sondern auch der Berater. Künstliche Intelligenz wird langfristig eine unterstützende Technologie sein, die den Menschen die Arbeit erleichtert.

40 Dies ist ein Beispiel dafür, dass sich die Arbeitswelt in einem kontinuierlichen Wandel befindet. Einige Berufe werden vom Markt verschwinden und sehr viele neue hinzukommen.

Quelle: Olav Strand, 25.06.2016; www.huffingtonpost.de/olav-strand/kuenstliche-intelligenz-u_b_10657278.html (aus didaktischen Gründen gekürzt und leicht verändert)

M 5: Computergehirn gewinnt Poker gegen Menschen

1 In einem Spielkasino in der amerikanischen Stadt Pittsburgh hat ein schlaues Computerprogramm vier der besten Pokerspieler der Welt geschlagen. Das
5 Ergebnis wird schon als nächster Meilenstein gefeiert, den die „Künstliche Intelligenz" genommen hat auf ihrem Weg, sich der natürlichen Intelligenz von Menschen anzunähern.
10 Beinahe drei Wochen haben sich die vier Poker-Profis jeweils viele Stunden am Tag mit der Software namens „Libratus" gemessen, Chips gesetzt, ihre Strategien analysiert – und nun verlo-
15 ren. „Es fühlte sich an, als ob ich gegen jemanden spielen würde, der betrügt, so, als ob er meine Karten sehen könnte", sagte der 28 Jahre alte amerikanisch-koreanische Pokerspieler Dong Kim.
20 Es ist das erste Mal, dass Menschen auf diesem Niveau in diesem Spiel gegen einen Computer verlieren. Aus einem entsprechenden Wettstreit vor zwei Jahren gingen sie noch als Sieger hervor.

25 **Anders als Schach und Go**
Die neue Software „Libratus" kann sich dabei nicht nur auf größere Rechenleistung stützen als ihr Vorgänger „Claudio", sondern auch auf verbesserte Algo-
30 rithmen. Sie können unvollkommene oder irreführende Informationen wie einen „Bluff"[13] eher korrekt interpretieren. Darin unterscheidet sich der Erfolg der Computer im Pokern auch von den
35 zuvor schon erzielten Leistungen im Schach und im traditionellen asiatischen Strategiespiel Go – in diesen beiden Spielen gibt es keine „versteckten Informationen". Wo die Spielsteine ste-
40 hen und welche Züge möglich sind, ist vollkommen transparent.

„Diese Herausforderung ist so groß und kompliziert, dass sie bislang kaum fassbar war für Forscher im Bereich der
45 Künstlichen Intelligenz", sagte Sandholm[14]. Das Programm lernt dabei vieles selbst. „Wir erklärten Libratus nicht, wie man Poker spielt. Wir statteten es mit den Regeln aus und sagten dann:
50 ‚Bring es dir selbst bei'", kommentierte Brown. Der Computer habe dann Milliarden Hände (eine Hand ist ein Spiel) gespielt und daraus gewinnbringende Strategien abgeleitet. Brown gab zu, so
55 etwas wie „elterliche Gefühle" gehabt zu haben während des Wettstreits. „Als ich es (das Programm) bluffen gesehen habe, fühlte ich mich wie: ‚Ich habe ihm das nicht gesagt. Ich hatte nicht einmal die
60 Idee, dass es dazu überhaupt fähig ist.'"
Offenbar ist die Software grundsätzlich auch nicht darauf beschränkt, Poker zu spielen. „Es geht um eine Maschine, die uns im geschäftlichen und militä-
65 rischen Bereich herausfordern kann. Ich mache mir Sorgen, wie die Menschheit insgesamt damit umgehen wird" kommentierte der Computerwissenschaftler Roman Yampolskiy von der Universi-
70 tät Louisville.

Quelle: Alexander Armbruster, 31.01.2017; www.faz.net/aktuell/wirtschaft/netzwirtschaft/kuenstliche-intelligenz-computergehirn-gewinnt-poker-gegen-menschen-14806575.html (aus didaktischen Gründen gekürzt und leicht verändert)

14 Tuomas Sandholm: Computerwissenschaftler an der Carnegie Mellon University (USA). Er und sein Doktorand Noam Brown haben beide Programme – Claudio und Libratus – entwickelt.

13 Bluff: Täuschung. Beim Pokern versuchen die Spieler, andere über ihre Absichten und Chancen zu täuschen, um zu gewinnen.

M 6: Stephen Hawking: Physiker warnt vor künstlicher Intelligenz

Stephen Hawking sieht in künstlicher Intelligenz eine Bedrohung für die Menschen. Der britische Physiker glaubt, dass dadurch das Ende der Menschheit eingeleitet werden könnte. Die Aussage kam im Zusammenhang mit der Frage nach dem Sprachsystem, das Hawking braucht, um mit der Außenwelt kommunizieren zu können. Hawking nutzt die rudimentären[15] Funktionen von künstlicher Intelligenz.

Der Wissenschaftler leidet seit 1963 an einer Erkrankung des motorischen Nervensystems. 1985 verlor er die Fähigkeit zu sprechen. Den Sprachcomputer steuert er seitdem durch Augenbewegungen. Experten für lernfähige Maschinen waren an der Entwicklung beteiligt. Ihre Technologie lernt, wie der Professor denkt, und schlägt Worte vor, die Hawking als Nächstes vermutlich nutzen wird.

Hawking selber sagt, dass die primitiven Formen von künstlicher Intelligenz, die bisher entwickelt wurden, sehr nützlich sind. Er fürchte jedoch die Konsequenzen einer Entwicklung, die dem Menschen gleichkommt oder diesen sogar überrundet. „Da der Mensch durch langsame biologische Evolution beschränkt ist, könnte er nicht konkurrieren." Ob die Maschinen irgendwann die Kontrolle übernehmen werden, werde die Zukunft zeigen. Was aber bereits heute klar sei, dass sie die Menschen zunehmend vom Arbeitsmarkt verdränge.

15 rudimentär: unvollkommen, noch nicht vollständig entwickelt

Quelle: www.handelsblatt.com/technik/forschung-innovation/stephen-hawking-physiker-warnt-vor-kuenstlicher-intelligenz/11067072.html, 03.12.2014 (aus didaktischen Gründen gekürzt und leicht verändert)

M 7: Nutzung digitaler Assistenten heute und in Zukunft

Zentrale Prüfung am Ende der Klasse 10 – NRW
Deutsch – Übungsaufgabe 2

Erster Prüfungsteil: Leseverstehen

Luftballons statt Noten

Bei der Besetzung von Lehrstellen legen Unternehmen immer weniger Wert aufs Zeugnis; die kleinen aus Not, die großen wollen kein Talent übersehen.

1 Der Morgen ist Stress pur. In der Bäckerei am Freiburger Hauptbahnhof stehen die Pendler in einer langen Schlange vor dem Tresen. Unmissverständlich geben
5 sie zu verstehen, dass sie nicht länger als eine Minute auf Kaffee und Brötchen warten wollen – auch nicht um sieben Uhr morgens.
Xenia Mahler lächelt trotzdem. Die 22-
10 Jährige schmiert Brötchen und kocht Kaffee, schiebt sich flink an den Kolleginnen vorbei und sorgt für Nachschub in den Brotkörben.
Eigentlich hatte sie kaum eine Chance
15 auf eine Lehrstelle. „Die Noten waren richtig schlecht", sagt sie. In fast allen Fächern tat sie sich schwer, bereits in der Grundschule musste sie eine Klasse wiederholen. Bei der Bäckereikette K & U
20 bekam sie dennoch eine Chance. Mittlerweile ist sie Bäckereifachverkäuferin. Das Unternehmen hat rund 4 800 Mitarbeiter, seit zehn Jahren werden sie ähnlich ausgewählt wie Xenia Mahler.
25 „Bei uns zählen Motivation, Zuverlässigkeit, Teamfähigkeit und Dienstleistungsmentalität", sagt Ausbildungsleiterin Corinna Krefft-Ebner. Schulnoten spielen dagegen eine untergeordnete
30 Rolle, stattdessen müssen alle Bewerber einen „Potentialtest" machen.
Überall in der Republik legen Unternehmen weniger Wert aufs Schulzeugnis, wenn sie Ausbildungsstellen zu be-
35 setzen haben. Die einen zweifeln, ob die Note über die Qualität ihrer Bewerber wirklich etwas aussagt. Die anderen können freie Stellen anders kaum noch besetzen. Laut Deutschem Industrie-
40 und Handelskammertag blieben 2012 70 000 Ausbildungsstellen unbesetzt.
Das Problem wird sich verschärfen. Bis 2025 wird die Zahl der unter 30-Jährigen um 2,7 Millionen sinken. Zugleich
45 aber verlassen noch immer rund 50 000 Jugendliche jedes Jahr ohne Abschluss die Schule.
Entsprechend verändern sich die Auswahlkriterien. Wer früher aufgrund sei-
50 nes Zeugnisses als Versager abgestempelt

wurde, gilt heute als mögliches Talent. Und es sind nicht nur die Mittelständler, die aus Personalnot die Anforderungen herunterschrauben. Auch die 55 großen Konzerne denken um.

Die Deutsche Bahn AG kann über einen Mangel an Interessenten nicht klagen: Auf gut 4 000 Plätze für Schulabgänger kommen rund 50 000 Bewerber pro 60 Jahr. Dennoch hat die Bahn entschieden, Schulnoten ab sofort generell weniger wichtig zu nehmen. Seit Juli werden alle Bewerber ohne Vorauswahl zu einem Online-Test zugelassen. Je nach 65 Berufswunsch – ob Gleisbauer oder Informatiker – bekommen die Jugendlichen spezielle Fragebögen per E-Mail zugeschickt. Vom Ergeb-70 nis hängt ab, ob der Kandidat für einen Lehrberuf zum Einstellungsgespräch oder für ein duales Studium[1] zum 75 Assessment-Center[2] eingeladen wird. Erst dabei werden die Testergebnisse mit den Schulnoten abgeglichen.

„Wir wollen nicht die Besten ermitteln, 80 sondern diejenigen, die den jeweiligen Berufsanforderungen am besten entsprechen", sagt Personalvorstand Ulrich Weber. Für einen Lokführer oder Fahrdienstleiter sei Pflichtbewusstsein wich-85 tiger als Mathe-Noten. „Vielleicht fördert der Online-Test unentdeckte Talente zutage, die uns sonst verborgen geblieben wären", sagt Weber.

Die Bahn ist nicht allein. Auch beim 90 Automobilbauer Daimler sollen Noten für den Ausbildungsjahrgang 2014 kein Ausschlusskriterium bei einer Bewerbung mehr sein. Siemens hat sein Testverfahren bereits umgestellt. Alle Be-95 werber absolvieren daheim einen Online-Test, angepasst an den jeweiligen

Traumjob. Wer Feinmechaniker werden möchte, braucht beispielsweise ein gutes Koordinationsvermögen. Im Test 100 fliegen deshalb Luftballons über den Bildschirm, die der potentielle Azubi anklicken muss.

Wissenschaftler raten seit Jahren zu Eignungstests für Bewerber. Erstens seien 105 Noten zwischen Schulen oder Bundesländern oft nicht vergleichbar, zweitens seien sie vielfach nicht objektiv. „Mädchen erhalten bei gleicher Fähigkeit zum Teil bessere Noten – weil Jungs 110 vielleicht aus disziplinarischen Gründen abgewertet wurden", sagt der Psychologe Matthias Ziegler.

Zudem lässt sich etwa an 115 der Deutsch-Note nicht unbedingt ablesen, ob der Kandidat Orthografie[3] beherrscht. In dem Fach geht es eben auch um die 120 Interpretation von Gedichten. „Wenn fehlerfreie Rechtschreibung für den Job Voraussetzung ist, sollte ein eigener Test dazu durchgeführt werden", sagt 125 Annalisa Schnitzler vom Bundesinstitut für Berufsbildung.

Komplett auf die Berücksichtigung von Noten werden die Unternehmen aber nicht verzichten. Schließlich können 130 Zensuren in der Schule sehr wohl eine Aussage darüber treffen, ob der Bewerber etwa über Selbstdisziplin verfügt.

Die Angst vieler Chefs, schlechte Schüler als Azubis könnten die Versager-135 quote hochtreiben, ist jedoch unbegründet. Die süddeutsche Bäckereikette K & U hat eine andere Erfahrung gemacht, wie Ausbildungsleiterin Krefft-Ebner bestätigt: „Bei uns ist die Abbre-140 cherquote in den zehn Jahren von 22 auf 8 Prozent gesunken."

Quelle: Michael Stürzenhofecker, Tobias Schulze, Markus Dettmer: Der Spiegel 29/2013 vom 15. 3. 2013; http://www.spiegel.de/spiegel/print/d-103361693.html

---

3 *Orthografie: Rechtschreibung*

1 *duales Studium: Hochschulstudium, das beide Bereiche berücksichtigt: Theorie und Berufspraxis; Praxiszeiten in Unternehmen sind fester Bestandteil eines solchen Studiums.*

2 *Assessment-Center: ein bestimmtes Verfahren zur Auswahl von Bewerbern auf eine Stelle. Dabei werden mehrere Kandidaten gleichzeitig eingeladen und direkt miteinander verglichen.*

Aufgaben

1. Worum geht es in dem Text? Kreuze die Aussage an, die das Thema des ganzen Textes benennt.

   Es geht um ...

   ☐ Klagen über die schlechten Noten der Schulabgänger.

   ☐ Zweifel an der Aussagekraft von Schulnoten.

   ☐ neue Wege beim Besetzen von Ausbildungsplätzen.

   ☐ Sorgen wegen des drohenden Fachkräftemangels.

2. Nenne drei Unternehmen, die ihre Einstellungspraxis geändert haben.

   _____

   _____

3. Warum wird bei der Einstellung von Azubis inzwischen weniger auf Schulnoten geachtet?

   Kreuze an, welche der folgenden Aussagen zutreffen und welche nicht.

Aussagen	trifft zu	trifft nicht zu
a) Bestimmte Ausbildungsplätze könnten sonst nicht besetzt werden.	☐	☐
b) Es gibt immer weniger Bewerber um Ausbildungsplätze.	☐	☐
c) Man ist der Meinung, dass Schulnoten nichts über die Qualitäten eines Bewerbers aussagen.	☐	☐
d) Bewerber mit guten Noten stellen zu hohe Ansprüche an die Unternehmen.	☐	☐
e) Auch Bewerber mit schlechten Noten können für einen Beruf geeignet sein.	☐	☐
f) Die Unternehmen passen ihre Auswahlkriterien an die Anforderungen des jeweiligen Ausbildungsberufes an.	☐	☐
g) Bewerber, die aufgrund guter Noten eingestellt wurden, sind während ihrer Ausbildung gescheitert.	☐	☐
h) Die Unternehmen haben ihre Ansprüche an die Bewerber gesenkt.	☐	☐

4. Beschreibe in zwei bis drei Sätzen den Werdegang von Xenia Mahler.

   _____

   _____

   _____

   _____

ÜBUNGSAUFGABE 2

5. Nenne die vier Fähigkeiten, die die Bäckereikette K & U von ihren Bewerbern erwartet, und weise nach, dass Xenia sie erfüllt. Trage entweder eine passende Textstelle ein oder formuliere den Beleg mit eigenen Worten.

Erwartete Fähigkeit	Textbeleg

6. Was ist ein „Potentialtest" (Z. 31)?
   Kreuze die passende Aussage an.

   Bei einem Potentialtest wird geprüft, ob . . .

   ☐ in einem Bewerber unentdeckte Fähigkeiten schlummern.

   ☐ die Kenntnisse eines Bewerbers ausreichen.

   ☐ ein Bewerber genügend Ausdauer mitbringt.

   ☐ ein Bewerber für eine Tätigkeit kräftig genug ist.

7. Gute Noten zeigen nicht unbedingt, ob ein Bewerber für eine bestimmte Ausbildung geeignet ist. Erläutere diese Aussage am Beispiel des Fachs Deutsch.

   _____

   _____

   _____

   _____

8. Der Psychologe Matthias Ziegler sagt, Mädchen würden manchmal bessere Noten bekommen als Jungen, obwohl ihre Fähigkeiten nicht besser seien. Welchen Grund dafür vermutet er?
   Kreuze die passende Aussage an.

   ☐ Mädchen lassen sich im Unterricht nicht so leicht ablenken wie Jungen.

   ☐ Mädchen arbeiten im Unterricht fleißiger mit als Jungen.

   ☐ Jungen werden durch schlechtere Noten für ihr Fehlverhalten bestraft.

   ☐ Jungen legen nicht so viel Wert auf gute Noten.

Leseverstehen | 151

9. „Wer früher aufgrund seines Zeugnisses als Versager abgestempelt wurde,
gilt heute als mögliches Talent." (Z. 49–51)
Erkläre die Bedeutung dieses Satzes, indem du die angefangenen Sätze sinnvoll beendest. Verwende eigene Worte.

Früher dachte man, dass ein Bewerber, der schlechte Schulnoten hat,

_____

Heute fragt man sich, ob ein Bewerber, der schlechte Schulnoten hat,

_____

10. Bringe die Aussagen über den Ablauf des Bewerbungsverfahrens bei der
Deutschen Bahn in die richtige Reihenfolge, indem du sie nummerierst.

_____ Der Bewerber wird zum Einstellungstest zugelassen.

_____ Die Ergebnisse des Online-Tests werden mit den Schulnoten
verglichen.

_____ Der Bewerber füllt den Test aus.

_____ Ein Schüler bewirbt sich um einen Ausbildungsplatz.

_____ Der Bewerber erhält per E-Mail einen zum Berufswunsch
passenden Fragebogen.

_____ Bei gutem Testergebnis wird der Bewerber zu einem Gespräch
eingeladen.

11. Nicht alle Bewerber absolvieren den gleichen Online-Test. Weise nach,
dass diese Aussage zutrifft. Führe zum Beleg eine Textstelle an und erläutere sie kurz.

_____

_____

_____

_____

12. Die Bäckereikette K & U hat mit ihrem Einstellungsverfahren gute Erfahrungen gemacht. Woran zeigt sich das – und woran nicht? Kreuze an.

Aussagen	trifft zu	trifft nicht zu
a) Die Atmosphäre im Laden ist auch zu Stoßzeiten angenehm.	☐	☐
b) Die Arbeitstage verlaufen auch bei großem Kunden- andrang stressfrei.	☐	☐
c) Es gibt vor dem Verkaufstresen keine Warteschlangen mehr.	☐	☐
d) Weniger Azubis haben ihre Ausbildung vorzeitig abge- brochen.	☐	☐

13. Warum werden Unternehmen nicht komplett darauf verzichten, auf die Noten zu achten? Kreuze die passende Aussage an.

    Die Personalchefs ...
    - [ ] schließen von den Noten der Bewerber auf deren Selbstdisziplin.
    - [ ] sind seit Langem daran gewöhnt, auf die Noten zu achten.
    - [ ] trauen ihren eigenen Tests nicht und wollen sich absichern.
    - [ ] können Absagen anhand der Noten besser begründen.

14. Felix sagt nach dem Lesen des Textes: „Eigentlich braucht man sich gar nicht mehr um gute Schulleistungen zu bemühen."
    Nimm begründet Stellung zu seiner Aussage.

15. Welche Textaussagen werden durch das Diagramm bestätigt oder widerlegt? Stelle einen Zusammenhang her. Schreibe drei bis vier Sätze.

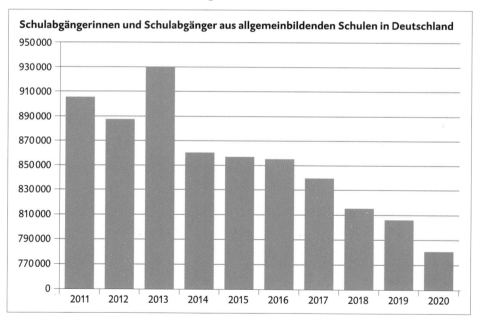

Analysieren | 153

Zweiter Prüfungsteil: Schreiben

Der zweite Prüfungsteil enthält **zwei Wahlthemen**, von denen **eines** von dir ausgewählt und bearbeitet werden muss.

Wahlthema 1 –
Einen Text analysieren und interpretieren

Lies zunächst den gegebenen Text und bearbeite dann die Aufgaben.
Schreibe einen zusammenhängenden Text.

Aufgabenstellung

Analysiere den Auszug aus dem Roman „Es war einmal Indianerland" von Nils Mohl.

Gehe dabei so vor:

▶ Schreibe eine Einleitung, in der du Textsorte, Titel, Autor und Erscheinungsjahr **nennst** und das Thema **bestimmst**.

▶ **Fasse** den Inhalt des Textes mit eigenen Worten **zusammen**.

▶ **Stelle** den Ablauf der Begegnung zwischen dem Ich-Erzähler und Jackie **dar**. Gehe dabei auch auf die Gefühle beider ein. Beziehe dich auf Textstellen.

▶ **Beschreibe** auffallende sprachliche Besonderheiten. Zeige, wie die Sprache der Hauptfiguren den Gesprächsverlauf beeinflusst.

▶ **Stelle dar**, wie die Begegnung endet. Äußere dich dabei noch einmal kurz zu den Gründen für dieses Ende.

▶ Nach dem Lesen des Textes sagt Nora: *„Ich finde, die beiden passen überhaupt nicht zusammen!"*
Nimm begründet Stellung zu dieser Äußerung. **Belege** deine Meinung anhand des Textes.

ÜBUNGSAUFGABE 2

In dem Roman „Es war einmal Indianerland" setzt sich der siebzehnjährige Ich-Erzähler mit Problemen auseinander, denen er sich auf der Schwelle zum Erwachsenwerden stellen muss. Der Umgang mit Mädchen spielt dabei auch eine wichtige Rolle. In diesem Textauszug interessiert er sich für Jackie, die aus ganz anderen Verhältnissen stammt als er selbst: Ihre Eltern sind reich, und sie wohnt in einer Villa mit großem Garten und Swimmingpool. Er dagegen stammt aus einer Vorstadtsiedlung, in der die Mieter eher unteren gesellschaftlichen Schichten angehören. Nachdem Jackie ihn am Vortag bei einer Verabredung am Strand der Elbe versetzt hat, geht er zu ihrem Haus, um sie deswegen zur Rede zu stellen. Allerdings klingelt er nicht, sondern wartet vor dem Eingang darauf, dass sie irgendwann herauskommt...

Nils Mohl: Es war einmal Indianerland (Auszug)

1 Als ich sie (bei ihrer versuchten Begrüßungsumarmung) zur Seite schieben will, hält sie mich fest. Mit einer Träne im Knopfloch, was mich kurz aus dem
5 Konzept bringt. Ein rascher Kuss auf den Mundwinkel gelingt ihr, dann habe ich meine Fassung wieder und gebe den Kotzbrocken, den man nicht so ohne weiteres im Regen stehen lässt. Sie:
10 – Es hat nicht bloß genieselt, beleidigte Leberwurst, es hat Nägel geschüttet, die Welt ist gestern untergegangen, mit Donner und Gloria. Warum bist du nicht einfach vorbeigekommen?
15 – Bin ich. Es war kein Mensch hier.
– Warum besorgst du dir kein Telefon? Ich sehe Tropfen über ihre Wimpern kullern. Bleibe trotzdem ruppig, fasele etwas von wegen, wo ich herkomme
20 sei ein Wort ein Wort, und so weiter. Was ihr aber nicht wirklich imponiert.
– Na und, sagt sie, ich könnte mich auch aufregen. Du lauerst mir auf. Stehst hier vor der Haustür wie ein Stalker: Möch-
25 te gar nicht wissen, wie lange schon. Und wozu? Um mich zu beschimpfen und herumzuschubsen?
Beim Wort *Stalker* malt sie Gänsefüßchen in die Luft. Ich entgegne, dass sie
30 unbesorgt sein könne, ich habe noch nie rothaarige Mädchen tranchiert[1] oder mit Salzsäure beträufelt. Jackie:
– Sei nicht kindisch.
Ich frage mich im Stillen, warum nicht.
35 Pöble:
– Was soll ich denn deiner Meinung nach sein? Auf erwachsene Weise stumpf abgebrüht gleichgültig?

Das *So-wie-du* schenke ich mir. Sie ver-
40 wischt die feuchten Spuren im Gesicht, und ich sehe, wie vor ihren Augen unsichtbare Visiere runtergeklappt werden. Und als weitere Absicherung auch noch: die Sonnenbrille, direkt aus dem fuchs-
45 roten Haar über der Stirn.
– Okay, du bist sauer, kapiert, sagt sie, aber warum kommst du jetzt nicht einfach mit, ich bin zum Kaffee verabredet. Ein Trick? Ich muss kurz nachdenken.
50 Höre den Motor eines Rasenmähers in der Nähe. Sehe einen Gärtner mit fransigem Strohhut vor mir, der auf dem Sitz eines wackeligen Gefährts durchgerüttelt wird und leise summend über
55 die Hügel einer Parklandschaft zuckelt (wie ein Siedler auf dem Kutschbock vor dem Planwagen).

1 *tranchieren:* mithilfe eines scharfen Messers zerlegen. Man tranchiert z. B. eine gebratene Gans.

– Ich will nicht stören. Merke schon: Ghetto-Kind wird langweilig.
60 Es ist mir so rausgerutscht. Genauso peinlich: Die Gänsefüßchen, die ich beim Wort *Ghetto-Kind* in die Luft gemalt habe.
– Meld dich einfach wieder, wenn du normal bist. Oder geh zum Teufel.
65 Höllisch gerne. Ich betrachte betreten und getreten meine Turnschuhe: Baustellenstaub haftet noch dran; denke an die Prämie, die ich heute früh für diesen Auftritt in den Wind geschlagen habe[2],
70 drehe bei und weiß plötzlich nicht so recht, wohin. Überhaupt: Mein Zorn ist bereits nach wenigen Schritten komplett verpufft.

Werde ich meinen Schatten nie wieder
75 auf dieses Pflaster werfen?
War's das?
Jackie womöglich nie wiederzusehen erscheint mir ein hoher Preis für meinen Stolz. Also drehe ich mich noch einmal
80 um, nur zur Vorsicht, aber Jackie ist schon zurück durch die Toreinfahrt. Wollte sie nicht gerade los?
Ich hüpfe hinter einen Busch und warte wieder. Aber während es beim ersten
85 Mal geschlagene drei Stunden waren am Ende (ich weiß jetzt, für einen Spähtrupp ist das Leben die meiste Zeit ungefähr so spannend, wie einem Baum beim Wachsen zuzusehen), sind es
90 diesmal nur drei Minuten.
Und schon kommt sie vorbei. So schnell, so wunderschön in der Sonne mit ihrem Raubtiergang. Eine leibhaftige Werbeposter-Ikone: Zero Körperfett, Zero Ma-
95 kel, Zero Selbstzweifel. Ihr Auftritt sagt: *Seht her, hier kommt Jackie!*
Sie trägt einen kurzen Rock, dazu einen weit ausgeschnittenen, hauchzarten Pulli, darunter sieht man ein Bikini-Oberteil
100 im Leopardenlook hervorblitzen. An den Füßen: Espadrilles[3]. In der Hand: ein kleines Ledertäschchen. Im Haar jetzt wieder die Sonnenbrille, im exakt gleichen Design wie der Bikini.
105 (Ist sie deshalb zurück ins Haus, um die Sonnenbrille zu richten?)
Mein Puls, ihre Haare fliegen. Ich kann nicht anders, ich muss ihr nach. [...]

Quelle: Nils Mohl: Es war einmal Indianerland. Rowohlt TB, Reinbek bei Hamburg 2011, S. 140–142

3 *Espadrilles: sommerliche Leinenschuhe mit Sohlen aus Pflanzenfasern*

2 *Um Jackie zu treffen, hat er eine Prämie ausgeschlagen, die ihm für zusätzliche Arbeitsstunden auf einer Baustelle angeboten worden war.*

Wahlthema 2 –
Informationen ermitteln, vergleichen und bewerten

Lies zuerst die Materialien, bevor du die Aufgaben bearbeitest.

Aufgabenstellung

Untersuche die Materialien M 1 bis M 4.

Gehe dabei so vor:

▸ **Bestimme** das gemeinsame Thema von M 1 bis M 4. Verwende eigene Worte.

▸ **Fasse** die Informationen aus M 1 **zusammen.**

▸ **Stelle** auf Grundlage von M 2 und M 3 **dar**, wie es Menschen geht, die unter Prokrastination leiden.

▸ **Vergleiche** den Alltag dieser Personen mit dem Alltag des Autors von M 4. Berücksichtige dabei, wie sich die unterschiedlichen Verhaltensweisen auf ihr Leben auswirken.

▸ Lina sagt: *„Wieso soll Prokrastination eine Krankheit sein? Dass man unangenehme Pflichten aufschiebt, ist doch normal."*
Nimm begründet **Stellung** zu dieser Äußerung. Beziehe dich dabei auch auf die Materialien M 1 bis M 4.

Informieren ◢ 157

Materialien zum Thema „Aufschiebe-Krankheit"

M 1: Was du heute kannst besorgen, das verschiebe nicht auf morgen

1 *Wer kennt das nicht: Schon auf dem Weg*
von der Schule nach Hause weiß man,
dass zu Hause ein Berg Hausaufgaben
wartet und in der nächsten Woche auch
5 *noch drei Arbeiten anstehen. Klar, dass*
man darauf eigentlich überhaupt keine
Lust hat und sich erst einmal entspannt
vor den Fernseher oder Computer setzt.
Denn es ist ein ganz natürliches Verhal-
10 *ten von Menschen, unangenehme Dinge*
auf die lange Bank zu schieben. Nun gibt
es für diese „Krankheit" einen Namen –
Prokrastination.
Prokrastination bedeutet, die Erledigung
15 unangenehmer oder – nach Meinung
der „Erkrankten" – unwichtigerer An-
gelegenheiten in die Zukunft zu ver-
schieben. Diese „Kranken" sind sich des
Nachteils bewusst, dass alles auf den
20 „letzten Drücker" erledigt werden muss
oder gar nicht mehr geschafft werden
kann, was wiederum Angst und noch
mehr Unlust auslöst. Ein Kreisprozess
mit oft ernsten Folgen. [...]
25 Prokrastination kann entstehen, wenn
die Betroffenen ihre Prioritäten zu ungenau setzen, wenig organisiert sind
oder eine Abneigung gegen Aufgaben
haben, die ihnen langweilig erscheinen.
30 Es kann aber auch durch das Elternhaus

ausgelöst werden, wenn zu hoher Per-
fektionismus gefordert wird. Die Erkrankten sehen als einzige Möglichkeit,
um eine Beurteilung zu umgehen, ein-
35 fach kein Ergebnis abzugeben, mit der
Ausrede, man hätte es ja gekonnt, aber
nicht unter Zeitdruck.
Dieses Phänomen ist vor allem unter
Schülern und Studenten weit verbrei-
40 tet, denn gerade diese müssen immer
wieder neue Abgabetermine einhalten,
Hausaufgaben erledigen und für Arbeiten lernen. Wer kennt nicht auch Schüler [...], die grundsätzlich nie Hausauf-
45 gaben zu Hause machen, sondern meist
in der Pause oder kurz vor der Stunde?
Es gibt auch Schüler, die die Lektion für
die anstehende Klausur erst einen Tag
vorher lesen. Und es gibt natürlich auch
50 diejenigen, die überhaupt nicht lernen,
weil es ihnen keinen Spaß macht und
sie ihre Aufmerksamkeit lieber anderen
Dingen widmen wollen. [...]
Jeder Mensch ist zum Prokrastinator
55 geboren, denn man setzt sich lieber an
kurzweilige Aufgaben mit baldigem Erfolg als an Projekte, die viel Zeit in Anspruch nehmen und bei denen die Belohnung auf sich warten lässt. [...]

Quelle: Julia Gunkel, Goethe-Gymnasium Kassel, 20. 1. 2007; http://www.umlauf.de/online/archiv/zeitpunkte/item/
874-was-du-heute-kannst-besorgen-das-verschiebe-nicht-auf-morgen

M 2: Prokrastination vom Feinsten[1]

1 Seit Tagen trage ich eine immer länger wer-
dende To-do-Liste mit mir herum. Da stehen
echt wichtige Dinge drauf. Was mache ich
heute Morgen?
5 ● Erst komme ich ewig nicht aus dem Bett,
obwohl ich um 7 Uhr schon wach war.
● Als ich es endlich schaffe, schalte ich den
Computer an und stelle sicher, dass
„Fernweh" von Herbert Grönemeyer in
10 der Dauerschleife läuft.
● Danach fange ich erst mal an, die Woh-
nung zu putzen, ganz gründlich (auch in
den Ecken, in denen man das nicht so
häufig tut).
15 ● Und ich bügele – das mache ich sonst nie!!!

● Stunden später fange ich an, nach meiner
To-do-Liste zu suchen (nicht, dass ich sie
brauchen würde, ich weiß ganz genau, was
draufsteht).
20 Meine Ausreden, nicht zu tun, was ich tun
sollte, reichen von: „Heute scheint die Sonne,
ab in den Park" über: „Jetzt hast du endlich
mal ein paar Tage lang wirklich Zeit, das
kannst du auch noch morgen erledigen", hin
25 zu: „Na ja, entspann dich mal!".
Gut ist schon mal, wenn man erkennt, dass
man Dinge vor sich herschiebt. Mein Gegen-
mittel heute wird wohl ein Spaziergang im
Park sein, und vielleicht sieht meine Motiva-
30 tion hinterher schon ganz anders aus. ...

Quelle: Andrea Herzog; http://freilaufmenschen.com/pro%C2%ADkras%C2%ADti%C2%
ADna%C2%ADti%C2%ADon-vom-feinsten/ (aus didaktischen Gründen gekürzt und leicht verändert)

[1] *Bei diesem Text handelt*
es sich um einen Blogeintrag
im Internet.

M 3: Der Teufelskreis des Aufschiebens

Quelle: Dirk Lehr, David Daniel Ebert; https://www.geton-training.de/InfoProkrastination.php

M 4: Richtiges Zeitmanagement

1 [...] Es ist ganz einfach. Entweder machen Sie sich jetzt auf den Weg und beginnen ETWAS zu tun, oder Sie tun es nicht. Es spielt keine Rolle, was Ihre
5 Gründe oder Ausreden sind, wichtig ist nur, ob Sie es tun oder nicht tun. [...] Um seine Zeit richtig zu nutzen und den größtmöglichen Nutzen daraus zu ziehen, muss man dafür sorgen, ein ho-
10 hes Niveau an Produktivität zu erreichen. Das bedeutet vor allem konzentriert, in Ruhe und ungestört zu arbeiten. [...]. Nehmen Sie immer wieder Abstand von technischen Spielzeugen wie Compu-
15 tern, Handys [...] und von Menschen im Allgemeinen. Sorgen Sie ab und zu dafür, dass Sie niemand stören darf (oder nur ausgewählte Personen). Nehmen Sie sich Zeit für sich und setzen Sie Regeln
20 für die Nutzung Ihrer Zeit. Es ist Ihre Zeit. Sie entscheiden, wen Sie empfangen, ob Sie ans Telefon gehen, ob Sie arbeiten oder pausieren. [...] Bei E-Mail und SMS verhalten wir uns manchmal
25 so, als wären sie auch umsonst. Sie sind es nicht. Wir bezahlen immer mit unserer Zeit. Ich lese und beantworte meine E-Mails nur einmal pro Woche und ich bin sehr zufrieden damit. [...]

30 Um seine Zeit besser nutzen zu können, muss man auch lernen Nein zu sagen. Oft. Es ist für jeden unangenehm eine Einladung abzulehnen oder ein Gespräch kurz zu halten, aber es ist not-
35 wendig. Sie können nicht überall zur gleichen Zeit sein. Und falls Sie dort sein wollen, wo Sie sein wollen, müssen Sie dort Nein sagen, wo Sie nicht sein wollen. [...] Mindestens genauso
40 wichtig, wie zu entscheiden, was man tun sollte, ist zu entscheiden, was man nicht tun sollte. Eine sehr lästige Angelegenheit sind unerledigte Aufgaben, die nicht dringend
45 sind [...], aber die dennoch getan werden sollten. Nichts ist so nervig und lähmend wie eine Aufgabe, die nicht zu Ende geführt wurde, obwohl es oft nicht viel Zeit in Anspruch nehmen würde.
50 Je länger man diese Dinge aufschiebt, desto schlimmer wird es. Deshalb ist die einzige zufriedenstellende Lösung, es so schnell wie möglich hinter sich zu bringen. Oft dauert es weniger als ange-
55 nommen und hinterher fühlt man sich frei für neue Vorhaben. Lassen Sie deshalb keine Aufgabe unvollendet und schieben Sie wichtige Dinge nicht auf.

Quelle: Haris Halkic; http://www.zeitmanagementtipps.de/zeitmanagement/richtiges-zeitmanagement,
(aus didaktischen Gründen stellenweise gekürzt und leicht geändert)

▶ Original-Prüfungsaufgaben

**Zentrale Prüfung am Ende der Klasse 10 – NRW
Deutsch 2016
Realschule/Gesamtschule EK/Hauptschule Typ B**

2016-1

Erster Prüfungsteil: Leseverstehen

Till Krause: TOTAL ÜBERZEICHNET

Früher war das Ausrufezeichen eine Besonderheit. Und heute? Stehen am Ende jedes Facebook-Kommentars gleich drei davon. Das ist falsch – hat aber ein paar echte Vorteile.

(1) Wo man auch hinschaut: Das Ausrufezeichen ist schon da, oft sogar mehrfach. Auf Schildern („Die Benutzung der Toilette ist kostenlos!!"), Wahlplakaten („Gerechtigkeit!"), Briefen („Sehr geehrter Herr Krause!"). Diese Sätze wären auch mit Punkt oder Komma ausgekommen, aber das war offenbar zu wenig. Bei Facebook und WhatsApp ist es längst normal, dass Sätze mit einem Ausrufezeichen enden. Zwischen „toll!!!!" und „juhu!!!" wäre ein nüchternes „Schön" beinahe ein Affront[1]. Wie albern!!

(2) Denn streng genommen gibt es laut deutscher Grammatik keinen Platz für zwei Ausrufezeichen hintereinander, sagt Ursula Bredel, Professorin für deutsche Sprache an der Universität Hildesheim und Autorin eines Buchs über Satzzeichen. „Bei kaum einem Zeichen wird so oft gegen die Regeln verstoßen wie beim Ausrufezeichen", sagt sie und lacht: „Sprache hält sich ungern an Regeln. Spannender ist es, sich zu fragen, warum Menschen Zeichen auf eine bestimmte Art verwenden." Dass das Ausrufezeichen öfter verwendet wird als früher, hat das wissenschaftliche *Journal of Computer-Mediated Communication* schon 2006 beschrieben. Wieso also diese Inflation[2] des Ausrufezeichens? „Weil es so vielseitig ist", sagt Bredel, „und perfekt in eine Zeit passt, in der dank Kurzmitteilungen und Twitter die Grenzen zwischen Schreiben und Sprechen immer mehr verschwimmen." Laut aktuellem Duden verleiht das Zeichen „dem Vorangehenden einen besonderen Nachdruck", ist also eine Art Lineal, das wichtige Sätze noch mal unterstreicht. Dabei ist das Ausrufezeichen längst mehr als das, „es wird offenbar dringender gebraucht als früher", sagt Bredel.

Denn es kann helfen, ein altes Problem der geschriebenen Sprache in den Griff zu bekommen: Schrift muss ohne Gestik und Mimik auskommen. Und das kann zu Verwirrung führen. In einer Zeit, die der Autor Mark Greif als „Ära der Ironie"[3] bezeichnet, weil man bei jeder Aussage erst mal prüfen muss, ob sie nicht vielleicht als Witz gemeint sein könnte.

(3) „Beim Gespräch kann man ein Augenzwinkern leicht erkennen – in einer Mail nicht. Deshalb braucht es in der Schriftsprache kleine Tricks, die deutlich machen, was man wirklich meint. Besonders populär: Smileys wie ;) – „aber die sind für offizielle Kommunikation zu flapsig[4]", sagt die Sprachwissenschaftlerin. Der Kulturkritiker Theodor Adorno nannte das Ausrufezeichen vor mehr als fünfzig Jahren eine „verzweifelte Schriftgebärde, die vergebens über die Sprache hinausmöchte". Das mag sein, geht aber an einem wichtigen Punkt vorbei: Oft ist es wirklich notwendig, sich nicht nur auf die reinen Buchstaben zu verlassen.

(4) In E-Mails und bei Facebook scheint sich die wahre Bedeutung erst durch die Satzzeichen zu erschließen:
„Genial ..." bedeutet: oh je.
„Genial." bedeutet: geht so.
„Genial!" bedeutet: gut.
„Genial!!!" bedeutet: wirklich genial.

---

1 *Affront: hier: Beleidigung*

2 *Inflation: hier: sehr häufiger Gebrauch*

3 *Ära der Ironie: Zeitalter, in dem viele Aussagen mehrdeutig (z. B. ironisch) sein können*

4 *flapsig: locker, nicht ernsthaft*

(5) Dass nun ausgerechnet das Ausrufezeichen so beliebt ist, liegt an seiner Wandelbarkeit. Nach der Anrede bei Briefen war das Zeichen bis in die Sechzigerjahre üblich – heute wirkt das unpassend. Dafür ist eine andere Funktion des Zeichens sehr gefragt: Man kann damit auf wenig Raum viel sagen. Wer schon mal einen Stapel Papier auf dem Schreibtisch gefunden hat, auf den jemand ein Post-it[5] mit einem simplen „!" geklebt hat, der weiß: Das hier ist offenbar wichtig. Und Autofahrer auf der ganzen Welt kennen das Zeichen, das in Deutschland unter der Nummer StVO 101 firmiert[6]: ein Warnschild mit einem Ausrufezeichen. Es bedeutet: Achtung, Gefahrenstelle. Kürzer lässt sich das kaum ausdrücken.

(6) Für Ursula Bredel, die Ausrufezeichen-Expertin, stellt dieses Verkehrsschild eine mustergültige Verwendung dar. „Das Zeichen wird korrekterweise verwendet, wenn der Absender zeigen will: Achtung, hier kommt etwas Unerwartetes." Das Schild drückt die Vermutung aus: Der Fahrer passt nicht auf – und will ihn auf eine kommende Gefahr hinweisen. Aus demselben Grund steht auf offiziellen Formularen das Ausrufezeichen nicht hinter dem Satz „Bitte ausfüllen" (das ist schließlich eine Selbstverständlichkeit), sondern hinter der Aufforderung „Hier bitte nicht beschriften!". „Der Normalfall braucht kein Ausrufezeichen – nur die Ausnahme", sagt die Sprachwissenschaftlerin. Wenn also der Chef auf einen Vorschlag per E-Mail mit „gut!" antwortet, bedeutet das genau genommen, dass er eigentlich nichts Gutes erwartet hat – und jetzt überrascht ist, dass man etwas Brauchbares geliefert hat.

Quelle: Till Krause, Ursula Bredel: Total überzeichnet. In: Süddeutsche Zeitung Magazin vom 23. 5. 14, Nr. 21, S. 26 f.

---

5 *Post-it: Klebezettel für Notizen*

6 *Zeichen, das in Deutschland unter der Nummer StVO 101 firmiert: Zeichen, das in Deutschland in der Straßenverkehrsordnung (StVO) unter der Nummer 101 bekannt ist*

Zentrale Prüfung 2016 – Deutsch ✦ 2016-3

Aufgaben zum Leseverstehen

1. Kreuze die richtige Antwort an.

   In Abschnitt 1 wird über das Ausrufezeichen gesagt, dass es ...

   a) ☐ im Internet für jeden Satz benutzt wird.

   b) ☐ seltener als Punkt oder Komma getippt wird.

   c) ☐ in Texten statt Punkt oder Komma getippt wird.

   d) ☐ nur als albernes Zeichen benutzt wird.

2. Kreuze die richtige Antwort an.

   Nach Meinung von Ursula Bredel (Abschnitt 2), Professorin für deutsche Sprache, ...

   a) ☐ werden Ausrufezeichen oft nicht entsprechend der Regel gesetzt.

   b) ☐ sollte es in der deutschen Grammatik zwei Ausrufezeichen geben.

   c) ☐ wird bei Satzzeichen insgesamt selten gegen die Regel verstoßen.

   d) ☐ sollten die Satzzeichen grundsätzlich viel öfter gesetzt werden.

3. Kreuze die richtige Antwort an.

   Laut Bredel passt das Ausrufezeichen besonders gut in die heutige Zeit (Abschnitt 2), weil ...

   a) ☐ es von Redakteuren des Dudens als besonders wichtig angesehen wird.

   b) ☐ die Grenzen zwischen Gestik und Mimik in der heutigen Zeit verschwimmen.

   c) ☐ es in sozialen Netzwerken wie Facebook immer häufiger benutzt wird.

   d) ☐ sich die geschriebene und die gesprochene Sprache immer mehr ähneln.

4. Kreuze die richtige Antwort an.

   Mit dem Ausdruck, das Ausrufezeichen *„ist also eine Art Lineal"* (Z. 41 f.), ist gemeint, dass das Ausrufezeichen ...

   a) ☐ unwichtige Aussagen im Satz streicht.

   b) ☐ laut Duden eine wichtige Bedeutung erhält.

   c) ☐ heute wichtiger als früher geworden ist.

   d) ☐ wesentliche Aussagen hervorhebt.

5. Kreuze die richtige Antwort an.

Schriftliche Texte können verwirrend für den Leser sein (Abschnitt 2), weil sie ...

a) ☐ sehr oft zu kompliziert geschrieben sind.

b) ☐ auf die Körpersprache verzichten müssen.

c) ☐ überflüssige Ausrufezeichen enthalten.

d) ☐ häufig nicht genau genug gelesen werden.

6. Kreuze die richtige Antwort an.

Smileys übernehmen eine wichtige Aufgabe in Texten (Abschnitt 3), denn sie ...

a) ☐ eignen sich besonders für die offizielle Kommunikation.

b) ☐ zwinkern und lächeln dem Leser der Aussage freundlich zu.

c) ☐ verstärken eine unfreundliche Aussage durch Witz und Ironie.

d) ☐ weisen auf die eigentliche Bedeutung einer Aussage hin.

7. Erläutere die Aussage „Oft ist es wirklich notwendig, sich nicht nur auf die reinen Buchstaben zu verlassen" (Z. 71–73) im Textzusammenhang.

_____

_____

_____

_____

8. Kreuze die richtige Antwort an.

Der Vergleich der Beispiele (Abschnitt 4) zeigt, dass ...

a) ☐ sich durch Satzzeichen der Sinn einer Aussage ändert.

b) ☐ das Adjektiv „genial" in E-Mails gern verwendet wird.

c) ☐ die Sätze in E-Mails und bei Facebook sehr kurz sind.

d) ☐ Ausrufezeichen bei Facebook immer beliebter werden.

9. Kreuze die richtige Antwort an.

In Abschnitt 5 wird gesagt, dass das Ausrufezeichen ...

a) ☐ in Briefen eine andere Bedeutung hat als in E-Mails.

b) ☐ auf Post-its in der Regel keine Funktion hat.

c) ☐ heute anders benutzt wird als vor einigen Jahrzehnten.

d) ☐ besonders in den Sechzigerjahren sehr beliebt war.

Zentrale Prüfung 2016 – Deutsch ✦ 2016-5

10. Kreuze die richtige Antwort an.

Die Botschaft auf dem Verkehrsschild mit einem Ausrufezeichen (Abschnitt 5) ist ...

a) ☐ zweckmäßig.

b) ☐ widersprüchlich.

c) ☐ mehrdeutig.

d) ☐ unklar.

11. Kreuze die richtige Antwort an.

Das Ausrufezeichen wird nach Bredel dann richtig verwendet (Abschnitt 6), wenn es auf Folgendes hinweist:

a) ☐ das Ende eines Satzes.

b) ☐ eine zentrale Vermutung.

c) ☐ etwas Überflüssiges.

d) ☐ etwas Überraschendes.

12. Kreuze die richtige Antwort an.

In offiziellen Formularen kennzeichnet das Ausrufezeichen (Abschnitt 6) ...

a) ☐ eine belanglose Äußerung.

b) ☐ eine besondere Anweisung.

c) ☐ den selbstverständlichen Fall.

d) ☐ eine Selbstverständlichkeit.

13. Kreuze die richtige Antwort an.

Die Überschrift „Total überzeichnet" bedeutet, dass Ausrufezeichen wichtig sind, aber ...

a) ☐ zu Untertreibungen führen.

b) ☐ von großer Bedeutung sind.

c) ☐ zu häufig verwendet werden.

d) ☐ zu groß dargestellt werden.

14. Eine Schülerin sagt nach dem Lesen des Textes:

„Ausrufezeichen machen das Lesen von Texten komplizierter."

Du kannst dieser Aussage zustimmen oder nicht. Wichtig ist, dass du deine Meinung begründest und dich auf mehrere Textaussagen beziehst.

Zweiter Prüfungsteil

Der zweite Prüfungsteil enthält **zwei Wahlthemen**, aus denen **eines** von dir ausgewählt und bearbeitet werden muss.

Wahlthema 1

Lies bitte zunächst den Text, bevor du die Aufgaben bearbeitest.
Schreibe einen zusammenhängenden Text.

Aufgabenstellung

Analysiere den Textauszug aus dem Roman „Die unheimliche Bibliothek" von Haruki Murakami.

Gehe dabei so vor:

▶ Schreibe eine Einleitung, in der du Titel und Autor benennst und das Thema formulierst.

▶ Fasse den Text kurz zusammen.

▶ Stelle dar, wie der Bibliothekar sein Verhalten gegenüber dem Ich-Erzähler im Verlauf des Textes ändert.

▶ Untersuche, wie der Ich-Erzähler auf den Bibliothekar reagiert.

▶ Erläutere, wie durch sprachliche Mittel eine unheimliche Stimmung erzeugt wird *(mögliche Aspekte: Wortwahl, sprachliche Bilder, . . .)*.

▶ Verfasse einen kurzen Text aus der Sicht des Ich-Erzählers:
  – Welche Gedanken hat der Ich-Erzähler, nachdem er beschlossen hat, noch länger in der Bibliothek zu bleiben?
  – Wie bewertet der Ich-Erzähler seine Lage?
  Schreibe in der Ich-Form und berücksichtige die Informationen, die der Textauszug gibt.

Haruki Murakami: Die unheimliche Bibliothek (Textauszug)

1 Ich war schon häufig in dieser Bücherei
gewesen, aber erst jetzt erfuhr ich, dass
sie einen Keller hatte. Obwohl ich ganz
normal an der Tür klopfte, klang es so
5 unheimlich, als hätte ich mit einer Keu-
le an die Pforte der Hölle geschlagen.
Am liebsten hätte ich auf der Stelle
kehrtgemacht und die Flucht ergriffen.
Aber ich tat es nicht. Denn so hatte man
10 es mir beigebracht. Hast du einmal irgendwo angeklopft, musst du auf Antwort warten.

„Herein!", tönte es von drinnen. Die
Stimme war leise, aber tragend.

15 Ich öffnete die Tür.

Im Zimmer stand ein kleiner alter
Schreibtisch, hinter dem ein zierlicher
alter Mann saß. Er hatte lauter schwarze
Flecken im Gesicht, anscheinend Flie-
20 gen. Er trug eine Brille mit dicken Glä-
sern und hatte eine Glatze, war aber
nicht völlig kahl. Weißes, krauses Haar
sträubte sich um seinen Kopf, als wäre
ein Buschbrand darüber hinweggefegt.

25 „Nur herein, junger Herr", sagte der
Alte. „Wie kann ich dir behilflich sein?"

„Ich such ein Buch", sagte ich
schüchtern. „Aber wenn Sie beschäftigt
sind, kann ich auch später …"

30 „O nein, durchaus nicht, schließlich
ist es meine Aufgabe, Bücher herauszu-
suchen."

Der hat aber eine sonderbare Art zu
reden, dachte ich. Noch sonderbarer
35 fand ich allerdings sein Aussehen. Aus
seinen Ohren sprossen lange Haare,
und von seinem Kinn hing die Haut
herunter wie ein schlaffes Segel.

„Nach welchem Buch belieben der
40 junge Herr auf der Suche zu sein?" fragte der Alte.

„Ich möchte etwas über die Metho-
den der Steuereintreibung im Osmanischen Reich[1] erfahren", sagte ich.

45 Die Augen des Alten blitzten. „Ich
verstehe, Steuereintreibung im Osmanischen Reich. Ja, das ist freilich hoch-
interessant."

Mir wurde unbehaglich zumute. Um
50 ehrlich zu sein, war ich keineswegs son-
derlich erpicht[2] darauf, etwas über die
Steuern im Osmanischen Reich zu er-

fahren. Doch hatte sich mir auf dem
Heimweg von der Schule unvermittelt
55 die Frage gestellt: Wie haben die eigentlich damals im Osmanischen Reich die
Steuern eingetrieben? Und wenn ich
etwas nicht wusste, ging ich immer sofort in die Stadtbücherei, um es heraus-
60 zufinden. Schon von klein auf.

„So wichtig ist es nun auch wieder
nicht", sagte ich. „Nichts, was unbedingt sein müsste. Das ist ja ein sehr
fachspezifisches Thema …"

65 Ich wollte so schnell wie möglich
aus diesem unheimlichen Zimmer verschwinden.

„Rede keinen Quatsch", sagte der
Alte beleidigt. „Wir haben hier durch-
70 aus mehrere Werke über die Steuereintreibung im Osmanischen Reich. Willst
du dich über unsere Bibliothek lustig
machen, junger Mann?"

„Nein, das liegt wirklich nicht in
75 meiner Absicht", entgegnete ich hastig.
„Auf keinen Fall."

„Dann wartest du jetzt mal ganz brav
hier."

„Ja", sagte ich.

80 Gebeugt erhob der Alte sich von seinem Stuhl, öffnete eine Eisentür auf
der anderen Seite des Raumes und ver-
schwand dahinter. Etwa zehn Minuten
stand ich dort und wartete. Einige läng-
85 liche Insekten umkreisten den Schirm
der Deckenlampe. Endlich kam der Alte
mit drei dicken Bänden im Arm zurück.
Alle drei wirkten uralt, und der Geruch
von stockigem[3] Papier breitete sich im
90 Zimmer aus.

„Da!", sagte der Alte. „*Steuern im
Osmanischen Reich, Tagebuch eines
Steuereintreibers im Osmanischen Reich*
und *Die Bewegung gegen die Osmani-
95 sche Steuerpolitik und ihre Niederschla-
gung*. Du siehst, wir haben allerhand zu
diesem Thema."

„Verbindlichsten Dank", sagte ich
höflich. Ich nahm die drei Bücher und
100 schickte mich an, das Zimmer zu verlassen.

„Halt, mein Freund!", rief der Alte
mir nach. „Diese Werke dürfen nicht
ausgeliehen werden."

1 *Osmanisches Reich:
Großmacht im Mittel-
meerraum, in Südosteuropa
und dem Nahen Osten, die
nach dem Ersten Weltkrieg
zerfiel*

2 *auf etwas erpicht sein:
auf etwas Wert legen*

3 *stockig: muffig*

4 *Mumpitz: Unsinn*

105 Bei genauerem Hinsehen trugen die Buchrücken tatsächlich rote Aufkleber, die ein solches Verbot anzeigten.

„Ich muss dich also bitten, sie hier zu lesen."

110 Ich sah auf meine Armbanduhr. Zwanzig nach fünf. „Aber die Bücherei schließt doch gleich. Außerdem macht meine Mutter sich Sorgen, wenn ich bis zum Abendessen nicht zu Hause bin."

115 Der Alte zog seine langen Augenbrauen zusammen. „Wegen der Schließzeit brauchst du dir keine Gedanken zu machen. Hier wird gemacht, was ich sage. Du weißt wohl meine Gutmütig-

120 keit nicht zu schätzen? Was meinst du, wozu ich die drei dicken Wälzer hier angeschleppt habe? Um mir Bewegung zu verschaffen? Hä?"

„Verzeihen Sie", sagte ich. „Ich woll-

125 te Ihnen keine Umstände machen. Ich wusste ja nicht, dass man die Bücher nicht ausleihen darf."

Der Alte räusperte sich aus tiefster Kehle und spuckte etwas, das vermut-

130 lich Schleim war, in ein Papiertaschentuch. Die Tupfer in seinem Gesicht zuckten vor Schreck zusammen.

„Gewusst oder nicht gewusst, papperlapapp! Als ich in deinem Alter war,

135 war ich froh, wenn ich überhaupt etwas zu lesen bekam. Was redest du da für einen Mumpitz[4] von Schließzeit und zu spät zum Abendessen kommen?"

140 „Also gut, ich werde eine halbe Stunde hier lesen", sagte ich.

Quelle: Haruki Murakami: Die unheimliche Bibliothek. Aus dem Japanischen von Ursula Gräfe.
Köln: Dumont Buchverlag, 2014, S. 5 –11.

Zentrale Prüfung 2016 – Deutsch ✦ 2016-9

Wahlthema 2

Am 1. Juli findet an deiner Schule ein Projekttag „Sprachenreichtum an unserer Schule" statt. Dafür wird ein Ordner zur Vorbereitung erstellt, der allen Schülerinnen und Schülern sowie Lehrkräften zur Verfügung steht. Du bist gebeten worden, für den Vorbereitungsordner einen informierenden Text zum Thema „Mehrsprachigkeit" zu verfassen. Um deinen Text schreiben zu können, bekommst du eine Materialsammlung (M 1 – M 7).

Lies bitte zunächst die Aufgabenstellung und dann die Materialien aufmerksam durch, bevor du mit dem Schreiben beginnst.

Aufgabenstellung

Verfasse auf der Grundlage der Materialien M 1 bis M 7 einen informierenden Text zum Thema „Mehrsprachigkeit". Schreibe nicht einfach aus den Materialien ab, sondern achte auf eine eigenständige Darstellung in einem zusammenhängenden Text.

Gehe dabei so vor:

▶ Formuliere für den Text eine passende Überschrift.

▶ Schreibe eine Einleitung, in der du kurz definierst, was Mehrsprachigkeit ist.

▶ Stelle die Vorteile und die Herausforderungen dar, wenn man von Geburt an mehrsprachig aufwächst.

▶ Erläutere, wie sich die Meinungen zu „Mehrsprachigkeit ab Geburt" geändert haben.

▶ Schlussfolgere anhand der Materialien und eigener Überlegungen, warum Mehrsprachigkeit in der Zukunft noch wichtiger wird.

▶ Notiere unterhalb des Textes die Nummern der von dir genutzten Materialien.

M 1   Definitionen

a) Mehrsprachigkeit von Geburt an

Hinsichtlich von zweisprachig aufwachsenden Kindern ist damit gemeint, dass zwei Sprachen zur gleichen Zeit erworben werden: Zweisprachig aufwachsende Kinder lernen also die Laute, Wörter und die Grammatik von mindestens zwei unterschiedlichen Sprachen gleichzeitig.

Quelle: dbl – Deutscher Bundesverband für Logopädie e.V.; http://www.dbl-ev.de/service/eu-tag-der-logopaedie/ 2014/mehrsprachigkeit-was-ist-das.html; Seitenaufruf am 18.1.16.

b) Mehrsprachigkeit durch Fremdsprachenunterricht

Mehrsprachigkeit, die durch das gesteuerte Unterrichten einer fremden Sprache im Klassenzimmer entsteht.

Quelle: Dieter Wolff; revistas.ucm.es/index.php/RFAL/article/download/36543/35377; Seitenaufruf am 18.1.16.

c) Unterscheidungsmerkmale bei Mehrsprachigkeit

Es handelt sich um unterschiedliche Arten von Mehrsprachigkeit, je nachdem ob man mehrere Sprachen von Kind auf gleichzeitig erwirbt oder sie nacheinander lernt. Dann bestehen die Unterschiede darin, ob man die Sprache in einer natürlichen Umgebung erwirbt oder ob man sie in der Schule lernt. Und schließlich muss man noch unterscheiden, ob man die Sprachen als Kind oder als Erwachsener erwirbt.

Quelle: Claudia Maria Riehl: Mehrsprachigkeit. Eine Einführung. Darmstadt: Wiss. Buchgesellschaft, 2014. (verändert)

M 2   Bas Kast: Wanderer zwischen den Wortwelten

Mit mehr als einer Sprache groß zu werden, ist für Kinder ein Problem – so eine verbreitete Ansicht. Das widerlegen aktuelle Studien: Wer von klein auf nicht nur eine Muttersprache hat, ist im Schnitt sogar schlauer!

1 Zweisprachigkeit macht blöd! So lautet etwas salopp die These, von der die Psychologen Elizabeth Peal und Wallace Lambert ausgingen, als sie Anfang der 1960er-Jahre untersuchten, wie sich zweisprachige Erziehung auf die Kindesentwicklung auswirkt. Die Forscher von der McGill University im kanadischen Montreal ver-
5 traten damit nichts anderes als die einstige Lehrmeinung unter Pädagogen. Seit dem 19. Jahrhundert hatten Erziehungsexperten eindringlich vor den vermeintlichen Gefahren des Bilingualismus[1] gewarnt. „Wenn es für ein Kind möglich wäre, in zwei Sprachen gleichzeitig zu leben – umso schlimmer! Sein intellektuelles Wachstum wird dadurch nicht verdoppelt, sondern halbiert", urteilte etwa der Schotte
10 Simon Somerville Laurie (1829–1909), erster Professor für Theorie, Geschichte und Kunst der Erziehung an der University of Edinburgh. Die Sache schien also schon ausgemacht, ehe das kanadische Forscherduo knapp ein halbes Dutzend Montrealer Schulen betrat, um die geistige Fitness der zehnjährigen Schüler per IQ-Test auf die Probe zu stellen. Amtssprache in Montreal ist Französisch; nicht wenige
15 Kinder jedoch hatten das „Pech", zusätzlich mit Englisch aufzuwachsen. Sie würden nicht nur bei der Intelligenzprüfung (vor allem in deren sprachlichen Teilen) schlechter abschneiden, sondern auch in den schulischen Leistungen ihren Klassenkameraden hinterherhinken, glaubten Peal und Lambert. Die Überraschung folgte: Keine der Hypothesen ließ sich bestätigen! Die zweisprachigen Kinder hatten im
20 Gegenteil sogar bessere Noten als die einsprachigen, und sie waren in fast jedem IQ-Test, ob verbal oder nichtverbal, ihren Mitschülern teils weit überlegen. Bei keinem Aufgabentyp hatten einsprachige Schüler die Nase vorn.

Heute wissen wir: Ja, eine zweisprachige Erziehung hat Nebenwirkungen – allerdings sind diese in den meisten Fällen nicht bedenklich, sondern überaus wün-
25 schenswert. Die möglichen negativen Folgen sind schnell erzählt. Sie betreffen das

---

1 *Bilingualismus: Mehrsprachigkeitsform, bei der eine Person zwei Sprachen auf muttersprachlichem Niveau beherrscht*

Vokabular. Zweisprachige Kinder kennen in den einzelnen Sprachen im Schnitt etwas weniger Wörter als einsprachige. Zeigt man ihnen einen bestimmten Gegenstand, brauchen Zweisprachige außerdem einen Tick länger, um die entsprechende Bezeichnung aus den Tiefen des Wortgedächtnisses hervorzuholen. Das war's! Die
30 Furcht vor einem verzögerten Spracherwerb oder anderen geistigen Schwächen hat sich in empirischen Studien als unbegründet erwiesen. Zweisprachig aufwachsende Kleinkinder sprechen ihr erstes Wort im Alter von etwa einem Jahr, genau wie einsprachige. Auch im weiteren Entwicklungsverlauf zeigten sich keine nennenswerten Auffälligkeiten – zumindest keine negativen. Vielmehr haben zahlreiche
35 Untersuchungen der vergangenen Jahre immer neue Pluspunkte zu Gunsten der Zweisprachigkeit offenbart. Die Vorteile reichen dabei von den ersten Lebensmonaten bis ins hohe Alter.

Quelle: Gehirn & Geist, 6/2013, Spektrum der Wissenschaft, S. 34–39.

M 3 Wie hoch ist der Anteil mehrsprachiger Personen in Deutschland?

1 Mehrsprachigkeit nimmt weltweit zu. Es wird geschätzt, dass mehr als die Hälfte aller Kinder inzwischen mit zwei oder mehr Sprachen aufwachsen. Auch in Deutschland nimmt der Anteil mehrsprachiger Personen und insbesondere mehrsprachig aufwachsender Kinder stetig zu. Eine genaue Schätzung ist problematisch, weil die
5 Sprachlichkeit in den offiziellen Statistiken nicht direkt ausgewiesen wird. Die übliche Gleichsetzung von Mehrsprachigkeit und Migrationshintergrund ist jedoch sehr ungenau, da nicht alle Kinder aus Familien mit Migrationshintergrund auch mehrsprachig aufwachsen. Und umgekehrt nicht alle mehrsprachig aufwachsenden Kinder aus Familien mit Migrationshintergrund stammen. So können die geschätz-
10 ten Angaben von aktuell etwa einem Drittel mehrsprachig aufwachsender Vorschulkinder (Studie aus dem Jahr 2010) nur einen ungefähren Anhaltspunkt geben.

Quelle: Carina Lüke, Ute Ritterfeld, TU Dortmund; http://www.sk.tu-dortmund.de/media/other/Mehrsprachen-Kontexte.pdf; Seitenaufruf am 11.8.15. (verändert)

M 4 Veraltete Vorurteile

1 Es gibt noch immer viele Vorurteile gegen Mehrsprachigkeit und mehrsprachige Menschen. Aus der Forschung wissen wir, dass diese Vorurteile nicht stimmen.
  – Für ein Kind ist es nicht verwirrend, zwei oder mehrere Sprachen zu hören und zu sprechen. Der Spracherwerb wird durch Mehrsprachigkeit nicht erschwert.
5 – Der gleichzeitige Erwerb von mehreren Sprachen führt nicht zu Problemen in der sprachlichen oder körperlichen Entwicklung.
  – Mehrsprachigkeit führt nicht zu Sprachstörungen und verschlimmert nicht bereits vorhandene Störungen.

Quelle: Berliner Interdisziplinärer Verbund für Mehrsprachigkeit (BIVEM); http://www.zas.gwz-berlin.de/fileadmin/ projekte/bivem/Flyer%20So%20gehts/BIVEM-Flyerreihe2_deutsch.pdf; Seitenaufruf am 18.1.16.

M 5 Mehrsprachigkeit als Normalfall

Land/Region	Sprachen
Deutschland	Deutsch
Ghana	Englisch, afrikanische Sprachen
Gibraltar	Englisch (Schule und amtliche Zwecke), Spanisch, Italienisch, Portugiesisch
Grönland	Grönländisch (East Inuit), Dänisch, Englisch

Quelle: eigene Zusammenstellung

M 6 Die Bedeutung von Mehrsprachigkeit für die Gesellschaft

1 Mehrsprachigkeit ist gesellschaftlich wichtig:
- Sprachenvielfalt im eigenen Land erleichtert und fördert Wirtschaftsbeziehungen. Für internationale Unternehmen und Organisationen zählt zwei- und mehrsprachiges Personal als wichtiger wirtschaftlicher Vorteil.
5 - Politisch gesehen haben Mehrsprachige eine Brückenfunktion als Vermittler zwischen verschiedenen Kulturen. Mit der Sprache lernt man auch Sichtweisen, Gespräche führen und kulturell geprägtes Verhalten. Man lernt daher auch ein Stück weit, andere Kulturen zu verstehen und damit auch eine gewisse Toleranz.
- Auch die durch Tests bewiesene höhere Kreativität mehrsprachiger Sprecher und
10 Gruppen kann positiv für die Gesellschaft genutzt werden.

Quelle: Claudia Maria Riehl: Mehrsprachigkeit. Eine Einführung. Darmstadt: Wiss. Buchgesellschaft, 2014.

M 7 Meinungen mehrsprachiger Jugendlicher

1 *„Ich bin zweisprachig aufgewachsen, weil meine Mutter Deutsche ist und mein Vater Italiener. Obwohl sie auch Italienisch sprechen kann, hat meine Mutter immer Deutsch und mein Vater immer Italienisch mit mir gesprochen. Als ich noch klein war, habe ich meistens nicht auf Italienisch geantwortet, aber mein Vater hat es trotzdem mit mir*
5 *gesprochen. Verstanden habe ich es auch und dann einfach auf Deutsch geantwortet – ich war einfach zu faul. In Italien selbst habe ich trotzdem keine Probleme, mich zu verständigen, und ich verstehe auch alles. Nur manchmal fehlen mir Vokabeln für besondere Dinge – darin bin ich nicht ganz so gut wie jemand, der dort aufgewachsen ist."*

10 *„Ich habe eine deutsche Mutter und einen ägyptischen Vater. In Ägypten, wo ich geboren und aufgewachsen bin, hat meine Mutter mit mir Deutsch geredet, mein Vater mit mir Arabisch. Untereinander haben sie Englisch gesprochen. Deshalb bin ich praktisch mit drei Sprachen aufgewachsen.*

Hin und wieder habe ich schon Aussetzer. Dann fange ich einen Satz an und kom-
15 *me zu einem Wort, das ich gerade nur auf Englisch und nicht auf Deutsch weiß. Das ist eben ein Problem, wenn die einzelnen Sprachen nicht so ausgeprägt sind. Mit deutschen Fachbegriffen bin ich zum Beispiel nicht so gut. Da merkt man dann schon einen Unterschied. Ich habe auch versucht, Französisch zu lernen. Aber dadurch, dass ich die anderen drei Sprachen so nebenbei gelernt habe, keine Karteikarten mit Vokabeln aus-*
20 *wendig lernen musste, fiel mir das schon schwer."*

Quelle: Karoline Kuhla; http://www.fluter.de/de/sprachen/erfahrungen/9446/; Seitenaufruf am 11. 8. 15.

Zentrale Prüfung am Ende der Klasse 10 – NRW	✎ 2017-1
Deutsch 2017	
Realschule/Gesamtschule EK/Hauptschule Typ B	

Erster Prüfungsteil: Leseverstehen

Varinia Bernau: I6d#&r6achtsi6dall

(1) Von all den sozialen Netzwerken bis zu nicht minder wenigen Shopping-Seiten, vom Zugang zum Dienstrechner bis zum digitalen Schalter für Fahrkarten: Jeder zweite Deutsche hat Umfragen zufolge bis zu neun Passwörter, jeder dritte sogar noch mal fünf mehr.

(2) Die Regeln dazu sind bekannt: Nur kein Begriff aus dem Wörterbuch! Stattdessen auf mindestens acht Stellen Groß- und Kleinbuchstaben mit Ziffern und Sonderzeichen kombinieren. Aber eine Regel zu kennen, heißt noch lange nicht, sie im Alltag auch anzuwenden. Der Mensch ist nun mal nicht vernünftig, sondern bequem.

(3) Und so behalten mehr als 40 Prozent der Deutschen ihr einmal vergebenes Passwort ein Leben lang, obwohl Sicherheitsexperten raten, es so regelmäßig auszutauschen wie die Zahnbürste. Deshalb verwenden viele dasselbe Passwort für alle Dienste, obwohl sie Hackern, die eigentlich nur den Zugang zum Dating-Portal[1] erbeutet haben, so auch den Zutritt zum Postfach erleichtern. Und deshalb ist das Passwort „123456" noch immer das am meisten verwendete im Netz. Gefolgt übrigens von: „Password" sowie „12345" und „12345678".

(4) Für Computer ist es ein Klacks, diese zu knacken. Sie probieren einfach alle Kombinationen aus. Und je besser die Prozessoren[2] werden, desto schneller gelangen sie ans Ziel: Ein Passwort, das sieben Zeichen aus Groß- und Kleinbuchstaben sowie Zahlen und Sonderzeichen hat – vor fünf bis zehn Jahren hätte ein durchschnittlicher Computer, wie er in jedem Haushalt steht, etwa 1 000 Jahre gebraucht, um es zu bestimmen. Heute knackt er es in einem Monat.

(5) Deshalb haben Sicherheitsexperten, um es den aufgerüsteten Hackern schwerer zu machen, die Zahl der Möglichkeiten erhöht – und verlangen nun, dass man sich auch mal Passwörter mit 30 Zeichen merken soll. Dabei ging es auch andersrum: Die vierstelligen Pins für den Bankautomaten zeigen, dass ein Passwort auch dann sicher sein kann, wenn es kurz ist. Dort nämlich hat man nur drei Versuche. Liegt man daneben, wird die Karte eingezogen. Beim Einloggen ins E-Mail-Fach sind viel mehr Vertipper erlaubt.

(6) Es gibt einen Kniff, mit dem sich das, was schwer zu merken ist, doch merken lässt: Als Grundstock dient dabei ein Sprichwort, der Refrain eines Ohrwurms oder irgendein persönliches Geheimnis, das man allerdings auch Facebook nicht anvertraut haben sollte. Bei diesem tauscht man dann einzelne Buchstaben durch Ziffern und Sonderzeichen. Aus „In der Nacht sind alle Katzen grau" wird dann, wenn man das N durch eine 6 und das E durch die Kombi #& ergänzt, beispielsweise I6d#&r6achtsi6dall#&Katz#&6grau.

(7) Man kann dieses Sprichwort auch wiederverwenden – und nur die Ersatzbausteine im Passwort für jeden weiteren Dienst ändern. Beim E-Mail-Dienst wird das N durch die 7, bei einem Internetversandhändler dann durchs Ausrufezeichen ersetzt. Wer sich seine eigene Verschleierungsmethode überlegt, macht es nicht nur Hackern schwer – sondern kann sich im besten Falle die nächste Partie Sudoku[3] sparen, weil das Gehirn schon ordentlich im Training ist. Aber natürlich kann man auch diese Mühen einfach an einen Dienstleister auslagern.

1 *Dating-Portal: eine Online-Partnervermittlung*

2 *Prozessor: ein Teil des Computers, der die Daten verarbeitet und weiterleitet*

3 *Sudoku: japanisches Zahlenrätsel*

(8) Etwa an die elfjährige Mira Modi aus New York. Sie würfelt einem Passwörter, schreibt sie dann auf einen Zettel und schickt sie einem per Post. Kostet pro Passwort zwei Dollar. Dafür existiert es nur einmal – und nur auf Papier. Das Mädchen nutzt dabei Diceware. Das sind Listen, die in diversen Sprachen einer fünfstelligen erwürfelten Ziffernfolge ein Wort zuweisen. In der deutschen Liste steht 43142 etwa für das Wort „merken". Und wer mehrmals würfelt, kann auch ganze Sätze aus der Liste basteln. Mitunter bietet einem auch der Browser an, die lästige Erinnerungsarbeit abzunehmen.

Quelle: Varinia Bernau, 6.11.2015; www.sueddeutsche.de/digital/passwoerter-idrachtsidallkatzgrau-1.2725239 (Text gekürzt und geringfügig verändert)

Zentrale Prüfung 2017 – Deutsch 2017-3

Aufgaben zum Leseverstehen

1. Kreuze die richtige Antwort an.

   Fünfzig Prozent der Deutschen besitzen laut einer Umfrage (Abschnitt 1) …

   a) ☐ fünf oder mehr Passwörter.

   b) ☐ genau drei Passwörter.

   c) ☐ neun oder weniger Passwörter.

   d) ☐ mehr als acht Passwörter.

2. Kreuze die richtige Antwort an.

   Ein sicheres Passwort besteht aus (Abschnitt 2) …

   a) ☐ weniger als acht Groß- und acht Kleinbuchstaben.

   b) ☐ wenigstens acht Buchstaben, Ziffern und Sonderzeichen.

   c) ☐ höchstens acht Ziffern und acht Sonderzeichen.

   d) ☐ mindestens acht Groß- und drei Kleinbuchstaben.

3. Kreuze die richtige Antwort an.

   Sicherheitsexperten empfehlen (Abschnitt 3), das Passwort …

   a) ☐ alle zwei Monate sinnvoll auszuwechseln.

   b) ☐ sicherheitshalber für viele Dienste zu nutzen.

   c) ☐ in bestimmten Abständen zu erneuern.

   d) ☐ „1234567" anstatt „12345" zu verwenden.

4. Kreuze die richtige Antwort an.

   Der Gebrauch eines einzigen Passworts für alle Dienste erlaubt Hackern
   unter anderem (Abschnitt 3) …

   a) ☐ die Übernahme des Dating-Portals.

   b) ☐ die Einsicht in das Postfach.

   c) ☐ die Nutzung der Dienste.

   d) ☐ die Inbesitznahme des Passworts.

5. Kreuze die richtige Antwort an.

   Sicherheitsexperten erschweren Hackern ihre Arbeit (Abschnitt 5),
   indem sie …

   a) ☐ die Zahl der Möglichkeiten auf 30 erhöhen.

   b) ☐ die Geräte monatlich technisch aufrüsten.

   c) ☐ die Menge an möglichen Zeichen vergrößern.

   d) ☐ die Passwörter andersherum aufschreiben.

6. Kreuze die richtige Antwort an.

    Ein Computerprogramm kann ein Passwort herausfinden (Abschnitt 4),
    weil ...

    a) ☐ die Computer immer besser werden.

    b) ☐ alle Möglichkeiten ausprobiert werden.

    c) ☐ siebenstellige Zahlen verwendet werden.

    d) ☐ die Prozessoren schneller werden.

7. Kreuze die richtige Antwort an.

    Pins für die Bankautomaten sind sicher (Abschnitt 5), denn die Möglich-
    keiten der Eingabe sind ...

    a) ☐ vielfältig.

    b) ☐ beliebig.

    c) ☐ begrenzt.

    d) ☐ abgesichert.

8. Kreuze die richtige Antwort an.

    Mit einem Trick kann man sich Passwörter merken (Abschnitt 6), indem
    man einzelne Elemente eines Merksatzes ...

    a) ☐ mit Zahlen und Ziffern kombiniert.

    b) ☐ mit Buchstaben und Zahlen ergänzt.

    c) ☐ durch Buchstaben und Zahlen austauscht.

    d) ☐ durch Ziffern und Sonderzeichen ersetzt.

9. Erläutere im Textzusammenhang, was mit einer „Verschleierungsmethode"
    gemeint ist (Abschnitte 6 und 7).

    _____

    _____

    _____

    _____

10. Kreuze die richtige Antwort an.

    „Diese Mühen an einen Dienstleister auslagern" bedeutet im Text-
    zusammenhang (Abschnitte 7 und 8), dass jemand ...

    a) ☐ sichere Passwörter erstellt.

    b) ☐ das Denken übernimmt.

    c) ☐ erfahrene Hacker abwehrt.

    d) ☐ das Training organisiert.

Zentrale Prüfung 2017 – Deutsch | **2017-5**

11. Kreuze die richtige Antwort an.

   Es werden Passwörter nach der Diceware-Methode erstellt (Abschnitt 8), indem man eine fünfstellige Zahl ...

   a) ☐ mehrmals würfelt und danach aufschreibt.

   b) ☐ aus verschiedensprachigen Listen aussucht.

   c) ☐ mithilfe des eigenen Browsers erstellt.

   d) ☐ einem bestimmten Wort in einer Liste zuordnet.

12. Erläutere im Textzusammenhang (Abschnitt 8), wie im Fall der Diceware-Methode eine sichere Übermittlung der Passwörter gelingt.

   _____

   _____

   _____

   _____

13. Kreuze die richtige Antwort an.

   Die Position der Autorin ist kritisch gegenüber Menschen, die im Umgang mit ihrem Passwort ...

   a) ☐ unselbstständig sind.

   b) ☐ umständlich vorgehen.

   c) ☐ unvorsichtig handeln.

   d) ☐ umsichtig auftreten.

14. Eine Schülerin sagt nach dem Lesen des Textes:

   „Passwörter sollte man nur selbst erstellen."

   Schreibe eine kurze Stellungnahme zu dieser Aussage.

   Du kannst dieser Auffassung zustimmen oder nicht. Wichtig ist, dass du deine Meinung begründest. Beziehe dich dabei auf den Text.

   _____

   _____

   _____

   _____

   _____

   _____

Zweiter Prüfungsteil: Schreiben

Der zweite Prüfungsteil enthält **zwei Wahlthemen**, aus denen **eines** von dir ausgewählt und bearbeitet werden muss.

Wahlthema 1

Lies bitte zunächst den Text, bevor du die Aufgabe bearbeitest.
Schreibe einen zusammenhängenden Text.

Aufgabe

Analysiere den Textauszug aus dem Roman „Ein schnelles Leben" von Zoë Jenny.

Gehe dabei so vor:

- ▶ Schreibe eine Einleitung, in der du Titel, Autorin und Erscheinungsjahr benennst und das Thema formulierst.

- ▶ Fasse den Text zusammen.

- ▶ Stelle dar, unter welchen Voraussetzungen Christian an den Start geht.

- ▶ Untersuche das Verhalten, die Gefühle und Gedanken Christians bei dem Rennen.

- ▶ Erläutere, wie durch sprachliche und formale Mittel deutlich wird, unter welcher Anspannung er während seines Laufes steht *(mögliche Aspekte: Wortwahl, stilistische Mittel, Erzählperspektive)*.

- ▶ Setze dich im Schlussteil kritisch mit der folgenden Aussage einer Schülerin auseinander:
  „Christian hätte den Pokal nicht annehmen dürfen."
  - – Nimm Stellung zu der Aussage.
  - – Begründe deine Meinung.
  - – Belege deine Ausführungen am Text.

Zoë Jenny: Ein schnelles Leben (Textauszug)

Der Text ist eine Erinnerung an ein Ereignis aus der Kindheit des Erzählers.

1 Schon Wochen vor dem Langstreckenlauf waren sich Christian und Sigi darüber einig gewesen, dass man an einem Wettkampf nur dann teilnehmen dürfe,
5 wenn man als Sieger daraus hervorgehe. Über das Geschwätz der Lehrer, nur das Kollektiv[1] zähle, und die Teilnahme sei wichtiger als der Sieg, lachten sie bloß.

„Denen zeigen wir's", sagte Sigi, und
10 sie hatten sich geschworen, zusammen an der Spitze zu rennen und sich gegenseitig anzufeuern. Gleichzeitig wollten sie, Hand in Hand, nebeneinander durchs Ziel laufen.

15 Am Morgen des Wettkampfs war Christian übel gewesen, und während er die Turnschuhe zugebunden hatte, waren seine Hände feucht vor Aufregung.

Das riesige Oval der Rennbahn öff-
20 nete sich vor ihm wie eine Arena. Sigi klopfte ihm auf die Schulter. „Nicht vergessen, wir rennen nebeneinander", sagte er noch.

In den Minuten vor dem Startschuss
25 stand die Zeit für Christian wie gefroren still, während er auf den roten, flachgewalzten Boden der Aschenbahn starrte. Im letzten Sommer hatte er einmal versucht, barfuß zu laufen. Die gespei-
30 cherte Hitze der Bahn hatte an den Fußsohlen gebrannt, es schmerzte so sehr, dass er ins Gras springen musste. Jetzt dachte er an diese Hitze, die unter seinen Füßen gespeichert war, und als der
35 Startschuss fiel, sah er den Boden brennen und in Flammen aufgehen, und sein kleiner schmächtiger[2] Körper rannte durch die Flammen, die er nicht hinter sich lassen konnte. Sein Herz raste vor
40 Anstrengung, und die Geschwindigkeit trieb ihm den Wind ins Gesicht. Er blickte nach links und rechts, aber weder vor noch neben ihm war jemand zu sehen. Wo bist du, dachte er erschrocken,
45 wo bist du denn?, und im Reflex, vielleicht etwas falsch gemacht zu haben oder zu früh losgerannt zu sein, drehte er seinen Kopf, blickte, noch immer rennend, zurück, und weit hinten, in der

50 Nähe des Starts, entdeckte er Sigi inmitten der anderen, eine träge[3] sich fortbewegende Masse.

Christian rannte allein an der Spitze. Er hatte bereits zwei Drittel der Strecke
55 hinter sich gebracht; vor sich das Ziel, das er, weit im Vorsprung, mit Leichtigkeit als Erster hätte durchlaufen können. Christian sah sich selbst, völlig allein auf der Rennbahn. Hunderten von Blicken
60 derer ausgesetzt, die dort oben auf der Tribüne saßen oder am Rande und klatschten und pfiffen, weil sie seines Sieges gewiss waren, der so absehbar und deutlich nahe vor ihm lag, als er
65 mitten auf der Bahn stehenblieb und wartete. Ein Sportlehrer am Rand rief ihm etwas zu, fuchtelte mit den Armen, aber Christian rührte sich nicht. Mit dem Rücken zum Ziel, sah er den anderen
70 entgegen, einer Wand rennender, keuchender Kinder, die rasch näher kam.

Das Rufen der Zuschauer wurde lauter und schriller, er hörte seinen Namen, sie schrien ihm zu: „Lauf! Lauf!" Er hatte
75 Vaters brüllende Stimme herausgehört, aber stärker als die Angst, zu verlieren, war jetzt die Angst, allein zu gewinnen. Er sah alles deutlich vor sich, seinen tobenden, verzweifelten Vater, der auf der
80 Tribüne seinen Namen schrie, seine hilflose Mutter, die händeringend seinen Vater zu beruhigen suchte, die Leute, die verständnislos auf ihn hinunterblickten und deren Rufe, vorher wohlwollend
85 und freudig, sich jetzt in höhnisches Gelächter verwandelten.

Die Kinder kamen näher, rannten auf ihn zu, hasteten grinsend oder erstaunt an ihm vorbei. Ein Ellbogen schlug ihm
90 in die Seite, er stolperte, beinahe wäre er hingefallen, aber durch den zufälligen Stoß wieder in Bewegung gebracht, lief er hintennach[4] wie ein verletztes Tier, das versucht, seiner Herde zu folgen. Mit
95 eingezogenem Kopf rannte er als Letzter über das von Dutzenden Turnschuhen niedergetrampelte Zielband. Aber schlimmer, als bei der Preisverleihung leer aus-

---

3 *träge: langsam*

1 *Kollektiv: hier: Gemeinschaft*

2 *schmächtig: hier: klein und dünn*

4 *hintennach: hinterher*

zugehen, und schlimmer als die spöttischen Blicke der Mitschüler, das Kopfschütteln ihrer Eltern und Mutters verständnisloses „Warum?" war es, Sigi auf dem Podest zu sehen, wie er, mit stolz geschwellter Brust, den ersten Preis im Langstreckenlauf entgegennahm. Mit beiden Händen hielt er den Pokal in die Höhe und blickte über Christians Kopf hinweg, als wäre er gar nicht mehr anwesend.

Die ganze Nacht hatte Christian nicht schlafen können und sich vor Enttäuschung und Wut im Bett hin und her geworfen.

Am nächsten Tag, als er Sigi im Flur entgegenkommen sah, hatte er ihn sofort gepackt und an die Wand gedrückt.

„Warum bist du alleine weitergerannt?", hatte er wütend gesagt.

„Ich wollte dich doch mitziehen", hatte Sigi entschuldigend gestammelt, „du hast dich ja nicht gerührt."

Christian fühlte genau, dass etwas nicht stimmte und Sigi ihn reingelegt hatte. Aber seine Wut flaute ab, als Sigi überraschend den Pokal aus der Schultasche nahm und ihm entgegenstreckte.

„Ich weiß, dass du schneller bist. Du hast gewonnen. Der Pokal gehört dir", hatte er kleinlaut gesagt. Versöhnt hatte Christian den Pokal angenommen und ihn dann als Zeichen ihrer Freundschaft zu Hause auf seinen Schreibtisch gestellt.

Quelle: Zoë Jenny: Ein schnelles Leben. Berlin: Aufbau-Verlag 2002, S. 74–78
(Text geringfügig gekürzt und der aktuellen Rechtschreibung angepasst)

Zentrale Prüfung 2017 – Deutsch | **2017-9**

Wahlthema 2

Die nächste Ausgabe der Schulzeitung, die Schüler, Lehrer und Eltern lesen, widmet sich dem Thema „Lesen heute". Du bist gebeten worden, für diese Ausgabe einen informierenden Text zum Thema „Comics" zu schreiben. Um deinen Text schreiben zu können, bekommst du eine Materialsammlung (M 1 – M 5).

Lies bitte zunächst die Aufgabe und dann die Materialien aufmerksam durch, bevor du mit dem Schreiben beginnst.

Aufgabe

Verfasse auf der Grundlage der Materialien M 1 bis M 5 einen informierenden Text zum Thema „Comics". Schreibe nicht einfach aus den Materialien ab, sondern achte auf eine eigenständige Darstellung in einem zusammenhängenden Text.

Gehe dabei so vor:

▶ Formuliere eine passende Überschrift für den Text.

▶ Schreibe eine Einleitung, in der du kurz erklärst, was ein Comic ist und woher der Begriff stammt.

▶ Stelle die typischen Merkmale und die sprachlichen Besonderheiten des Comics dar.

▶ Erläutere die Entwicklung und die Erscheinungsformen des modernen Comics. Erkläre dabei auch den Begriff „Literaturcomic".

▶ Schlussfolgere anhand der Materialien und eigener Überlegungen, warum Comics positiv gesehen werden.

▶ Notiere unterhalb deines Textes die Nummern der von dir genutzten Materialien.

M 1 Definitionen

a) Comics sind in der Regel gezeichnete Bildergeschichten. Was Figuren sagen oder denken, wird im Comic in Sprechblasen ausgedrückt. Dazu verdeutlichen Ausdrucks- oder Ausrufwörter wie „uff", „argh" oder „zack" sowie Bewegungsstriche das Geschehen und erzeugen eine Dynamik. Kombiniert werden Comics mit erzählendem Text neben oder unter dem jeweiligen Bild. Der Ursprung des gedruckten Comics findet sich bei den amerikanischen Sonntagszeitungen, Ende des 19. Jahrhunderts.

Quelle: https://definition.cs.de/comic/

b) Der Name Comic kann von dem Eigenschaftswort „komisch" abgeleitet werden. Die ursprüngliche Aufgabe der Comics war es auch, die Leute zum Lachen zu bringen.

Quelle: http://kiwithek.kidsweb.at/index.php/Comic

M 2 Merkmale von Comics

1 Niemand zieht so eindrucksvoll die Augenbrauen hoch wie der Comic-Erpel[1] Donald Duck, wenn er einen Einfall hat, oder schaut so grimmig wie Wolverine aus der Comicreihe X-Men, wenn er hinterrücks überfallen wird. Daher sind in Comics Sätze wie „Er zog die Augenbrauen hoch" oder „Er erschrak" selten. Wozu auch? Über
5 Dinge, die sowieso jeder sehen kann, verlieren weder Menschen noch Superhelden viele Worte.

Wenn es für eine Sache ein Bild gibt, finden Comiczeichner es bestimmt. Sogar für unsichtbare Dinge. In den Gesichtern der Comicfiguren werden Gefühle wie Angst oder Mut zu Grimassen[2] und damit für den Leser sichtbar. Das haben die Comics von
10 den Karikaturen[3] übernommen. Karikaturen kommen allerdings ganz ohne Worte aus – Comics nicht. Stattdessen tauchen Worte im Comic meist in Sprechblasen auf und stehen in direkter Rede, weil eine der Figuren spricht oder denkt. Oft gelangen Worte auch als Begleittext in einem Kasten an den Bildrand, weil der Leser wissen muss, wo das Abenteuer spielt. Wichtig sind Worte also schon.
15 Comics sind Wort-Bild-Gemische, genau wie Fruchtjoghurts, bei denen Marmelade und Joghurt nicht schichtweise getrennt, sondern schon vermischt serviert werden – Hauptsache, es schmeckt. Und Comics schmecken gerade deshalb, weil die Aufmerksamkeit des Lesers vom Bild zum Text und zurück zum Bild springt. Wer in Comicheftchen allein den Text liest, versteht gar nichts, wer nur die Bilder anschaut,
20 fast nichts.

Quelle: Christian Ondracek; www.rossipotti.de/inhalt/literaturlexikon/genres/comic.html
(Text geringfügig verändert)

---

1 Erpel: männliche Ente
2 Grimasse: verzerrter Gesichtsausdruck
3 Karikatur: kritische Witzzeichnung

Zentrale Prüfung 2017 – Deutsch | **2017-11**

M 3 Sprache im Comic

a) Den wesentlichen Teil der Comicsprache machen eindeutig die eher wortarmen Sätze aus. Das Geschehen wird sprachlich nicht besonders ausdifferenziert[4], sondern mit Hilfe der Bilder dargestellt. Während z. B. der Roman sich sprachlicher Mittel bedient, die durch die Vorstellungskraft des Lesers Bilder im Kopf erzeugen, besitzt der Comic schon vorgegebene Bilder, die durch wenige Wörter unterstützt werden.

Quelle: Silvia Sperling, Stephan Weiß; www.linse.uni-due.de/Projekte/comicsprache/enten/enten.htm
(Text geringfügig verändert)

4 *ausdifferenziert:*
vielfältig und genau

b) Die Comicsprache ist eine visuelle Sprache, bei der es die Bilder zu lesen gilt. Diese Bildersprache hat ihre eigenen Ausdrucksmittel. Eine dieser comictypischen Ausdrucksmöglichkeiten ist die Lautmalerei. Bei der Lautmalerei wird die grafische Seite der Schrift benutzt, um Töne und Geräusche darzustellen. Sie beruht zumeist auf der Nachahmung eines Lautes aus der akustischen Realität.

Beispiele für Lautmalerei wären „ZIIIISCCCHHHH" beim Öffnen einer Limonadenflasche oder „BOOOOOM" bei einer Explosion.

Quelle: Bianca Lipp: Zum Leben erweckt – Vom Comic zum Trickfilm. Hamburg: Bachelor + Master Publishing 2012,
S. 15

c) Für bildlich schwer Darstellbares verwendete Erika Fuchs, eine Comic-Übersetzerin, durchgehend auf den Wortstamm verkürzte Verben (Inflektive), und zwar nicht nur für Geräusche (zum Beispiel *schluck, stöhn, knarr, klimper*), sondern auch für lautlose psychische Vorgänge *(grübel, zitter)*.

Quelle: https://de.wikipedia.org/wiki/Erika_Fuchs

M 4 Ausgewählte Stationen der Geschichte der Comics

a) Die Geburt des modernen Comics

1 Die Geburtsstunde des ersten Comics ist nach mehrheitlicher Meinung der Comic-Forschung der 5. Mai 1895. An jenem Tag zeichnete Richard F. Outcault zum ersten Mal exklusiv für die US-amerikanische Zeitung „New York World" einen Cartoon mit dem Titel „Hogan's Alley", dessen Held ein Junge in einem knallgelben Nacht-
5 hemd namens Yellow Kid war. Strittig ist dieses Datum vor allem deshalb, weil es sich eigentlich eben doch noch nicht um einen Comic handelte, sondern immer noch um eine Bildergeschichte, da die begleitenden Texte unterhalb der Zeichnungen zu lesen waren. Korrekterweise sollte man den 25. Oktober 1896 nennen, denn hier entstand erstmals eine Ausgabe von „Hogan's Alley", die Sprechblasen aufwies.
10 Kurz nach dem Ende des 19. Jahrhunderts waren die grundlegenden Elemente des Comics gegeben – feststehende Figuren, fortsetzende Handlung in Einzelbildern; Dialoge in Form von Sprechblasen –, doch hatte es sich bis dahin noch nicht als selbstständiges Medium durchgesetzt.

Quelle: Nagumo, 4. 11. 2008; www.neon.de/artikel/freie-zeit/literatur/eine-kleine-kurz-geschichte-des-comics/662563

b) Comicstrips[5] und Comichefte in den USA und Europa

1 Ab 1903 erschien dann erstmals der tägliche Comicstrip in einer Tageszeitung (auf den Sportseiten der „Chicago American"). Ab 1912 ging die erste Serie an den Start. Bis 1930 erscheinen sämtliche Comics in den USA als Comicstrips. Erst danach lohnte sich der regelmäßige Vertrieb der Bildergeschichten in Heftform.
5 Die Stunde der ganz großen Comic-Helden schlug dann in den 30er-Jahren: 1929 erblickte Popeye das Licht der Welt, ein Jahr später Mickey Mouse und 1938 Donald Duck. Zeitgleich eroberte auch Disneys „Lustiges Taschenbuch" den Markt.

5 *Comicstrips:*
gedruckte Comicstreifen

6 Comicmanie: hier:
Comicbegeisterung,
Comicrausch

7 Der Zweite Weltkrieg
dauerte in Europa
von 1939–1945.

Eine wahre Comicmanie[6] lösten die Superhelden aus. Angefangen mit „Super-
man" 1938 und den legendären Marvel-Comics ein Jahr später, ging es Schlag auf
10 Schlag: Tarzan, Batman, Spiderman und Die Fantastischen Vier erobern die Herzen
der Comicleser. In den 50er- und 60er-Jahren wurden auch Horror und Science Fic-
tion im Comic populär.

In Europa konnte der Comic erst nach dem Zweiten Weltkrieg[7] Fuß fassen. Am
produktivsten sind hier vor allem Frankreich und Belgien, wo auch die bekanntesten
15 Geschichten herkommen (z. B. „Asterix und Obelix", „Tim und Struppi", „Die
Schlümpfe", „Lucky Luke"). Der neueste Comictrend schwappte vor wenigen Jahren
aus Japan zu uns herüber. Während es Manga in anderen europäischen Ländern schon
in den 80er-Jahren gab, wurden „Sailor Moon" oder „Dragonball" erst Ende der 90er
bei uns populär.

Quelle: Nic, 12. 5. 2005; www.wasistwas.de/archiv-sport-kultur-details/1890-das-erste-comic-heft-erscheint.html

c) Manga

Manga setzen sich in Japan in den 50er-Jahren zeitgleich mit dem Fernsehen durch,
was sich in der engen Verbindung von Manga und Zeichentrickfilm zeigt.

Quelle: www.uni-oldenburg.de/geschichte/studium-und-lehre/lehre/projektlehre/erinnerung-im-comic/1895-1929/
1968-bis-in-die-gegenwart/

Manga sind Comics, die ihren Ursprung in Japan haben und wörtlich übersetzt „lus-
tige Bilder" heißen. Sie sind schwarz-weiß gezeichnete Geschichten, die in sich abge-
schlossen sind oder die sich immer weiter fortsetzen. Der typische Zeichenstil sind
große Augen, kindliches und westliches Aussehen. Sie behandeln alle möglichen
Themen.

Quelle: Fenja Spill, 24. 10. 2013; http://besserwisser.wisser-schule.de/2013/10/was-sind-manga

d) Graphic Novels

1 Es handelt sich hier um a) Comics im Buchformat, b) um Geschichten mit längeren,
komplexen Handlungen, c) um Geschichten, die in der Regel ernsthafte Inhalte erzählen, d) um Geschichten mit literarischem Anspruch, e) um Geschichten, die sich
klar von den regelmäßig erscheinenden Heft-Comics unterscheiden, f) um Geschich-
5 ten, die über den Buchhandel (und nicht über den Bahnhofs-Kiosk oder Supermärkte) verkauft werden und eher ein höheres Preisniveau aufweisen.

Quelle: Albert Hoffmann, 2016; www.antolin.de/leitartikel/graphic_novel_1608/graphic_novel.pdf
(Text geringfügig verändert)

8 Cartoon: Grafik, die eine
komische Geschichte in
einem Bild darstellt

Kurz gesagt sind Graphic Novels gezeichnete Romane. Stilistisch reichen die Zeichnungen vom Comic- über den Manga- bis hin in den Cartoon-Zeichenstil[8], mit Themen, die sich eher an erwachsene Leser richten.

Quelle: www.carlsen.de/graphic-novel

e) Literaturcomics

1 Unter dem Begriff „Literaturcomics" erscheinen Übersetzungen französischer Klassi-
kerbearbeitungen wie „In 80 Tagen um die Welt", „Die Schatzinsel" oder „Robinson
Crusoe". Sinn der Übung ist laut Verlag nicht nur das Erschließen neuer Geschäfts-
felder, sondern vor allem Erziehung: „Wir können darüber klagen, dass Jugendliche
5 nicht mehr so viel lesen wie früher. Wir können aber auch Wege finden, ihnen die
großen Stoffe der Literatur auf den Wegen zugänglich zu machen, die sie mögen und
akzeptieren", schreibt der Verlag auf seiner Homepage.

Quelle: Moritz Honert, 6. 7. 2012; www.tagesspiegel.de/kultur/comics/literaturcomics-ungleiches-duell/
6849048.html

„Viele Leser freuen sich doch, Weltliteratur mal in dieser Form angeboten zu bekommen – das kann dazu beitragen, die Scheu vor großen Schriftstellern abzubauen. Mittlerweile ist es akzeptiert, dass sich auch der Comic klassischer Literaturstoffe bedienen darf, ebenso wie es auch andere Medien tun."

Quelle: Martin Weber, 24.3.2011; https://www.svz.de/nachrichten/uebersicht/literatur-in-sprechblasen-id5044421.html

M 5   Heutige Sicht auf Comics

Mittlerweile wird dem Comic durchaus zugetraut, auch bedeutende historische, gesellschaftliche und politische Themen auf interessante Weise bewältigen zu können. Dabei geht es längst nicht mehr um den Nachweis des literarischen Wertvollseins des Comics.

Quelle: Bernd Dolle-Weinkauff; www.uni-frankfurt.de/51022038/Dolle-Weinkauff.pdf (Text geringfügig verändert)

Mittlerweile ist der Comic allgegenwärtig und weitgehend durch alle gesellschaftlichen Schichten hinweg akzeptiert. Der Comic hat heutzutage nun endlich den Stellenwert erreicht, den er, als literarische Kunstform unter vielen, verdient. Comickünstlern werden Lizenzen[1] für Film und Fernsehen zu riesigen Summen abgerungen.

1 *Lizenz: Genehmigung*

Quelle: Nagumo, 4.11.2008; www.neon.de/artikel/freie-zeit/literatur/eine-kleine-kurz-geschichte-des-comics/662563

Zentrale Prüfung am Ende der Klasse 10 – NRW
Deutsch 2018
Realschule/Gesamtschule EK/Hauptschule Typ B

✦ 2018-1

Erster Prüfungsteil: Leseverstehen

Johan Schloemann: Lernt langsam lesen!

(1) Das ist natürlich ganz prima, dass jetzt all die Buchmenschen zur Buchmesse fahren, weil es wieder Zehntausende dicke neue Bücher anzuschauen gibt. Aber es stellt sich verschärft die Frage: Wer soll das alles lesen? Die Frage ist zwar schon uralt. Und seit Erfindung des Buchdrucks wurde sie immer neu mit wachsendem Unmut gestellt. Doch heute spüren Menschen, die gerne lesen oder lesen würden, neben der Konkurrenz zwischen den unzähligen Titeln zusätzlich noch die unglaubliche Macht der digitalen Ablenkung, von Jahr zu Jahr stärker. Alles fühlt sich irgendwie so weggewischt, ausgeflimmert und herumgezwitschert an.

(2) Was also tun? Man könnte sich in Frankfurt auf der Messe verabreden, zu Hause einen „Slow Reading Club" zu gründen. Das ist gerade ziemlich angesagt. Man trifft sich in einem Café oder einer Bar, macht es sich gemütlich, schaltet sein Telefon aus, keiner darf reden – und dann gilt, wie es in der Ankündigung eines dieser Klubs heißt: „Genießt eine Stunde leisen, ununterbrochenen Lesens!" Nach der stillen Lesezeit darf, wer will, bleiben und sich unterhalten. Zur Vorbereitung gibt es nur eine Anforderung: BYOB. Also „Bring your own book", bring dein eigenes Buch mit. Die Slow-Reading-Bewegung folgt dabei von ferne dem Vorbild der aus Italien stammenden Slow-Food-Bewegung – nur dass man in den Leseklubs, anders als beim Slow Food, auch nichtregionale Produkte verzehren darf.

(3) Das moderne Gefühl der Hast und Beschleunigung war stets mit medialen Umbrüchen[1] verbunden. Es liegen naturgemäß noch keine Langzeitstudien[2] darüber vor, was die Echtzeit-Kommunikation im Netz mit unserem Leseverhalten und unserer Konzentrationsfähigkeit genau anstellt. Facebook, das nunmehr Milliarden Menschen verbindet, gibt es erst seit zehn Jahren; und außerdem hängt vieles von individuellen Eigenschaften und Prägungen ab. Aber es mehren sich doch die Klagen und Erfahrungsberichte, dass es insgesamt viel schwieriger geworden sei, sich auf längere Lektüren voll und ganz einzulassen.

(4) Vor einigen Jahren schon berichtete die Leseforscherin Maryanne Wolf über ihren Versuch, ihr einstiges Lieblingsbuch wiederzulesen, nämlich einen Roman des Schriftstellers Hermann Hesse: „Ich las dreißig Seiten, aber wie eine Maschine. Es war, als würde ich nur Informationen aufnehmen, ohne sie zu verarbeiten und darüber nachzudenken. Ich las wie ein Prozessor[3] ohne Gefühl, ohne Fantasie. Es war ein Schock."

(5) Eine Studie mit Jugendlichen, die 2013 im *International Journal of Educational Research* veröffentlicht wurde, stellt fest, dass das Hin- und Herhüpfen zwischen verschiedenen Fenstern und Angeboten auf Computerbildschirmen die geistige Erfassung der einzelnen Inhalte deutlich beeinträchtigt.

(6) Der Wiener Germanist[4] und Medienforscher Günther Stocker schreibt über die Fähigkeit zum ungestörten Lesen: „Inwiefern Romane, die für die Lektüre gedruckter Bücher verfasst wurden, in der von digitalen Medien geprägten Welt tatsächlich unlesbar – im Sinne eines vertiefenden Lesens – werden, hängt auch von individuellen Nutzungsentscheidungen ab."

3 Prozessor: zentraler Teil des Computers, der die Eingaben steuert und verarbeitet

4 Germanist: Wissenschaftler, der sich mit der deutschen Sprache und Literatur beschäftigt

1 mediale Umbrüche: deutliche Veränderungen im Medienbereich

2 Langzeitstudie: Untersuchung über einen längeren Zeitraum

5 *„Slow Reading in a Hurried Age":* sinngemäß übersetzt: langsames Lesen in einem beschleunigten Zeitalter

So eine Nutzungsentscheidung haben die „Slow Reading"-Liebhaber getroffen. Ihre Lösung lautet: Wenn die Leute
90 zwischen Berufsleben und Familie, zwischen vielen abendlichen Internetstunden und vierhundert amerikanischen Qualitäts-Fernsehserien selbst keine Lücke mehr finden für etwas, das sie
95 eigentlich wahnsinnig gerne tun oder getan haben, nämlich gute Bücher zu lesen – dann muss man sich eben, für den Anfang zumindest, gemeinsam zu einem festen Termin treffen, wie zu
100 einem wöchentlichen Yoga-Kurs.

(7) Natürlich ist das „langsame", also ungehetzte und sehr aufmerksame Lesen für sich genommen nichts Neues. Umgekehrt sind Ablenkungen, Abbrü-
105 che und Abschweifungen beim Lesen auch nicht erst mit Fernsehen und Internet in die Welt gekommen – darauf hat der Germanist Heinz Schlaffer in mehreren Beiträgen hingewiesen. Das
110 diagonale Lesen, so Schlaffer, habe nicht das moderne Management erfunden, sondern „der Romanleser, der langweilige Textabschnitte überfliegt, um möglichst schnell zu den spannenden zu
115 kommen".

(8) Die „Slow Reading"-Bewegung dürfte jedem sympathisch sein, der sich medial und sonstwie gehetzt fühlt. Aber noch bleibt unklar, wohin sie will.
120 Der amerikanische Literaturprofessor David Mikics gibt in seinem Buch „Slow Reading in a Hurried Age" [5] viele Ratschläge, darunter: Stellen rausschreiben, Wörterbuch benutzen, die Gliede-
125 rung des Textes erkennen. Na, das ist aber eher klassischer Literaturunterricht durch die Hintertür! Die „Slow Reading Clubs" hingegen wollen nur einen Schutzraum für entspanntes Le-
130 sen schaffen. Gegen eine allgemeine Atmosphäre, in der man sich fürs versunkene Lesen fast schon schämen muss.

Quelle: Johan Schloemann: Lernt langsam lesen!, sueddeutsche.de, 13. 10. 2015; http://www.sueddeutsche.de/kultur/ slow-reading-bewegung-lemt-langsarn-lesen-1.2689979?reduced=true (Text gekürzt und geringfügig verändert)

Zentrale Prüfung 2018 – Deutsch | **2018-3**

Aufgaben zum Leseverstehen

1. Kreuze die richtige Antwort an.

   Die Frage „*Wer soll das alles lesen?*" (Z. 6) bedeutet im Textzusammenhang, dass ...

   a) ☐ es zu viele Buchmessen gibt.

   b) ☐ die meisten Bücher zu dick sind.

   c) ☐ eine Fülle an Lesestoff existiert.

   d) ☐ der Kreis der Leser unbekannt ist.

2. Kreuze die richtige Antwort an.

   Eine zusätzliche Herausforderung für Menschen, die gerne lesen, ist die (Abschnitt 1) ...

   a) ☐ Menge an verfügbaren Daten.

   b) ☐ Schwierigkeit von langen Texten.

   c) ☐ Zerstreuung durch die neuen Medien.

   d) ☐ Unverständlichkeit der Informationen.

3. Kreuze die richtige Antwort an.

   Für die neue Bewegung ist es vor allem wichtig (Abschnitt 2), ...

   a) ☐ gemütlich zu Hause zu lesen.

   b) ☐ mit engen Freunden zu lesen.

   c) ☐ fremdsprachige Bücher zu lesen.

   d) ☐ still und ungestört zu lesen.

4. Kreuze die richtige Antwort an.

   Die Slow-Reading-Bewegung unterscheidet sich von der Slow-Food-Bewegung durch (Abschnitt 2) ...

   a) ☐ die Lust am gemeinschaftlichen Tun.

   b) ☐ den besonders langsamen Genuss.

   c) ☐ das Nutzen überregionaler Erzeugnisse.

   d) ☐ die Vorliebe für italienische Produkte.

5. Kreuze die richtige Antwort an.

   Es gibt noch keine Langzeitstudien über den Zusammenhang von Leseverhalten (Abschnitt 3) und ...

   a) ☐ dem Missbrauch von Computerspielen.

   b) ☐ der Nutzung sozialer Netzwerke.

   c) ☐ den Folgen gemeinsamen Lesens.

   d) ☐ der Entwicklung individueller Eigenschaften.

6. Erläutere das Zitat *„Ich las wie ein Prozessor"* (Z. 66) im Textzusammenhang.

   _____

   _____

   _____

   _____

7. Kreuze die richtige Antwort an.

   Durch das Lesen und Kommunizieren am Bildschirm wird das Verständnis
   von Gelesenem (Abschnitt 5) ...

   a) ☐ erschwert.

   b) ☐ verbessert.

   c) ☐ erleichtert.

   d) ☐ vertieft.

8. Kreuze die richtige Antwort an.

   Der Germanist und Medienforscher Günther Stocker sagt, dass die Fähigkeit zum ungestörten Lesen auch bestimmt ist durch (Abschnitt 6) ...

   a) ☐ die Menge an Literatur.

   b) ☐ den Einfluss neuer Medien.

   c) ☐ das Verhalten des Lesers.

   d) ☐ die Qualität des Buches.

9. Kreuze die richtige Antwort an.

   „Slow Reading Clubs" dienen dazu, dass Menschen (Abschnitt 6) ...

   a) ☐ nicht nur im Kreise der Familie lesen.

   b) ☐ sich Zeit zum Lesen nehmen.

   c) ☐ Beruf und Freizeit voneinander trennen.

   d) ☐ Lesen mit Yoga verbinden.

10. Kreuze die richtige Antwort an.

    Diagonales Lesen bedeutet nach Schlaffer (Abschnitt 7), dass der Leser ...

    a) ☐ Schwieriges nicht erkennt.

    b) ☐ Uninteressantes überspringt.

    c) ☐ Kompliziertes nicht versteht.

    d) ☐ Spannendes verarbeitet.

Zentrale Prüfung 2018 – Deutsch | 2018-5

11. Kreuze die richtige Antwort an.

Für das „Slow Reading" empfiehlt der amerikanische Professor David Mikics (Abschnitt 8) ...

a) ☐ klassische Bücher zu lesen.

b) ☐ Ratschläge aufzuschreiben.

c) ☐ den Text zu verkürzen.

d) ☐ Wörter nachzuschlagen.

12. Erläutere die Aussage, dass man sich in der heutigen Zeit *„fürs versunkene Lesen fast schon schämen muss"* (Z. 131 ff.), im Zusammenhang des gesamten Textes.

_____

_____

_____

_____

13. Kreuze die richtige Antwort an.

Die im Text beschriebene „Slow Reading"-Bewegung spricht in erster Linie Menschen an, die ...

a) ☐ die Lektüre eines Textes genießen möchten.

b) ☐ einen gemütlichen Raum zum Lesen suchen.

c) ☐ komplizierte Bücher verstehen wollen.

d) ☐ sich einen langen Text erarbeiten wollen.

14. Ein Schüler sagt nach dem Lesen des Textes:

„Slow-Reading-Clubs sind eine gute Alternative zum einsamen Lesen zu Hause."

Schreibe eine kurze Stellungnahme zu dieser Aussage.

Du kannst der Auffassung zustimmen oder nicht. Wichtig ist, dass du deine Meinung begründest. Beziehe dich dabei auf den Text.

_____

_____

_____

_____

_____

_____

Zweiter Prüfungsteil: Schreiben

Der zweite Prüfungsteil enthält **zwei Wahlthemen**, aus denen **eines** von dir ausgewählt und bearbeitet werden muss.

Wahlthema 1

Lies bitte zunächst den Text, bevor du die Aufgabe bearbeitest.
Schreibe einen zusammenhängenden Text.

Aufgabe

Analysiere den Textauszug aus dem Roman „Schneeriese" von Susan Kreller.

Gehe dabei so vor:

▶ Schreibe eine Einleitung, in der du Textsorte, Titel, Autorin und Erscheinungsjahr benennst sowie das Thema formulierst.

▶ Fasse den Text zusammen.

▶ Stelle dar, welche Erwartungen Adrian an Stella hat und wie er sich ihr gegenüber verhält.

▶ Untersuche, wie Adrian Stellas Körpersprache bei ihrer Begegnung wahrnimmt.

▶ Erläutere, auf welche Weise durch sprachliche Mittel deutlich wird, wie enttäuscht Adrian von Stellas Verhalten ist *(mögliche Aspekte: Wortwahl, stilistische Mittel, Satzbau).*

▶ Schreibe einen kurzen Text aus der Sicht Stellas am Ende der Begegnung.
  – Welche Gedanken hat Stella, als sie noch einmal über ihre Begegnung mit Adrian nachdenkt?
  – Wie bewertet sie ihr eigenes und Adrians Verhalten?
  Schreibe in der Ich-Form und berücksichtige die Informationen, die der Textauszug gibt.

Susan Kreller: Schneeriese (Textauszug)

Adrian hat sich in Stella verliebt, seine Freundin aus Kindertagen, die ihn wegen seiner Größe „Einsneunzig" nennt; er sagt es ihr aber nicht. Die beiden lernen den neuen Nachbarn Dato kennen, mit dem Stella eine Beziehung beginnt. Daraufhin sehen sich Adrian und Stella eine Zeit lang nicht. Eines Tages nimmt Adrian allen Mut zusammen und geht zu Stella, um mit ihr zu sprechen.

1 Adrian öffnete die Tür, räusperte sich und sah Stella auf ihrem Bett sitzen, im Schneidersitz. Sie war von sehr vielen Kleidungsstücken umgeben, mehr, als 5 Adrian je in Stellas Zimmer gesehen hatte. Und da war noch etwas anderes, das neu war.

Stellas Blick war neu.

Denn als sie verstanden hatte, wer da 10 in der Tür stand, ließ sie für einen winzigen Moment ihre Mundwinkel sinken, es dauerte wirklich nicht lange, und trotzdem, am Ende entschied sich alles in diesen winzigen Mundwinkelmo-15 menten. Und danach konnte der andere lächeln und lächeln, konnte nette Dinge sagen und sonst wie freundlich sein, aber am Ende, da zählten eben einzig und allein diese läppischen[1] anderthalb 20 Sekunden vom Anfang, und nur die.

Adrian, du bist's, sagte Stella und klang enttäuscht, aber wenigstens nicht unfreundlich. Sie überlegte kurz, dann sprach sie in ihr Handy: Lass uns mal 25 aufhören, ich ruf dich später zurück.

Was gibt's?, fragte sie, sah Adrian kurz und lächelnd an und wühlte dann wieder in den Kleidungsstücken.

Mich, sagte Adrian.

30 Dich, sagte Stella, ohne auch nur den Kopf zu heben. Sie studierte mit allergrößter Sorgfalt einen hellen blauen Pullover, hielt ihn gegen eine Jeans, schüttelte den Kopf und zog dann ein anderes 35 Oberteil aus dem Klamottenberg, ein grünes T-Shirt. Zu genau diesem T-Shirt sagte sie sehr erwachsen:

Kann ich irgendetwas für dich tun?

Und Adrian dachte, ja, tatsächlich, da 40 gäbe es zwei oder zehn Kleinigkeiten, die dringend mal für mich zu tun wären. Du könntest mich fragen, ob ich dein Gesicht zeichnen will, ich selber frag ja nicht, du könntest mich anrufen jeden 45 Tag, du könntest vor meiner Zimmertür stehen und *Los, Beeilung!* rufen, du

könntest mit mir und der Misses[2] auf der Schaukel sitzen und gar nichts tun, du könntest laut sagen, Dato, was für ein 50 bescheuerter Name aber auch, wie kann einer bloß Dato heißen, du könntest mich einfach mal ansehen, du könntest mich *Einsneunzig* nennen, du könntest sagen, tut mir leid, dass ich dich aus Ver-55 sehen vergessen hab, das kommt nie wieder vor in den nächsten fünf Wochen.

Nein, sagte Adrian. Alles bestens. Ich hatte nur einfach nie Zeit die letzten 60 Wochen, keine freie Minute, du weißt schon, es war hoffnungslos.

Sein Herz. Es schnappte nach Atem, es schlug.

Schlug.

65 Doch Adrian machte weiter:

Ich hab gedacht, ich seh mal nach dem Rechten, aber scheint ja alles in Ordnung zu sein, mit wem hast du telefoniert? Stella richtete den Blick auf ir-70 gendein neues Kleidungsstück, das sie aus dem Klamottenhaufen gefischt hatte, und lächelte es an:

Ja, du hattest es immer ziemlich eilig! Das Kleidungsstück blieb stumm und 75 Adrian fragte:

Und mit wem hast du telefoniert?

Stella sah ihn verwundert an und machte sich gar nicht erst die Mühe, einen handelsüblichen[3] Satz zu bilden 80 Freundin, Schule, kennst du nicht.

Stella sah Adrian freundlich an, fast weich, und sagte: Ich hab aber gar keine Zeit, muss gleich wieder los.

Zu deiner Freundin?

85 Stella biss sich auf die Lippen, und erst jetzt sah Adrian, wie rot ihre Wangen waren und wie sehr ihre Augen darüber leuchteten, und da war keiner, der ihm hätte weismachen können, dass das 90 ein gutes Zeichen war, Adrian spürte nun mal, dass das Leuchten nicht für ihn bestimmt war.

2 *Misses: Gemeint ist Stellas Großmutter, die den beiden Freunden früher immer auf der Schaukel sitzend Märchen vorgelesen hat.*

1 *läppisch: einfach, harmlos*

3 *handelsüblich: hier: vollständig*

Ich geh rüber, sagte Stella mit matter Stimme. Ich geh zu Dato.

95 Ich komm mit!

Es war erstaunlich, wie schnell ein gerötetes Gesicht seine Farbe verlieren und bleich werden konnte. Stellas Augen wurden stumpf und sahen ihn un-100 gläubig an. Aber Adrian wusste, was zu tun war, einatmen, ausatmen, ein, aus, ein, aus. Er hielt seinen Blick genau in den von Stella hinein und gab sich nicht geschlagen, obwohl er sich nicht aus-105 stehen konnte in diesen Minuten, ob-wohl ihm seine eigene Anwesenheit genauso verhasst war, wie sie es für Stella sein musste.

Einatmen, aus.

110 Ein, aus.

Ein, aus.

Und nicht mal dann aufgeben, nicht mal dann.

Doch da veränderte sich Stellas Ge-115 sicht schon wieder, ihre Augen sahen jetzt traurig aus und fremd und ängst-lich, alles auf einmal. Sie probierte ein Lächeln.

Quelle: Susan Kreller: Schneeriese. Carlsen Verlag, Hamburg 2016. S. 52–55 (Text gekürzt und geringfügig verändert)

Wahlthema 2

Lies bitte zunächst die Aufgabe und dann die Materialien aufmerksam durch, bevor du mit dem Schreiben beginnst.
Schreibe einen zusammenhängenden Text.

Aufgabe

Untersuche die Materialien M 1, M 2 und M 3.

Gehe dabei so vor:

▶ Benenne das gemeinsame Thema von M 1, M 2 und M 3.

▶ Fasse die Informationen aus M 1 a und M 1 b zusammen.

▶ Stelle die Aussagen aus M 2 und M 3 mit eigenen Worten dar. Vergleiche die Positionen im Hinblick auf die Auswirkungen, die „Self-Tracking" auf das Leben der Menschen haben kann. Belege deine Ausführungen am Text.

▶ Setze dich kritisch mit der folgenden Aussage eines Mitschülers auseinander:

„Jeder sollte danach streben, das Beste aus sich herauszuholen, und dafür auch digitale Hilfsmittel nutzen."

 – Nimm Stellung zu der Aussage.
 – Begründe deine Meinung.
 – Beziehe dich dabei auch auf die Materialien M 1 bis M 3.

M 1 a Christoph Koch: Führt Selbstvermessung zur Selbsterkenntnis?

1 Immer mehr Menschen versuchen, mit „Quantified Self", auch bekannt als „Self-Tracking"[1], Neues über sich selbst herauszufinden. Die Idee: Menschen vermessen ihren Alltag mit digitalen Hilfsmitteln und versuchen so, zu tieferen Erkenntnissen über ihr Leben zu gelangen. „Selbsterkenntnis durch Zahlen", so das klare Motto der
5 Bewegung.

Die Anwendungen sind ganz unterschiedlich: Manche erfassen, wie viele Schritte sie den Tag über zurückgelegt haben, wie viele Stockwerke sie hochgestiegen sind oder welche Nahrungsmittel sie zu sich genommen haben. Andere vermessen ihren Schlaf oder „tracken" Gesundheitswerte wie Puls, Blutdruck, Blutzuckerspiegel oder
10 den Sauerstoffgehalt in ihrem Blut.

Die Gründe, das zu tun, sind individuell sehr unterschiedlich: Bei manchen ist es einfach nur Neugier und der Wunsch, dem diffusen[2] Bauchgefühl einmal knallharte Zahlen gegenüberzustellen. Andere setzen auf eine Verhaltensänderung. Nicht ohne Grund – Studien haben gezeigt, dass Menschen, die einen Schrittzähler benutzen,
15 sich deutlich mehr bewegen als vorher. Nicht umsonst lautet ein altes Sprichwort: „Selbsterkenntnis ist der erste Schritt zur Besserung."

Quelle: Christoph Koch: Führt Selbstvermessung zu Selbsterkenntnis?, 17. 07. 2017; https://www.pcwelt.de/ratgeber/Quantified-Self-Erkenne-dich-selbst-durch-Zahlen-10026378.html, (Text gekürzt und geringfügig verändert)

1 *Quantified Self (gemessenes Selbst): von zwei Technik-Journalisten in den USA geprägter Leitbegriff der Anhänger des „Self-Tracking" (Selbstvermessung mit digitalen Hilfsmitteln)*

2 *diffus: unklar, verschwommen*

M 1 b Bereitschaft zur Erhebung und Weitergabe von personenbezogenen Daten

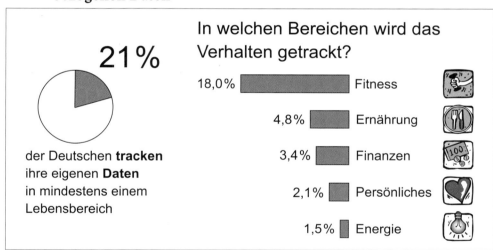

Eigene Darstellung nach: https://www.splendid-research.com/de/ueber-uns/impressum.html

M 2 Immer schneller, besser, effizienter: der Trend zur Selbstoptimierung

1 Die Selbstvermessung und -optimierung hat mithilfe kleiner digitaler Helfer Einzug in unseren Alltag erhalten. Kalorien oder Schritte zählen, Schlafphasen messen, Produktivität protokollieren – alles ist möglich. Das Ziel, das Maximum aus dem eigenen Leben herauszuholen, erscheint verlockend und erstrebenswert.
5 Erfolge machen glücklich! Und durch die Hilfe einer strukturierten Selbstoptimierung[1] erreichen wir unsere Ziele schrittweise und nehmen die Erfolge wahr, was uns motiviert und aktiviert.

1 *strukturierte Selbstoptimierung: Verbesserung der eigenen Fähigkeiten nach einem bestimmten Plan*

Zentrale Prüfung 2018 – Deutsch | **2018-11**

Durch die systematische Optimierung gewinnen wir Erkenntnisse über unsere persönlichen, gesundheitlichen und sportlichen Gewohnheiten. Dies ermöglicht
10 uns, mehr über uns selbst zu lernen und bewusster zu leben. Alleine das Interesse für das eigene Wohlbefinden ist ein wichtiger Schritt hin zu einem gesünderen Leben.

Durch die Masse an Teilnehmern wird über das Tracking eine unvorstellbar hohe Datenmenge generiert[2], deren Erkenntnisse für die Medizin und Wissenschaft genutzt werden können.

15 Selbstdisziplin gilt als wichtige Grundeigenschaft, die uns dabei hilft, ungeahnte Fähigkeiten zu entwickeln. Durch die Nutzung technischer Geräte werden verlässliche Daten generiert, mithilfe derer die Effizienz[3] erfolgreich gesteigert werden kann. Auch eine vermehrte Produktivität kann glücklicher machen!

In unserer heutigen Zeit voller Verlockungen und Möglichkeiten gibt uns die
20 Selbstoptimierung ein wenig Steuerung und Kontrolle über unser tägliches Handeln zurück, was uns Sicherheit und Hilfestellung in der Strukturierung unseres Alltags gibt.

Quelle: Hille Kück: Immer schneller, besser, effizienter. http://ecampus.haufe.de/karriere/immer-schneller-besser-effizienter-der-trend-zur-selbstoptimierung/, 15.07.2015 (Text gekürzt und geringfügig verändert)

2 *generieren: erzeugen, hervorbringen*

3 *Effizienz: Wirksamkeit*

M 3 Steffi Burkhart: Unsere Selbstoptimierung macht uns kaputt!

1 Bei so manchen Freunden von mir ist das perfekte Leben tabellarisch in Messeinheiten erfasst. Und all die Super-Blogger und -Bloggerinnen demonstrieren uns auf ihren Social-Media-Kanälen, wie easy es ist, den fittesten Body zu erdiäten[1], mit nur fünf Stunden Schlaf die Nacht trotzdem Höchstleistung zu erbringen und zehn Bü-
5 cher in einer Woche zu lesen.

Die Folge: Wir fühlen uns einsam, obwohl wir nicht alleine sind, wir fühlen uns gereizt und gestresst, obwohl wir doch täglich unsere Gesundheit tracken, wir machen Überstunden, intensivieren die Arbeitszeit und schlucken stattdessen aufputschende Substanzen. Und als wäre das alles noch nicht schlimm und alarmierend
10 genug, werden zukünftig Zahnbürsten, Spiegel, Kühlschränke auch noch anfangen, nur das Beste für uns zu wollen und aus uns rauszuholen (Internet of Things)[2].

Bei all dem Optimierungswahnsinn bleibt ein wesentliches Gefühl auf der Strecke: Happiness. Dabei versprechen doch all die Selbstoptimierungs-Tools, Tipps und Tricks in Büchern, Videos und Hörbüchern mehr Happiness. Fehlalarm. Bei all der
15 Taktung und Disziplin scheint sie auf der Strecke zu bleiben. In der Wissenschaft wird sogar das Gegenteilige beobachtet: Bei immer mehr jungen Menschen werden Depression oder andere psychosomatische Störungen[3] wie beispielsweise Angststörungen diagnostiziert.

Es ist eine Sehnsucht danach zu beobachten, einfach mal faul zu sein, nach Feh-
20 lerhaftem, nach Ungezwungenheit, nach Nichtstun. Danach, drei Filme in Folge zu schauen, dabei im Bett zu liegen und Schleckeis zu schlemmen – ohne schlechtes Gewissen und Gedanken um Arbeit, Kalorien oder Wäsche, die noch gewaschen werden will.

Quelle: Dr. Steffi Burkhart: Unsere Selbstoptimierung macht uns kaputt, Blog von Steffi Burkhart: http://steffiburkhart.com/wir-selbstoptimieren-uns-kaputt, 21.04.2017 (Text gekürzt und geringfügig verändert)

1 *erdiäten: durch eine Diät herbeiführen*

2 *Internet of Things (Internet der Dinge): Vernetzung und Steuerung von Alltagsgeräten mit dem Internet durch bestimmte Programme oder Apps*

3 *psychosomatische Störungen: Krankheitssymptome, die auf seelische Vorgänge zurückzuführen sind*

Zentrale Prüfung am Ende der Klasse 10 – NRW
Deutsch 2019
Realschule/Gesamtschule EK/Hauptschule Typ B

✎ 2019-1

Erster Prüfungsteil: Leseverstehen

Julia Gesemann: Die neue Lust aufs Lesen

(1) Wenn Sara über Bücher spricht, redet sie ohne Punkt und Komma. Den Klassiker „1984"[1] von George Orwell „feiert sie sehr", ihr gefällt „dieses Buch wahnsinnig gut, es ist genau nach meinem Geschmack". Dabei hält sie es plakativ[2] in die Kamera. 2 200 Aufrufe hat dieses Video auf ihrem Youtube-Kanal „Sara Bow Books" bereits. Bis zu 15 000 können es noch werden. Damit beweist die 23-Jährige wie viele andere auch, dass das gedruckte Buch im digitalen Zeitalter noch eine Chance hat zu überleben.

(2) Im Internet werden das Lesen, die Bücher und alles, was dazugehört, derzeit regelrecht gefeiert. Buchblogger schreiben emotionale Rezensionen[3] auch über längst vergriffene[4] Bücher, Booktuber zeigen ihre Bücherregale bei Youtube und Bookstagramer setzen Buch und Co. bei Instagram stilvoll in Szene. Ein neues Zeitalter der Lesekultur hat begonnen. Perfekt für alle Leseratten, die nicht genug bekommen können und immer auf der Suche nach neuen Buchtipps sind.

(3) Lesen und über das Gelesene schreiben: Literaturblogger teilen Buchfavoriten mit ihren Followern. Die Blogger beschreiben subjektiv und euphorisch[5], welches Buch ihnen ans Herz geht, welches mitreißend geschrieben ist oder welches erst gar nicht in die Hand genommen werden sollte. Ein persönliches Urteil, eine klare Einordnung in einer Vielfalt, die die klassische Literaturkritik nicht bietet. Blogs werden von Menschen gelesen, „die sich vom klassischen Kulturteil einer Zeitung nicht abgeholt fühlen", sagt die Bloggerin Mara Giese. Denn Literaturblogs bieten noch mehr als Rezensionen: Interviews mit Autoren, themenbezogene Empfehlungen und Lesungsberichte.

(4) Anderes Medium, gleiches Prinzip: Auch bei Youtube geht es zunehmend um Bücher. Der „Booktuber"-Trend kommt aus den USA und aus Großbritannien. Doch mittlerweile halten auch etwa 80 Deutsche mehrmals im Monat ihren Lesestoff in die Videokamera. Sie stellen Neuerscheinungen vor, zeigen ihre Regale und ihre neuesten Einkäufe. Dazu ein Begeisterungsschwall – fertig sind die Videos. Nicht nur der Inhalt zählt, sondern auch die Verpackung. Das Cover? Ist gerne „ganz toll" oder „super schön". Und die Glitzerschrift des Titels erst! Die Videos sind nicht immer kritisch, oft schwärmerisch. Ein Youtube-Urteil, das meistens auf Geschmack basiert und nur selten auf Analyse. Echtes Fan-Verhalten eben. Diese Begeisterung kann anstrengend sein, aber sie ist direkt und authentisch[6]. Die User lieben es. Das zeigen die Zahlen: Sara Bow betreibt ihren Youtube-Kanal seit Oktober 2012, 23 400 Abonnenten erreicht sie, wenn sie gestylt über ihre neun gelesenen Bücher im Juni spricht.

(5) Die Leidenschaft für Bücher hat längst auch die sozialen Netzwerke erreicht. Facebook: Gepostet werden Links von Rezensionen oder Artikeln über Buchsammler. Twitter: kurze Alltagsschnipsel wie der erste Satz eines Buches. Instagram: Hier kommt's eben auf das Foto an. Ein Buch, daneben eine dekorative Blumenvase und ein Stück Kuchen mit Sahne. Oder: ein aufgeschlagenes Buch auf dem Lesesessel, daneben der Hund und ein Cappuccino. So sehen typische Postings der Bookstagramer aus. Vor allem junge Frauen präsentieren mit sorgfältig arrangierten Fotos ihre Lieblingsbücher – und erreichen damit erstaunlich viele Menschen.

---

1 „1984" ist ein berühmter Roman des Autors George Orwell aus dem Jahr 1949.

2 plakativ: hier: gut sichtbar

3 Rezension: Buchbesprechung

4 vergriffen: nicht mehr lieferbar

6 authentisch: echt

5 euphorisch: begeistert

9 *Multiplikator:*
jemand, der Informationen
weitergibt und verbreitet

7 *virtuelle Literatursalons:*
hier: Treffen im Internet, bei
denen man über Literatur
spricht

8 *sinnlich:*
mit den Sinnen zu erfahren,
z. B. spürbar und fühlbar

(6) Auch Mara Giese nutzt Instagram
gerne. „Es ist relativ unkompliziert zu
bedienen und lebt vom Augenblick."
Spontan ein Foto von ihrem Lese-
95 moment geknipst und hochgeladen,
schon erreicht die 31-Jährige rund
4 000 Abonnenten. Aber Giese ist auch
auf Facebook und Twitter präsent. Das
Bespielen der unterschiedlichen Kanäle
kostet Zeit. Aber der Aufwand lohnt
100 sich: 70 Prozent ihrer Blogleser kommen über Facebook, Twitter und Instagram. „Einen Buchblog zu führen, ohne
in den sozialen Netzwerken vertreten zu
sein, ist möglich, aber deutlich schwie-
105 riger als früher", sagt Giese. „Es ist eine
tolle Möglichkeit, um Werbung für den
Blog zu machen."

(7) Bücher bei Instagram zeigen – okay.
Aber darüber sprechen? Das geht mitt-
110 lerweile auch im Internet: auf Leser-
plattformen wie „Goodreads", „Litera-
turschock" und „Lovelybooks". Wie
auf einer Buchmesse tauschen sich Leser rund um die Uhr untereinander und
115 mit Autoren aus, nehmen an virtuellen
Literatursalons[7] oder Leserunden teil
und bewerten Gelesenes. Sinnlich[8] ist
das nicht, der Bücherplausch mit Freun-

den entfällt. Dafür ist der Lieblings-
120 autor nur einen Klick entfernt.

(8) Je mehr ein Buch im Gespräch ist,
desto besser. Das wissen auch die Verlage. „Für uns sind Buchblogger als
Multiplikatoren[9] wichtig für die Ver-
125 breitung unserer Bücher", sagt Julia
Schmilgun, Vertreterin eines Verlages.
Über die Buchblogger erreiche der Verlag ein neues Publikum, „sie sind für
uns unverzichtbar geworden". Ein an-
130 derer Verlag arbeitet mit etwa 200
Bloggern zusammen, sie haben einen
hohen Stellenwert: „Blogger sind echte
Buchhelden, die Tag für Tag im Netz für
ihre Lieblingsbücher kämpfen", heißt
135 es auf der Internetseite, „und schlicht
wahre Wunder bewirken, wenn es darum geht, Menschen für Bücher zu
begeistern." Und ein weiterer Verlag
pflegt die Beziehungen zu den Bloggern
140 mit einem eigenen Bloggerportal. „Die
Wahrnehmung der Blogs im Verlag hat
sich schon sehr stark verändert", sagt
Mara Giese. Sie erinnert sich an ihre
Anfänge als Bloggerin: „Da war die Zu-
145 sammenarbeit mit den Verlagen echt
schwer." Das hat sich geändert.

Quelle: Neue Westfälische, Gütersloh, 05. 07. 2017. © Julia Gesemann
(Text gekürzt und geringfügig verändert)

Aufgaben zum Leseverstehen

1. Kreuze die richtige Antwort an.

    In Internetblogs werden (Abschnitte 1 und 2) . . .

    a) ☐ meist klassische Romane besprochen.

    b) ☐ häufig moderne Romane präsentiert.

    c) ☐ Verfilmungen von Büchern gezeigt.

    d) ☐ Bücher in gedruckter Form präsentiert.

2. Kreuze die richtige Antwort an.

    Das *„gedruckte Buch [hat] im digitalen Zeitalter noch eine Chance [. . .] zu überleben"* (Z. 12–14), weil . . .

    a) ☐ Bücher von großer kultureller Bedeutung sind.

    b) ☐ man im Internet vergriffene Bücher bekommt.

    c) ☐ Bücher in digitalen Medien sehr gelobt werden.

    d) ☐ Blogger gezielt unbekannte Literatur vorstellen.

3. Die Autorin behauptet: *„Ein neues Zeitalter der Lesekultur hat begonnen"* (Z. 23 f.). Erläutere diese Aussage im Textzusammenhang.

    _____

    _____

    _____

    _____

4. Kreuze die richtige Antwort an.

    Laut Bloggerin Mara Giese lesen viele Menschen Buchblogs (Abschnitt 3), . . .

    a) ☐ wenn sie der Kulturteil einer Zeitung besonders anspricht.

    b) ☐ weil sie der Kulturteil einer Zeitung weniger anspricht.

    c) ☐ bevor sie den Kulturteil einer Zeitung genau lesen.

    d) ☐ obwohl sie den Kulturteil einer Zeitung gerne lesen.

5. Kreuze die richtige Antwort an.

    „Booktuber" (Z. 48) . . .

    a) ☐ besprechen wöchentlich neue Bücher.

    b) ☐ zeigen nur die Verpackung der Bücher.

    c) ☐ inszenieren ihre Buchvorstellungen.

    d) ☐ stammen überwiegend aus den USA.

6. Kreuze die richtige Antwort an.

Durch die Formulierung „*Echtes Fan-Verhalten eben*" (Z. 64) wird im Text-zusammenhang (Abschnitt 4) deutlich, dass die Autorin des Artikels die …

a) ☐ Präsentationen kritisch sieht, aber nicht ablehnt.

b) ☐ emotionalen Darstellungen in Blogs sehr mag.

c) ☐ emotionalen Buchvorstellungen gänzlich ablehnt.

d) ☐ Präsentationen mag, aber die Bücher nicht kauft.

7. Kreuze die richtige Antwort an.

„Booktuber" (Abschnitt 4) …

a) ☐ haben zunehmend mehr Fans.

b) ☐ haben normalerweise kaum ältere Anhänger.

c) ☐ müssen sich in außergewöhnlicher Weise stylen.

d) ☐ stellen meist britische und amerikanische Werke vor.

8. Kreuze die richtige Antwort an.

Besonders häufig werden Buchvorstellungen (Abschnitt 5) …

a) ☐ im eigenen Wohnzimmer präsentiert.

b) ☐ von weiblichen Bloggern gezeigt.

c) ☐ von Buchsammlern geliked.

d) ☐ bei Twitter gepostet.

9. Kreuze die richtige Antwort an.

Mara Giese nutzt soziale Medien (Abschnitt 6), …

a) ☐ um Zeit zu sparen.

b) ☐ weil sie gerne Fotos von sich postet.

c) ☐ obwohl sie schwer zu bedienen sind.

d) ☐ um mehr Leser für ihren Blog zu gewinnen.

10. Kreuze die richtige Antwort an.

Nach Meinung der Autorin ähnelt die Nutzung von Buchblogs (Abschnitt 7) …

a) ☐ einem Chat bei Instagram.

b) ☐ einem Treffen bei Freunden.

c) ☐ dem Besuch einer Buchmesse.

d) ☐ der Lesung auf einer Buchmesse.

Zentrale Prüfung 2019 – Deutsch   **2019-5**

11. Erläutere im Textzusammenhang, welche Bedeutung die Buchblogger für die Verlage haben.

_____

_____

_____

_____

12. Ordne die folgenden Überschriften den richtigen Abschnitten 5–8 zu.

Überschrift	Textabschnitt (5, 6, 7, 8)
a) Austausch über Bücher im Internet	_____
b) Art der Bildgestaltung durch Nutzer von Instagram	_____
c) Einfluss von Buchbloggern auf den Buchmarkt	_____
d) Bedeutung der sozialen Medien für Buchblogger	_____

13. Kreuze die richtige Antwort an.

In ihrem Text legt die Autorin nahe, dass Buchblogger ...

a) ☐ besonders gebildete Menschen sind.

b) ☐ kein Interesse an schwierigen Büchern haben.

c) ☐ Lesen mit der Freude am Präsentieren verbinden.

d) ☐ mit ihren Präsentationen nur Geld verdienen wollen.

14. Ein Schüler sagt nach dem Lesen des Textes: _„Buchblogs sind überflüssig!"_
Schreibe eine kurze Stellungnahme zu dieser Aussage.
Du kannst der Auffassung zustimmen oder nicht. Wichtig ist, dass du deine Meinung begründest. Beziehe dich dabei auf den Text.

_____

_____

_____

_____

_____

_____

_____

_____

Zweiter Prüfungsteil: Schreiben

Der zweite Prüfungsteil enthält **zwei Wahlthemen**, aus denen **eines** von dir ausgewählt und bearbeitet werden muss.

Wahlthema 1

Lies bitte zunächst den Text, bevor du die Aufgabe bearbeitest.
Schreibe einen zusammenhängenden Text.

Aufgabe

Analysiere den Textauszug aus dem Roman „Acht Berge" von Paolo Cognetti.

Gehe dabei so vor:
▶ Schreibe eine Einleitung, in der du Textsorte, Titel, Autor und Erscheinungsjahr benennst sowie das Thema formulierst.
▶ Fasse den Text zusammen.
▶ Stelle die Entwicklung von Brunos Verhalten dar, so wie Pietro es wahrnimmt, als Bruno ihm vom erhaltenen Angebot erzählt.
▶ Untersuche, wie Pietro sich selbst während des Gesprächs verhält, und berücksichtige dabei seine Beweggründe.
▶ Erläutere, wie durch sprachliche Mittel Pietros Wunsch zum Ausdruck kommt, Bruno möge das Angebot nicht annehmen *(mögliche Aspekte: Satzbau, stilistische Mittel, Wortwahl)*.
▶ Setze dich im Schlussteil kritisch mit der folgenden Aussage einer Schülerin auseinander: *„Bruno und Pietro sind keine wahren Freunde."*
  – Nimm Stellung zu der Aussage.
  – Begründe deine Meinung.
  – Belege deine Ausführungen am Text.

Paolo Cognetti: Acht Berge (Textauszug)

1 *Pietro lebt mit seinen Eltern in der italienischen Großstadt Mailand, verbringt aber den Sommer mit seiner Familie immer in dem Bergdorf Grana. Dort freundet er sich mit Bruno an, der mit seiner Mutter bei seinem Onkel Luigi in sehr einfachen Verhältnissen lebt. Durch Unterstützung von Pietros Eltern bekommt er eine Schulbil-*
5 *dung und schafft schließlich den Schulabschluss. Als die beiden Jungen eines Nachmittags in den Bergen sind, ist Bruno sehr kurz angebunden und in Gedanken versunken.*

Er war genauso schlecht gelaunt wie vorher. Als er sich ins Gras fallen ließ, blieb
10 ich neben ihm stehen. Es war einfacher, auf den See als sich in die Augen zu schauen. Einige Meter vor uns ragte ein Felsblock aus dem Wasser, der aussah wie eine Insel: der ideale Fixpunkt.
15 „Deine Eltern haben mit meinem Onkel geredet", sagte Bruno irgendwann. „Hast du das gewusst?"

„Nein", log ich.

„Komisch. Ich versteh das einfach
20 nicht."

„Was denn?"

„Die Geheimnisse, die ihr voreinander habt."

„Und worüber haben sie mit deinem
25 Onkel geredet?"

„Über mich."

Ich setzte mich neben ihn. Was er mir anschließend erzählte, erstaunte mich kein bisschen. Meine Eltern sprachen
30 schon länger darüber, und ich hatte gar nicht erst an der Tür lauschen müssen, um zu wissen, was sie vorhatten. Am Vortag hatten sie Luigi Guglielmina vorgeschlagen, Bruno im September mit
35 nach Mailand zu nehmen. Sie hatten ihm angeboten, ihn bei uns aufzunehmen und an einer weiterführenden Schule anzumelden. An einer Fachober-, Berufs- oder sonstigen Schule, die ihn interes-
40 sierte. Ihnen schwebte eine einjährige Probezeit vor.

Sollte Bruno sich dort nicht wohlfühlen, würde er im darauffolgenden Sommer nach Grana zurückkehren. Andern-
45 falls waren meine Eltern gerne bereit, ihn bis zum Schulabschluss zu behalten. Danach hatte er die Freiheit, selbst zu entscheiden, was er mit seinem Leben anfangen wollte.

50 Aus Brunos Schilderungen waren die Worte meiner Mutter deutlich herauszuhören. *Bei uns aufnehmen. Die Freiheit, selbst zu entscheiden. Was er mit seinem Leben anfangen will.*

55 „Das wird dein Onkel niemals erlauben", sagte ich.

„Doch, doch", konterte[1] Bruno. „Und weißt du auch, warum?"

„Wieso?"
60 „Wegen dem Geld."

Er buddelte in der Erde, zog einen Stein heraus und sagte dann: „Wer zahlt das Ganze? Das ist das Einzige, was meinen Onkel interessiert. Deine Eltern ha-
65 ben versprochen, alles zu übernehmen: Kost, Logis[2], Schulgeld – einfach alles. Das rechnet sich für ihn."

„Und was sagt deine Tante dazu?"

„Sie hat nichts dagegen."
70 „Und deine Mama?"

Schnaubend warf Bruno den Stein ins Wasser. Er war so winzig, dass er keinerlei Geräusch machte.

„Meine Mama? Was soll die schon sa-
75 gen? Das Übliche, nämlich gar nichts."

„Und du?", fragte ich.

„Was denn?"

„Was wär dir am liebsten?"

„Keine Ahnung", sagte Bruno. „Nach
80 Mailand mitkommen? Ehrlich gesagt, versuche ich es mir seit gestern vergeblich vorzustellen. Ich weiß ja nicht mal, wie es dort ist."

Wir schwiegen. Ich wusste, wie es
85 dort war, und brauchte mir gar nichts vorzustellen, um mich gegen diese Idee zu sträuben. Bruno würde Mailand hassen, und Mailand würde Bruno zerstören. Ich verstand einfach nicht, warum
90 die Erwachsenen unbedingt etwas aus ihm machen wollten, das er gar nicht

1 kontern: widersprechen

2 Logis: Unterkunft

3 *mitnichten:
überhaupt nicht*

4 *kraxeln: klettern*

war. Was war schon dabei, wenn er für den Rest seines Lebens Kühe hütete? Ich erkannte nicht, wie extrem egois-
95 tisch ich war, weil es mir mitnichten[3] um Bruno und seine Wünsche, um seine Zukunft ging, sondern nur um den Nutzen, den ich nach wie vor aus ihm ziehen wollte: *mein* Sommer, *mein*
100 Freund, *meine* Berge! Dort oben sollte gefälligst alles so bleiben, wie es war, einschließlich der verkohlten Ruinen und Misthaufen am Straßenrand. Bruno, die Ruinen und Misthaufen muss
105 ten unverändert auf mich warten.

„Vielleicht solltest du es ihm einfach sagen", schlug ich vor.

„Was denn?"

„Dass du nicht mit nach Mailand
110 willst. Dass du hierbleiben willst."

Bruno drehte sich zu mir um und sah mich fragend an. Diesen Rat hatte er nicht von mir erwartet. Er durfte das vielleicht denken – aber ich doch nicht!
115 „Spinnst du?", sagte er. „Ich bleib auf gar keinen Fall! Ich kraxle[4] schon mein ganzes Leben Berge rauf und runter."

Dann stand er auf, dort auf unserer Wiese, bildete mit den Händen einen
120 Trichter und rief:

„He! Hört ihr mich? Ich bin's, Bruno! Ich gehe!"

Quelle: Paolo Cognetti: Acht Berge. Übers. von Christiane Burkhardt. München, Deutsche Verlags-Anstalt 2017, S. 71–74. (Text gekürzt und geringfügig verändert)

Wahlthema 2

Lies bitte zunächst die Aufgabe und dann die Materialien aufmerksam durch, bevor du mit dem Schreiben beginnst.
Schreibe einen zusammenhängenden Text.

Aufgabe

Untersuche die Materialien M 1, M 2 und M 3.

Gehe dabei so vor:

▸ Benenne das gemeinsame Thema von M 1, M 2 und M 3.

▸ Fasse die Informationen aus M 1 a und M 1 b zusammen.

▸ Stelle die Aussagen aus M 2 und M 3 mit eigenen Worten dar. Vergleiche die Positionen im Hinblick auf die Frage, welche Möglichkeiten und Grenzen Erklärvideos für den Unterricht haben können. Belege deine Ausführungen am Text.

▸ Setze dich kritisch mit der folgenden Aussage einer Mitschülerin auseinander:

   „Erklärvideos steigern den individuellen Lernerfolg."

   – Nimm Stellung zu der Aussage.
   – Begründe deine Meinung.
   – Beziehe dich dabei auch auf die Materialien M 1 bis M 3.

M 1 a Jana Brehmer und Sebastian Becker: Was sind Erklärvideos?

1 Erklärvideos sind kurze Filme, meist selbst produziert, in denen Inhalte und Sachverhalte leicht verständlich erklärt werden. Beispielsweise kann erklärt werden, wie etwas funktioniert oder wie abstrakte[1] Konzepte und Zusammenhänge dargestellt werden können. Zu Erklärvideos gehören beispielsweise auch Videotutorials[2], wie
5 sie auf Youtube zu finden sind. In diesen wird dazu aufgefordert, eine gezeigte Tätigkeit oder Fähigkeit nachzumachen.

Es gibt eine breite Vielfalt bei der Gestaltung von Erklärvideos. Obwohl das Produktionsbudget[3] meist fehlt oder sehr gering ist, gibt es einfach gehaltene, aber auch nahezu professionell gestaltete Erklärvideos. Die Videos orientieren sich meist an
10 einem informellen[4] Kommunikationsstil, sprechen die Zuhörer auf Augenhöhe an und duzen sie. Die Erklärungen werden der Zielgruppe entsprechend angepasst und teilweise humorvoll vermittelt.

Die Produzierenden von Erklärvideos reichen von Laien bis hin zu Experten, die ganze Erklärreihen publizieren[5]. Zu einem Thema gibt es nicht nur inhaltlich unter
15 schiedliche Erklärungen, sondern auch gestalterisch und kommunikativ eine breite Vielfalt.

Quelle: Jana Brehmer, Sebastian Becker: Was sind Erklärvideos? https://www.uni-goettingen.de/de/document/ download/...pdf/03_Erklärvideos.pdf (CC BY 4.0) (Text gekürzt und geringfügig verändert)

---

1 *abstrakt: theoretisch, nur gedacht*

2 *Videotutorials: Videos, die den gewünschten oder vorgesehenen Ablauf eines bestimmten Vorgangs erklären*

3 *Produktionsbudget: hier: das für eine Produktion zur Verfügung stehende Geld*

4 *informell: hier: durch den Gebrauch von Umgangssprache geprägt*

5 *publizieren: veröffentlichen*

M 1 b Empirische Studie[1] über den Gebrauch von Erklärvideos in Deutschland (2016)

1 Im Jahr 2016 untersuchten die beiden Wissenschaftler Andreas Krämer und Sandra Böhrs in einer empirischen Studie den Gebrauch von Erklärvideos und deren Wirkung. Dazu wurden unter anderem rund 1 000 Versuchspersonen aus Deutschland in einer Online-Studie befragt. Der erste Teil der Studie beschäftigte sich mit den
5 Vorerfahrungen der Teilnehmenden mit E-Learning[2] im Allgemeinen und mit Erklärvideos im Besonderen.

1 *empirische Studie: auf der Grundlage von Daten, die die Erfahrungswirklichkeit widerspiegeln, durchgeführte Untersuchung*

2 *E-Learning: Form des Lernens, in welcher elektronische oder digitale Medien zum Einsatz kommen*

„Haben Sie schon einmal ein Erklärvideo geschaut?"			
	16–29 Jahre	**30–59 Jahre**	**über 60 Jahre**
Ja	81,2 %	73 %	62,4 %
Nein	18,8 %	27 %	37,6 %

Tabelle: Erfahrungen mit Erklärvideos nach Altersgruppen in Deutschland

Die Befragten, die zuvor noch keine Erklärvideos benutzt hatten, verneinten zu 60 % einen zukünftigen Gebrauch, während die Teilnehmenden mit Vorerfahrung mit großer Mehrheit (85 %) angaben, Erklärvideos auch in Zukunft nutzen zu wollen.

Quelle: Johanna Czerny, Pink University: Empirische Studie über den Gebrauch von Erklärvideos, Wissenschaftliche Studie: Was gute Erklärvideos auszeichnet. 30. 11. 2017; www.pinkuniversity.de/video-learning-blog/was-guteerklaervideos-auszeichnet (CC BY 4.0) (Text gekürzt und geringfügig verändert)

M 2 Ist das Lernen mit Videos effektiv? [unbekannter Verfasser]

1 Nun hat sich die Erziehungswissenschaft mit dem Trend „Lernen mit Videos" beschäftigt. Laut einer Umfrage ermutigen immer mehr Lehrerinnen und Lehrer ihre Schülerinnen und Schüler dazu, mit Onlinevideos zu lernen. Aber warum eigentlich? Was kann ein Video, das ein Buch nicht kann?
5 In Videos sieht man direkt, was jemand tut, und kann es nachmachen – und auf diese Weise besser verstehen. Einige Wissenschaftler sind der Meinung, dass es des-

halb möglich sei, mit Videos Theorie und Praxis zu verbinden und damit Dinge leichter zu erklären (z. B. mit Beispielen aus dem Alltag). Experten nennen dies „Lernen am Modell" oder „Lernen durch Nachahmen". Und das beeinflusst das Lernen positiv.

10 Durch Töne, Bilder und Bewegungen kann man sich schneller orientieren und erhält so schneller einen Überblick über ein Thema als z. B. durch einen Text. Das kann den Lernenden Sicherheit vermitteln. Die Ansprache der verschiedenen Sinne (Sehen und Hören) ruft bei den Lernenden die Aufmerksamkeit in einer besonderen Weise hervor, was zu einer gesteigerten Lernleistung führen kann.

15 Erziehungswissenschaftlerin Anja Fey schreibt: „Videosequenzen haben aber nicht nur kognitive[1], sondern darüber hinaus auch motivationale[2] und emotionale Aufgaben." Das heißt, dass Lernende durch die Mimik[3] des Gegenübers im Video und auch durch die Stimme, die zu hören ist, emotional angesprochen werden. Das führt dazu, dass sie „näher am Geschehen" sind und mehr in das Lernen eingebunden
20 werden. Außerdem ist es ihnen möglich, mit dem Video durch das Stoppen, das Zurückspulen, das Noch-einmal-Ansehen ihr Lerntempo selbst zu bestimmen. So kann jeder so schnell oder langsam lernen, wie es nötig ist, und das steigert die Motivation.

Quelle: https://magazin.sofatutor.com/schueler/2014/01/29/ist-lernen-mit-videos-effektiv-ja-sagen-wissenschaftler
Der Text wurde ohne namentliche Nennung eines Verfassers veröffentlicht. (Text gekürzt und geringfügig verändert)

1 *kognitiv:*
das Wahrnehmen, Denken,
Erkennen betreffend
2 *motivational: hier:*
auf die Steigerung der
Motivation bezogen
3 *Mimik:*
Gesamtheit der möglichen
Gesichtsausdrücke

M 3 Nina Bräutigam: Können YouTube-Lernvideos den Schulunterricht ersetzen?

1 So positiv das Bild auch scheint und so sehr die Nachfrage nach Lernvideos steigt: Sie bringen auch Gefahren mit sich. Die Hersteller sind meist keine ausgebildeten Lehrer oder Wissenschaftler. Daniel Jung, ein bekannter YouTube-Nachhilfelehrer für Mathematik, räumt ein, dass es keine Qualitätskontrollen gibt. Erste Plattformen
5 werten immerhin die Anzahl der positiven und negativen Bewertungen eines Kanals aus. Zudem besteht nach Jung die Möglichkeit, dass User[1] durch Kommentare auf Fehler aufmerksam machen. Bestimmt bietet diese Funktion bei oft tausenden Nutzern eine relativ hohe Wahrscheinlichkeit, einen Fehler zu erkennen. Doch zuvor haben schon einige unwissende Zuschauer Falsches gelernt.

10 Hersteller von Lernvideos haben häufig kein Studium des Faches hinter sich, und die Gefahr, dass Inhalte wissenschaftlich nicht korrekt sind, muss dem Zuschauer immer bewusst sein. Mirko Drotschmann ist YouTube-Nachhilfelehrer für Geschichte und geht auf diese Problematik ein. Die zahlreichen, schnell abrufbaren Informationen im Internet sind eine hervorragende Möglichkeit, sich zeitnah das be-
15 nötigte Wissen anzueignen. Da es jedoch keine offiziellen Überprüfungen der Inhalte gibt, kann dies zur Aneignung falschen Wissens führen. Drotschmann spricht sich dafür aus, dass es eine Vernetzung von Anbietern mit einem gemeinsamen Siegel geben müsste, um die Qualität von Videos kenntlich zu machen.

Laut Stefan Aufenanger, Professor für Erziehungswissenschaften und Medien-
20 pädagogik an der Universität Mainz, ist ein weiterer Schwachpunkt, dass mithilfe von YouTube eine reine Stoffvermittlung, jedoch keine Vermittlung von sozialen Kompetenzen stattfindet. Dieser Kritikpunkt ist hervorzuheben, denn die Schulzeit dient wesentlich dazu, ein Kind bzw. einen Jugendlichen auf das spätere Leben vorzubereiten. Dafür genügt das Lernen von reinem Faktenwissen nicht. Auch wenn ein
25 Schüler in Form von Kommentaren die Möglichkeit zum Austausch hat, ist dies kein Ersatz für den persönlichen Kontakt zu anderen Menschen und die Arbeit in Gruppen. Zudem besteht laut Aufenanger im Gegensatz zur Schule keine Möglichkeit, direkt Fragen zu stellen oder persönliche Diskussionen zu führen.

1 *User: Nutzer*

Quelle: Nina Bräutigam: Können YouTube-Lernvideos den Schulunterricht ersetzen? https://gibro.de/blogs/medienprojekt
1718/2018/04/15/koennen-youtube-lernvideos-den-schulunterricht-ersetzen/ (Text gekürzt und geringfügig verändert)

Zentrale Prüfung am Ende der Klasse 10 – NRW
Deutsch 2021
Realschule/Gesamtschule EK/Hauptschule Typ B

Das Corona-Virus hat auch im vergangenen Schuljahr die Prüfungsabläufe beeinflusst. Um dir die **Prüfung 2021** schnellstmöglich zur Verfügung stellen zu können, bringen wir sie in digitaler Form heraus.

Sobald die Original-Prüfungsaufgaben 2021 zur Veröffentlichung freigegeben sind, können sie als PDF auf der Plattform **MyStark** heruntergeladen werden (Zugangscode vgl. Farbseiten vorne im Buch).

Prüfung 2021

www.stark-verlag.de/mystark

BILD- UND TEXTNACHWEIS

Bildnachweis Buch

Fotolia:
Deckblatt 1 (unten) und S. 14 © Kurt MISAR, S. 3 © LianeM, S. 12 © runzelkorn,
S. 32 © Stephan Koscheck, S. 37 © Sandor Jackal, S. 40 © Marty Kropp, S. 58 © Timothy
Stone, S. 59 © Julian Weber, S. 64 © awhelin, S. 83 © corepics, S. 93 © TimM, S. 96 © Dusan
Kostic, S. 99 © amridesign, S. 102 © Daniel Gale, S. 110 © rekemp, S. 126 © Suprijono
Suharjoto, S. 135 © Uli-B, S. 147 © contrastwerkstatt, S. 148 © VRD, S. 109

iStockphoto:
Deckblatt 1 (Mitte), S. 2 und 57 © Chris Schmidt, S. 9 © Monika Adamczyk, S. 21 © Andrea
Krause, S. 35 © George Peters, S. 44 © Nikolay Stoilov, S. 74 © Steve Pepple, S. 81 (links)
© Gene Chutka, S. 91 © Boris Yankov, S. 94 © nicholas belton, S. 111 © Roberto A Sanchez,
S. 116 © Dan Brandenburg, S. 119 © Huseyin Turgut Erkisi, S. 120 © Cat London,
S. 122 © Miroslav Ferkuniak, S. 123 © rusm

Dreamstime:
S. 4 und Deckblatt 3 (oben) © Sebastian Czapnik, S. 45 © Massimo Valicchia, S. 73 © Andrew
Kazmierski, S. 100 © Ron Chapple Studios, S. 121 © Jan Martin Will, S. 155 © Constantin
Opris, S. 156 © Michaeldb, Deckblatt 3 (Mitte) © Monkey Business Images

Shutterstock:
Deckblatt 1 (oben) und S. 69 © Andrea Danti, S. 22 © Anthonycz, S. 23 © jorgen mcleman,
S. 29 © sharpner, S. 30 © Morphart Creation, S. 42 © Claudia Naerdemann, S. 46 © Kalenik
Hanna, S. 51 © ArtFamily, S. 70 © Ase, S. 113 © Stefan Schurr, S. 133 © Natalia Bratslavsky,
S. 143 © Ociacia, S. 145 © Vasilchenko Nikita, S. 149 © artjazz, S. 154 © Susan Stevenson

ullstein bild:
S. 7 © TopFoto, S. 81 © Imagebroker.net (Mitte), © Vision Photos (rechts), S. 90 © Reuters

Sonstige:
S. 18 © INTERFOTO / Moore, S. 19 © imago / Manngold, S. 20 © Verlag Herder,
S. 61 © Jean Scheijen / www.vierdrie.nl, S. 76 © John Foxx Collection / Imagestate,
S. 77 © Radiat-r, CC BY-SA 3.0, S. 87 © Digitalpress, S. 89 © picture alliance / dpa-infografik,
Deckblatt 2 © Bilderbox.com (oben), © Zoonar / Photographer: B-D-S / Polylooks (Mitte),
Zoonar / Polylooks (unten), S. 140 © CanStockPhoto / mimagephotography,
S. 144 © picture-alliance / dpa

Bild- und Textnachweis Digital (ActiveBook)

Texte:

Kap. 01: Ana Ostri'c: Mehr als nur ein Handwerk. Kölner Stadtanzeiger, 22. 11. 2006.
www.ksta.de/mehr-als-nur-ein-handwerk-13722670

Kap. 02: Marc Engelhardt: Bargeld für alle. Berliner Zeitung, 02. 12. 2008.

Kap. 03: Que Du Luu: Im Jahr des Affen. Königskinder Verlag in der Carlsen Verlag GmbH:
Hamburg 2016. S. 7–12 *(gekürzt)*

Kap. 04: Ulla Hahn: „Spielende", Gedichte. Stuttgart: Deutsche Verlagsanstalt 1983.

Kap. 05: **M1** Das große Wegschmeißen: Deutsche werfen 313 Kilo Lebensmittel weg – pro
Sekunde. dpa, Spiegel Online, 18. 06. 2015. www.spiegel.de/wissenschaft/natur/wwf-
studie-millionen-tonnenlebensmittel-landen-im-muell-a-1039485.html *(gekürzt)*
M2 Und gib uns ein Mal ... NEL; www.nelcartoons.de/tagein-tagaus/essen-wegwerfen.381
M3 Thomas Wischniewski: Die große Lebensmittelverschwendung, 01. 12. 2011.
www.verbraucherbildung.de/verbraucherwissen/die-grosse-lebensmittelverschwendung
M4 Was werfen wir weg? © BMEL
M5 Jutta Witte: Essener Foodsharing-Gruppe will Lebensmittel vor dem Müll retten.
Der Westen am 29. 03. 2015. www.derwesten.de/staedte/essen/essener-foodsharing-
gruppe-will-lebensmittel-vordem-muell-retten-id10507273.html
M6 Zu gut für die Tonne! Bundesministerium für Ernährung und Landwirtschaft (BMELV),
www.zugutfuerdietonne.de/was-kannst-du-dagegen-tun

Kap. 06: **M1** Fast Fashion – Der Trend zur blutigen Wegwerfkleidung: BR puls, 14. 04. 2016.
www.br.de/puls/themen/leben/faire-mode-100.html
M2 Heike Holdingshausen: Dreimal anziehen, weg damit. Was ist der wirkliche Preis für
T-Shirts, Jeans & Co? © Westend Verlag GmbH, Frankfurt/Main 2015, S. 14–15
M3 Preisaufschlüsselung eines T-Shirts: Entwicklungspolitisches Netzwerk Sachsen e. V.
www.saubere-kleidung.de
M4 Teresa Fries: Warum ich immer noch keine faire Mode trage. BR puls, 19. 04. 2016.
www.br.de/puls/themen/leben/warum-ich-keine-faire-mode-trage-100.html

Kap. 08: Heinrich von Kleist: Anekdote. In: Werke und Briefe in vier Bänden. Band 3. Berlin
und Weimar 1978, S. 356–357.

Bilder:

Kap. 01: *Schreinerei:* © Andres Rodriguez – Fotolia, *Jugendliche:* © ehrenberg-bilder – Fotolia,
Hammer und Nägel: © Narumon Outsah/Dreamstime

Kap. 02: *Namibianerin:* © Peeter Viisimaa/iStockphoto, *Afrikanisches Dorf:* © Lucian
Coman/Dreamstime

Kap. 03: *Reis:* © Noam Armonn. Shutterstock, *Mädchen:* © Lewis Tse Pui Lung. Shutterstock

Kap. 05: *Einkaufskorb:* © paul prescott. Shutterstock, *Essen im Müll:* © 123rf.com, *Papiertüte:*
© Skylines. Shutterstock, *Food Sharing:* © fd-styles – Fotolia

Kap. 06: *Familie:* © Pressmaster. Shutterstock, *Jeans:* © Dmitry Kalinovsky. Shutterstock,
Kleiderständer: © 123rf.com

Kap. 08: *Kopf:* © argus. Shutterstock

Bist du bereit für deinen Einstellungstest?

Hier kannst du testen, wie gut du in einem Einstellungstest zurechtkommen würdest.

1. Allgemeinwissen
Der Baustil des Kölner Doms ist dem/der ... zuzuordnen.
 a) Klassizismus b) Romantizismus
 c) Gotik d) Barock

2. Wortschatz
Welches Wort ist das?
N O R I N E T K T A Z N O

3. Grundrechnen
-11 + 23 - (-1) =
 a) 10 b) 11 c) 12 d) 13

4. Zahlenreihen
Welche Zahl ergänzt die Reihe logisch?
17 14 7 21 18 9 ?

5. Buchstabenreihen
Welche Auswahlmöglichkeit ergänzt die Reihe logisch?
e d f f e g g f h ? ? ?
 a) h i j b) h g i c) f g h d) g h i

Lösungen: 1 c; 2 Konzentration; 3 d; 4 27; 5 b

Alles zum Thema Einstellungstests findest du hier:

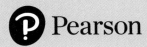 www.pearson.de **STARK**

 Abschluss in der Tasche!

Und jetzt –

Studium oder Ausbildung?

But what about **your** English?

Jetzt **gratis**

Englischtest machen!

www.pearson.de/englischtest

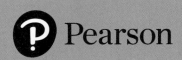